Musikanten, Gaukler und Vaganten

cimo constantinu
gla in scla sc
HUIC B I
auguri & e
posito fruct
ru indomu
donat & ma
confessi sun
dixerint. Ve
b tuis. Qui
calcio me
tuu. Et mox ut ue

Margit Bachfischer

Musikanten Gaukler und Vaganten

Spielmannskunst im Mittelalter

BATTENBERG

Die Deutsche Bibliothek - CIP-Einheitsaufnahme
Bachfischer, Margit:
Musikanten, Gaukler und Vaganten : Spielmannskunst im Mittelalter / Margit Bachfischer. - Augsburg : Battenberg, 1998
ISBN 3-89441-371-9

Umschlagfotos: Musiker auf den Kirchentreppen, Miniatur aus dem Brevier der Königin Isabella von Spanien, um 1497; British Library, London, MS Add. 18851, fol. 184^{v} (vorne). Fidler und Tänzerin, Miniatur aus dem steierischen Chorherrenstift Seckau, 14. Jh.; Universitätsbibliothek, Graz, Handschrift 287, fol. 163^{r} (hinten)
Schmutztitel: Spielmann mit Trommel und Einhandflöte, Detail einer Miniatur aus der »Chronique d'Angleterre«, Vol. 1, des Jean de Wavrin, flämisch, um 1470; Österreichische Nationalbibliothek, Wien, Ms. 2534, fol. 331
Frontispiz: Jongleur, Initiale aus dem »Legendarium austriacum«, 12. Jh.; Stiftsbibliotheken, Abtei Heiligenkreuz, Codex MS 11, fol. 71'

BATTENBERG VERLAG, AUGSBURG

Redaktion und Lektorat: Gert Schröder, Battenberg Verlag
Satz und Layout: Armin Tichacek, Battenberg Verlag
Gesetzt aus der Poppl-Pontifex von Linotype
Bildredaktion: Annette Hofmeister, Battenberg Verlag
Umschlaggestaltung: Thomas Steinkaemper, Wörthsee
Reproduktion: Repro Mayr, Donauwörth
Druck und Bindung: Appl, Wemding

Gedruckt auf umweltfreundlich chlorfrei gebleichtem Papier.

Printed in Germany

ISBN 3-89441-371-9

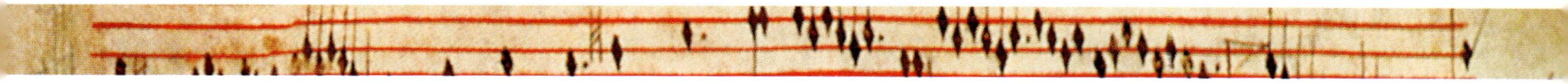

Inhalt

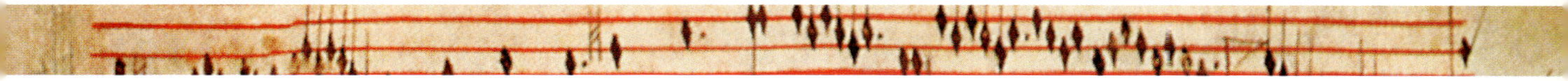

Vorwort

In diesem Buch stehen die weltlichen Musiker im Mittelpunkt der Betrachtung, die sich zumeist am Rande der mittelalterlichen und frühneuzeitlichen Gesellschaft bewegten und auch im Musikschrifttum nur am Rande Erwähnung finden. Der Stand der Spielleute war eine zahlenmäßig große und uneinheitliche Schar: vom Spaßmacher und rechtlosen Fahrenden über den Gefährten von Dichtersängern bis hin zum zeitweise oder dauerhaft seßhaften Spielmann oder gar zum Trompeter in höfischen Diensten reichte die Spannbreite.

So sehr diese Musikanten aber auch den Vorurteilen ihrer Zeitgenossen, der Verurteilung durch die weltliche und kirchliche Obrigkeit und der Ächtung durch das städtische Bürgertum ausgesetzt waren, so wenig vermochte die mittelalterliche Gesellschaft auf ihre Künste verzichten. Weder bei bäuerlichen Tanzfesten noch bei der Inszenierung höfischer Pracht waren sie entbehrlich.

Bereits Tertullian zeigte sich verwundert über diese Widersprüchlichkeit, als er schrieb: »Welche Verkehrtheit! Man liebt die Leute und beeinträchtigt sie; man entehrt sie und zollt ihnen Beifall; den Künstler brandmarkt man, seine Kunstfertigkeit hält man hoch. Welch wunderliches Urteil: jemand kommt in Verruf durch das, worin sein Verdienst besteht!«

Besondere Anregungen verdanke ich den grundlegenden musikwissenschaftlichen Forschungen von Walter Salmen über die fahrenden Musiker im europäischen Mittelalter sowie den einschlägigen soziologischen Studien von Wolfgang Hartung zur Stellung der Spielleute als Randgruppe der mittelalterlichen Gesellschaft.

Ich danke den Mitarbeitern des Battenberg Verlages für die Realisierung dieses Buches und die Freiheit, die mir gewährt wurde, insbesondere Herrn Dr. Gert Schröder für sein persönliches Engagement und die einfühlsame Redaktion des Manuskripts, Frau Annette Hofmeister M.A. für ihre unermüdliche Hilfe bei der Beschaffung des umfangreichen Bildmaterials, sowie Herrn Armin Tichacek für seine kreativen Gestaltungsideen und deren Verwirklichung.

Margit Bachfischer

Jongleure, Miniatur aus einem Troparium des 11. Jhs.; Bibliothèque Nationale, Paris, lat. 1118, fol. 107'

Einleitung

Musiker zwischen Frühgeschichte und Mittelalter

Bei vielen Völkern verweisen Mythen auf die ursprüngliche Zauberkraft des Musizierens. Die Musik selbst war magischen Ursprungs, eine übernatürliche Eingebung mit entsprechender Macht, so empfanden es die Menschen. Reste dieses Glaubens an die göttlich-dämonische Herkunft der Musik finden sich noch in Legenden und Sagen, etwa die Vorstellung, man könne zur Zeit der Wintersonnwende vom Teufel die Spielkunst auf einer wundersamen Fidel erlernen oder vom nächtlich reitenden Heer die Kunst des Flötenspiels.

Von Schamanen und Magiern

Die Musikausübung war magischen Zwecken zugeordnet, der Klang der Musik war Beschwörung der natürlichen Umgebung wie auch der Geisterwelt. Sie gehörte zum Kultbereich und war bestimmten Riten unterworfen, die zum Tätigkeitsfeld des Medizinmannes oder Magiers gehörten. Diese Schamanen waren der Zauberei, der Heilkunst und der Musik zugleich kundig. Bereits früh gab es besitzlos wandernde Krankenheiler und singende Magier sowie Schamanen, die Sänger, Seher und Arzt zugleich waren. Sie betätigten sich nicht nur als Heilmagier, Beschwörer und Zaubersänger, sondern darüber hinaus als Regen- und Wettermacher. Auch der Gesang von Heldenliedern und Episoden aus der eigenen Stammesgeschichte oblag den Medizinmännern. Als Seher standen sie ja in direkter Verbindung mit den Totengeistern, Göttern und Ahnen.

Die antike »musiké«

An die Zauberlieder gegen Krankheit und Tod erinnert in der antiken griechischen Kunst die Anschauung, seelische und körperliche Erkrankungen mit Hilfe der *musiké* heilen oder zumindest lindern zu können. Der Begriff der *musiké* bezeichnete das Singen, Rezitieren, Spielen und Tanzen in einem. Ton, Wort und Gestik bildeten eine poetische Einheit, die gegen Ende des klassischen Zeitalters in Sprache (Prosa) und Musik (vor allem Instrumentalmusik) zerfiel. Es war die Zeit der Götter und Mythen, in der die Musik eine wesentliche Rolle im kultischen Bereich, etwa im Totenkult, spielte. Man musizierte zu Ehren der Götter wie zur sittlichen Erziehung, man hörte die Musik bald aber ebenso zur Entspannung, zum eigenen Vergnügen und aus geistigem Genuß. Zum magischen Zweck trat das ästhetische Gefallen.

Musiker waren oft Unfreie. Trotzdem erfreuten sie sich großer Beliebtheit bei ihren Auftraggebern. Da die körperliche Tätigkeit nur den Unfreien angemessen war, lehnte der freie Bürger die spezialisierte Ausbildung an den Instrumenten und die Musikausübung meist ab. Er setzte sich

Straßenmusikanten, Mosaik aus Pompeji; Nationalmuseum, Neapel

vielmehr mit der theoretischen Seite der Musik, besonders deren Zahlengrundlagen auseinander.

Tanz und Sprache, Gesang und Instrumentalmusik umfaßten auch das Betätigungsfeld des römischen *mimus*. Der Begriff kommt aus der griechischen Sprache und bedeutet so viel wie Nachahmer, Nachäffer. Er fand beispielsweise mit Tanz- und Gesangseinlagen bei Schauspielen oder Gladiatorenkämpfen Gefallen. Als *joculator* wurde dagegen der Spaßmacher und Possenreißer bezeichnet. Dieses aus dem lateinischen *jocus* (Scherz) abgeleitete Wort gelangte in sämtliche romanische Sprachen und begegnet noch heute als »Gaukler« im deutschen Sprachraum. Zusammen mit dem *histrio*, dem eigentlichen Schauspieler, bildeten die verschiedensten Spielleute das Volk der Fahrenden. Die Vielfalt an Begriffen deutet bereits die unterschiedlichen Tätigkeiten an, die man von den fahrenden Berufskünstlern erwartete. Im römischen Musikleben nahmen ausländische Sklaven, besonders aus dem griechischen Kulturraum, eine gewichtige Rolle ein.

Lieblinge der Götter

Gleichermaßen kannte man im germanischen Kulturbereich Künstler, die der Unterhaltung dienten. Mehrere Begriffe machen darauf aufmerksam, »gleomân«, der Spiel- oder Freudenmann, oder die »gamenvudu« beziehungsweise »gleôbeam«, das heißt Lustholz genannte Harfe.

In allen Kulturen nahmen die Sänger von Götter- und Heldenliedern eine hervorgehobene gesellschaftliche Stellung ein: die griechischen Aöden ebenso wie die germanischen Harfner und die nordischen Skalden.

Mittelalterliche Berufsmusiker

Sehr wenig nur weiß man über die Berufsmusiker zur Zeit der Völkerwanderung vom 4. bis ins 6. Jahrhundert. Für die Übergangszeit zwischen der späten Antike und dem frühen Mittelalter kann jedoch weiterhin eine bunte Vielzahl von fahrenden Leuten, deren Beruf die Unterhaltung anderer war, angenommen werden. Ein Augenzeugenbericht aus dem Jahr 446, in dem der byzantinische Gesandte Priskos seine Erlebnisse am Hofe des Hunnenkönigs Attila schildert, mag dies verdeutlichen: Nach einem abendlichen Gastmahl traten verschiedene Unterhalter auf. Zuerst erschienen zwei Sänger, die mit ihren Lobliedern auf heldische Tugenden die Gäste ergriffen. Daraufhin brachte ein Spaßmacher das Publikum zum Lachen und zum Schluß erfreute man sich am Auftritt eines Hofzwerges.

Ein Wandfresko im südlichen Treppenhaus der Sophienkathedrale in Kiew aus dem 11. Jahrhundert stellt

Jongleuresse, Miniatur aus einem Troparium des 11. Jhs.; Bibliothèque Nationale, Paris, lat. 1118, fol. 114

Springer und Musikanten, Fresko im südlichen Treppenhaus der Sophienkathedrale in Kiew, 11. Jh.

eine Gruppe byzantinischer Gaukler und Musikanten dar, mit Querflöte, Becken, Trompeten, Langhalslauten und Harfe, wie sie in höfischer Umgebung anzutreffen waren.

Die Quellen des Mittelalters verwenden die aus der Antike übernommenen Begriffe *mimus*, *histrio* und *joculator* gleichbedeutend nebeneinander. Zu beobachten ist, daß diese Bezeichnungen im Laufe der Zeit ihre ursprüngliche Bedeutung zunehmend verlieren und allmählich ganz allgemein für Schauspieler, Akrobaten und Musiker verwendet werden.

Der »spilmann« und sein »wip«

Histrio konnte im hohen Mittelalter unter anderem Springer, Tänzer, Bote oder Herold bedeuten. Bis zum 12. Jahrhundert kristallisieren sich deutlich zwei Oberbegriffe heraus: im lateinischen Sprachgebrauch der »joculator« und in der deutschen volkssprachlichen Literatur der »spilman« beziehungsweise das »spilwip«. Die Bezeichnung Spielmann meint denjenigen, der zur Kurzweil und Unterhaltung musiziert und singt oder zum Tanz aufspielt.

Fürstliche Menestrels …

Das Tätigkeitsfeld der Spielleute läßt sich allerdings nicht eng eingrenzen, es umfaßte auch Taschenspielertricks, akrobatische Vorführungen und Tierdressuren sowie den Gedichtvortrag. Vom Können her erstreckte sich die Bandbreite der Spielleute vom stümpernden Bettelmusikanten bis zum hochangesehenen Menestrel, der in festen Diensten eines geistlichen oder weltlichen Herren stand und damit eine gewisse Rechtssicherheit erlangte. Auch Spielleute, die nur für die Dauer einer bestimmten Feierlichkeit angeworben wurden oder ausgestattet mit dem Freibrief eines fürstlichen Gönners umherzogen, wurden oftmals als Menestrels bezeichnet.

… und »Lottergesinde«

Zu diesem bunten Volk der fahrenden Spielleute gesellten sich ab Mitte des 13. Jahrhunderts – besonders seit 1248 mit Gründung der Sorbonne – ganze Scharen von stellungslosen Klerikern und Klosterschülern, die als Vaganten oder Goliarden umherzogen. So heißt es bereits 1256 im bayerischen Landfrieden: »Loterpfaffen mit dem langen hare und spielleut [...] die sint uz dem fride«, also rechtlos. Und noch 1590 zählt man in der oberbayerischen Landordnung »Schalksnarren, Landfahrer, Singer, Pfeiffer, Spielleute, Reimsprecher und dergleichen Lottergesinde« gemeinsam auf.

Nach 1570 setzt sich dann zunehmend die Bezeichnung Musikant an Stelle von Menestrel, Spielmann oder Jongleur durch.

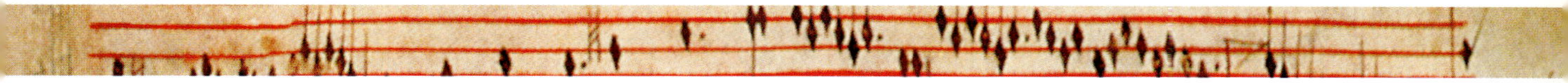

Spielleute in der mittelalterlichen Musiktheorie

Die *ars musica* war bereits in der Antike eingebunden in die *septem artes liberales*, die Sieben Freien Künste. Dazu zählten Rhetorik, Grammatik und Dialektik als Trivium sowie Arithmetik, Geometrie, Astronomie und Musik als Quadrivium. »Frei« wurden sie deshalb genannt, weil nur ein freier Mann würdig war, diese Künste zu betreiben. Kunst wurde jedoch nicht im heutigen Sinne verstanden, sondern als Wissenschaft aufgefaßt. Nur wenn feste Vorschriften und Regeln befolgt wurden, konnte von *ars*, also Kunst, gesprochen werden.

Die Sieben Freien Künste, Miniatur aus dem »Hortus deliciarum« der Chorfrau Herrad von Landsberg; Universitätsbibliothek, Freiburg i. B.

Bereits um das Jahr 500 schrieb Boethius, ein römischer Universalgelehrter, Konsul und Ratgeber König Theoderichs und bekanntester Theoretiker der antiken Musik, daß derjenige, der die Ordnung der Musik durchschaue weit über demjenigen stehe, der sie nur spiele. Boethius schuf eine Zusammenfassung der gesamten antiken Musiktheorie, die zur Grundlage der Musikanschauung des Mittelalters wurde. Darin unterschied er zwischen dem *cantor* einerseits, also dem Sänger, Spieler und Tonsetzer, und dem eigentlichen *musicus* andererseits, der theoretisch in der Lage sei, die Tätigkeiten des ersteren kritisch und logisch zu beurteilen und einzuschätzen.

Die Lehre des Boethius

Die Musik sollte dem wahren Musiker also vorrangig Wissenschaft sein. Er hatte sich mit den Gesetzmäßigkeiten der göttlichen Musik, der Harmonie im Kosmos zu beschäftigen, die sich im Menschen wiederfinden lasse. Der Beweggrund dazu sollte ausschließlich ideell und niemals materiell sein.

Die elitäre boethianische Zweiteilung taucht bis ins 15. und 16. Jahrhundert hinein bei zahlreichen mittelalterlichen Musiktheoretikern wieder auf. Am bekanntesten ist die durchaus polemische Äußerung des Guido von Arezzo aus dem 11. Jahrhundert: »Zwischen musici und cantores besteht ein großer Unterschied. Diese singen nur, jene aber wissen zugleich, was die Musiklehre beinhaltet. Denn wer etwas macht, von dem er nicht weiß, was es ist, wird Tier genannt.« Der vom Verstand geleitete Bildungsmusiker stand somit weit über dem ungebildeten Naturtalent, dem lediglich aus Gewohnheit Musizierenden. Ohne höhere geistige Motivation spielte letzterer nur um des Lohnes willen.

Orpheus und Pythagoras lassen sich als archetypische Repräsentanten der beiden Musikerkategorien verstehen. Pythagoras gilt als Begründer

der Konsonanztheorie und damit der mathematisch-wissenschaftlichen Seite der Musik, während Orpheus, der mit seinem Gesang angeblich Steine erweichen und Tote ins Leben zurückholen konnte, Symbolgestalt für die emotionalen und intuitiven Qualitäten des Musizierens ist.

Pythagoreische Theorie ...

In einem nordfranzösischen Psalter aus dem zweiten Viertel des 12. Jahrhunderts wird dieser Gegensatz eindringlich bildlich dargestellt. Zwei verschiedene Formen der Musik stehen als Symbol für den Gegensatz von Gut und Böse. In der oberen Bildhälfte thront König David, traditionellerweise die Harfe spielend, umgeben von seinen Musikern als Abbild des mathematisch-wissenschaftlichen Aspektes der Musik. Ein Sänger hält einen aufgeschlagenen Psalter der den Anfang des ersten Psalms zeigt – deutlicher Hinweis auf die dienende Funktion der Musik innerhalb der liturgischen Ordnung. Die Instrumente sind nicht allein der Praxis entnommen, sondern auch nach ihrer theoretischen Bedeutung ausgewählt. Mit diesem Instrumentarium, Monochord, Glockenspiel und Orgel, hat man die Ordnung der Musik demonstriert und unterrichtet. Der starke Bezug zur göttlichen Zahlenordnung spiegelt sich wider in den jeweils sieben Tasten der Windorgel, den sieben Glöckchen, den sieben Pfeifen der Panflöte und so weiter.

... und orphische Musik

In der unteren Bildhälfte dominiert in krassem Gegensatz dazu ein trommelnder Musikant mit Tiermaske und Tierfell – das »ungebildete Tier« – umgeben von Spielleuten mit offensichtlich grifflochlosem Horn und einer bundlosen Rebec, daneben Tänzer und Akrobaten. In den Augen ihrer Kritiker handelt es sich bei dieser einfachen Form rein instrumentaler Musik um nur gewohnheitsmäßiges spielmännisches Musizieren, dem die theoretische Grundlage fehlt. Die Szene kommt der historischen Spielmannspraxis mit ihren verschiedenen Unterhaltungskünsten bereits durchaus nahe.

Erst seit dem Hochmittelalter unterschied dann eine zweite Autorengruppe zwischen *musicus* und *cantor* einerseits und *histrio* oder *joculator* andererseits. Ihre Vertreter wiesen vor allem auf die niederen Beweggründe des gemeinen Spielmannes hin. Manche der Autoren, so Johannes von Affligem, mußten allerdings eingestehen, daß diese angeblich ungebildeten Musiker, die nur nach Gehör und Intuition musizierten, dennoch schön klingende Musik hervorbrachten, die beim Publikum großen Erfolg hatte.

Gegensatz von sakraler und profaner Musik, Illustration in einem Psalter, Frankreich, 12. Jh.; Universitätsbibliothek, Cambridge, B18

Die Spielleute im Urteil ihrer Zeitgenossen

Randgruppen der mittelalterlichen Gesellschaft

Das europäische Mittelalter war keineswegs eine geschlossene Epoche der Geschichte. Die Gesellschaft hat in der Zeitspanne zwischen dem Ende der Völkerwanderung und dem Beginn der Reformation eine umwälzende Entwicklung durchgemacht. Sucht man das prägende Leitmotiv allen Wandels, so war es der christliche Glaube, spätestens seit Karl der Große zu ihm übergetreten ist: seine Ausbreitung im Abendland, seine gesellschafts- und kulturbildende Funktion.

Religion regelte alle Bereiche des politischen, sozialen und privaten Lebens. Sie lieferte das allein gültige Weltbild und gab Antwort auf alle Fragen. Sie verlieh Hoffnung in einer Zeit oft harter Lebensbedingungen, gewaltiger Naturkatastrophen und verheerender Seuchen wie der Pest.

Spielleute mit einem singenden Mönch im himmlischen Hofstaat schmücken die um 1325 gemalte Initiale »E« zum 80. Psalm

Hunger, Krieg und Krankheit sind große kollektive Ängste. Diese irdischen Ängste wurden noch überhöht von der Furcht vor dem Bösen, vor Hexen, Dämonen und den Höllenstrafen. An die Seite des Glaubens trat meist der Aberglaube. Sünde war die Ursache für alles Leid und nur Buße konnte helfen. Die Ängste und der Glaube an die Sünden, die zum Beispiel für die Pest verantwortlich gemacht wurden, riefen Pilgerströme und Geißlerfahrten hervor.

Züge exaltierter Religiöser zogen in großen Scharen umher, fahnenschwingend, düstere Lieder singend, mit dunklen Mänteln und kuriosen Mützen bekleidet. Aber auch die Kreuzzüge waren neben Abenteuerlust und Beutezielen von religiösem Eifer getragen, und ebenso war alle Kunst religiös, diente allein der Verherrlichung und

Bodleian Library, Oxford, Ms. Ashmole 1523, fol. 99

Wie Krüppel, Strolche und Bettler gehörten die Spielleute zu den nicht seßhaften Randgruppen der Gesellschaft. Das machte sie in den Augen der Bürger verdächtig

Hieronymus Bosch, Bettelmusikanten; Graphische Sammlung, Albertina, Wien, Inv.-Nr. 7798

Anbetung Gottes, der Vermittlung des Alten und Neuen Testamentes sowie der Heiligenlegenden.

Bestimmend für das gesamte Mittelalter waren die Vorstellungen von *ordo* und *status*, womit das Prinzip der Rangfolge und der Standesunterschiede im Gesellschaftsgefüge gemeint war. Die daraus resultierende, weitgehend unabänderliche Hierarchie wurde als von Gott geschaffen betrachtet. Im Ordo-Gedanken des Mittelalters hatte deshalb auch das Böse seinen Platz, und die Spielleute als Vertreter einer beargwöhnten Außenseitergruppe waren ein fester Bestandteil dieses von Gott gewollten gesellschaftlichen Gefüges.

Randständigkeit

Die meisten Spielleute, in lateinischen Schriften *joculatores* genannt, gehörten zu den mobilen Randgruppen der mittelalterlichen Gesellschaft, waren also weitgehend unbehaust. Dazu zählten nach den Berichten Conrad de Mures Lautenspieler, Pfeifer und Possenreißer, Humpelnde, Strolche und »Taugenichtse«. Andere Quellen fügen noch Dompteure, Tänzer, Goliarden und Vaganten (entlaufene Mönche, unbestallte Kleriker, streunende Nonnen) hinzu. Es waren Heimatlose, nicht eingebunden in irgendeine gesellschaftliche Gemeinschaft, in keine Zunft oder dergleichen. Sie gehörten nirgends dazu. Das machte sie verdächtig, und sie galten weithin als unehrlich. Nicht unter diesen Verdacht fielen beispielsweise wandernde Gesellen, denen der Brauch dieses zumindest zeitweise Leben als Fahrende vorschrieb. Ihr Status und ihre Funktion waren relativ gesichert.

Die unehrlichen Berufe

Neben Scharfrichtern, Schindern, Totengräbern und sogar den Schäfern übten auch die Spielleute einen »unehrlichen« Beruf aus. Nach altem deutschen Volksglauben verstanden sich die Vertreter dieser anrüchigen Berufe auf das Besprechen von Krankheiten und andere magische

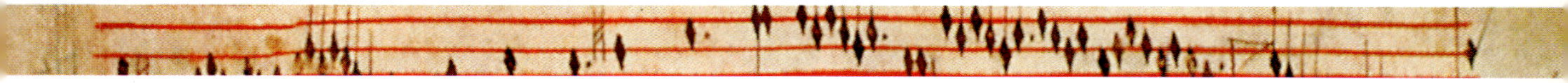

Künste. Alle unehrlichen Berufe hatten etwas Unheimliches an sich. Sicher galt dies bei Spielleuten nicht im selben Maß wie bei den anderen, oft direkt mit dem Sensenmann in Kontakt stehenden Berufen, doch man betrachtete auch sie als Grenzgänger zwischen verschiedenen Welten. So wurde von ihnen behauptet: »spielleut und gaugkler sind nicht leut wie andere Menschen, denn sie nur ein schein der menschheit haben und fast den Todten zu vergleichen sind«.

Herren und Diener

Neben das Mißtrauen trat auch noch die Verachtung, die den Fahrenden entgegengebracht wurde. So sagte ein zeitgenössisches Sprichwort: »Spielleute und Lumpen wachsen auf einem Stumpen«. Ein solches Urteil konnte dadurch entstehen, daß Spielleute sich einerseits die Freiheit nahmen, vor entsprechendem Publikum Kritik zu äußern oder mit »ungewaschenem Maul« oft derben Hohn und Spott zu verbreiten. Um nicht Hunger zu leiden, gerieten sie aber andererseits immer wieder in Abhängigkeit von Auftraggebern, denen sie huldigen und schmeicheln mußten. Dies hielt man den Spielleuten dann als feige, heuchlerisch und anbiedernd vor. Sie galten als nur auf ihren Vorteil bedacht, als Leute, die ihr Fähnlein stets in den Wind zu hängen verstehen.

Oft spielte auch der Neid eine gewisse Rolle, da die Freiheiten, die sich Spielleute nahmen, all jene provozierten, die sich von den gesellschaftlichen Zwängen gefesselt fühlten. Sämtliche Laster, die man Spielleuten stets unterstellte, übten wohl auch Verlockungen auf diejenigen aus, die durch soziale und kirchliche Kontrolle zur Sittsamkeit mehr oder weniger gezwungen waren. Dieser Neid führte dazu, daß dem Spielmann die elementarsten Rechte aberkannt wurden. Es gab keine Gerichtsbarkeit, die für ihn zuständig gewesen wäre. So konnte man ihm und seinem Weib Gewalt antun, ohne eine Bestrafung fürchten zu müssen. Wenn man diese Lebensumstände bedenkt, wird die oft tiefe Bitterkeit verständlich, die viele der Lieder prägt, in denen Spielleute von ihrem Leben singen.

Gut ging es den Spielleuten, solange sie zum höfischen Festbetrieb gehörten. Dort waren sie als Künstler und »Entertainer« mit ihren Darbietungen verschiedenster Art willkommen. Oftmals wurden Sie mit großzügigen Gaben belohnt. Solche Auszeichnungen sind bildlich in Schenkszenen dokumentiert, mit denen die Herrschenden ihre »milte« demonstrierten. Allerdings förderten solche Darstellungen noch den Vorwurf der Geldgier, die man Spielleuten immer unterstellte. Und außerdem waren viele der Meinung, daß die Gaben nach christlichen Maßstäben eher den unverschuldet Armen zustehen würden als den sich der sozialen Ordnung entziehenden Musikanten. Der Verdacht ihres verwerflichen Lebenswandels wurde dadurch untermauert, daß sie in ihren Liedern reiche Gönner priesen, auch wenn sich diese in ihren Ausschweifungen oder ihrer Skrupellosigkeit über alle Normen eines gottgefälligen Lebens hinwegsetzten.

Für viele Spielleute, die Anerkennung erfahren haben und am höfischen Leben teilnahmen, war es wichtig, sich von den armen, vagabundierenden Spielleuten möglichst deutlich zu distanzieren. Dies konnte

Obwohl die Musik fester Bestandteil des mittelalterlichen Lebens war, blieben die Musikanten Außenseiter der Gesellschaft, von denen behauptet wurde:

»spielleut und gaugkler sind nicht leut wie andere Menschen, denn sie nur ein schein der menschheit haben und fast den Todten zu vergleichen sind«

Spielmann mit Flöte und Laute, Wandgemälde von 1536; Rittersaal, Schloß Goldegg, Salzburg

beispielsweise in Frankreich dazu führen, daß auch der Spielmann eine gesicherte, gesellschaftlich achtbare Position einnahm. In deutschen Landen war ihm dies weitgehend verwehrt. Musikanten blieben Außenseiter der Gesellschaft, derer man sich zu Zerstreuungszwecken bediente, die man aber ansonsten nur gering achtete. Diese Haltung fahrenden Künstlern gegenüber hielt sich bis ins 18. Jahrhundert hinein.

So sehr der Spielmann jedoch Mißtrauen und Mißachtung erfuhr, so sehr er als Müßiggänger und Tunichtgut gescholten wurde, war er doch den meisten unentbehrlich. Für die einfachen Leute war er der Unterhalter, der die Mühsal des Alltags aufzulockern vermochte, für die Reichen und Mächtigen notwendige Staffage bei der Inszenierung ihrer Ansprüche an Prachtentfaltung, Erbauung und Genuß.

Soziale Herkunft und Rangunterschiede unter Spielleuten

Ausgesprochen bunt war die Schar des fahrenden Volkes insbesondere im hohen und späten Mittelalter. Die unterschiedliche personelle Zusammensetzung kommt auch in den verschiedenen Begriffen zum Ausdruck, die man verwendete, beispielsweise *histrio*, *joculator*, *mimus* und eben »spilman«. Wenn also von »den Spielleuten« die Rede ist, so verbergen sich dahinter nicht seßhafte Berufsmusiker verschiedenartigster Herkunft und Bildung sowie unterschiedlichster Fähigkeiten.

Von Stümpern und Könnern

Sowohl Stümper, die vor allem in Dorfwirtshäusern ihre Zuhörer fanden, als auch Musikanten mit perfekter Ausbildung zogen in der Menge der fahrenden Leute umher, entlaufene, des Lesens kundige Scholaren ebenso wie Analphabeten, fürstliche Menestrels, die von Hof zu Hof wanderten, und musizierende Schausteller, die auf Marktplätzen ihre Künste darboten. Nicht zuletzt gab es, wie in allen anderen Bevölkerungsschichten auch, Menschen mit ehrenwerter Gesinnung ebenso wie Leute mit »liederlichem« Charakter.

Ein wesentlicher Faktor, der eine innerberufliche Differenzierung zur Folge hatte, war das Repertoire, über das die Spielleute verfügten. Heldenliedsänger wurden weit höher eingestuft als belustigende Possenreißer oder auf dem Dorf zum Tanz aufspielende Musiker. Vom höfischen Spielmann erwartete man ein kultiviertes Auftreten, die Kunstfertigkeit, den Auftraggeber zu loben und zu preisen sowie die jeweiligen Gegner zur Erheiterung der geladenen Gäste zu verspotten. Ein Abenteurer aus Luzern erhielt beispielsweise beim

Konzert in Piazza San Giovanni, 15. Jh.; Cassone Adimari, Florenz

Mit dem Banner des jeweiligen Dienstherrn am Instrument, diente der Aufmarsch möglichst vieler Bläser zur Demonstration des gesellschaftlichen Status. Vom höfischen Spielmann erwartete man ein kultiviertes Auftreten, die Kunstfertigkeit, den Auftraggeber zu loben und zu preisen sowie die jeweiligen Gegner zur Erheiterung der geladenenen Gäste zu verspotten

Empfang von Herzog Amadeus IX. von Savoyen in Freiburg im Jahr 1469 reichliches Entgelt für seinen Vortrag von Liedern über die Heldentaten des Herrschers im vorangegangen Krieg.

Eng verbunden mit dem angebotenen Repertoire war natürlich der Ort, an dem die einzelnen Spielleute auftreten konnten. Nur verhältnismäßig wenigen gelang es, sich vor Adeligen und bürgerlichen Patriziern Gehör zu verschaffen oder gar zeitweise in feste Dienste genommen zu werden.

Die Hierarchie der Instrumente

Eine entscheidende Rolle spielte darüber hinaus das vornehmlich gespielte Instrument. Die in Urkunden häufig vorkommende Reihenfolge »Trometer, pfeiffer, Fidler« verweist auf die Tatsache, daß Bläser ganz allgemein geachteter waren als die Spieler von Saiteninstrumenten. Dieses sich über Jahrhunderte hinweg verfestigende Rangbewußtsein und die Privilegierung von Spielleuten, die Blasinstrumente wie Trompete, Posaune und Pommer beherrschten, läßt sich noch bis ins 17. Jahrhundert hinein nachweisen.

Bürgerlichen Hochzeitsordnungen zufolge waren die höherstehenden Instrumente des *Alta-Ensembles* auch den Familien mit hohem sozialen Ansehen vorbehalten. Die niederen Stände mußten sich mit einem *Bassa-Ensemble*, dem »geheimen spill« begnügen, also mit Saiteninstrumenten und »leisen Pfeifen«. Entsprechend wurden die Spieler der geschätzteren Instrumente oftmals doppelt so hoch entlohnt.

Spätestens seit den Kreuzzügen dienten Trompeter zur Demonstration der Macht und des Reichtums geistlicher wie weltlicher Herrscher. Neben den Heldenliedsängern gehörten Trompeter und Pauker zu einem »vollkommenen Hofstaat«, wie Cyriacus Spangenberg 1594 in seinem Adelsspiegel schrieb. Nach mittelalter-

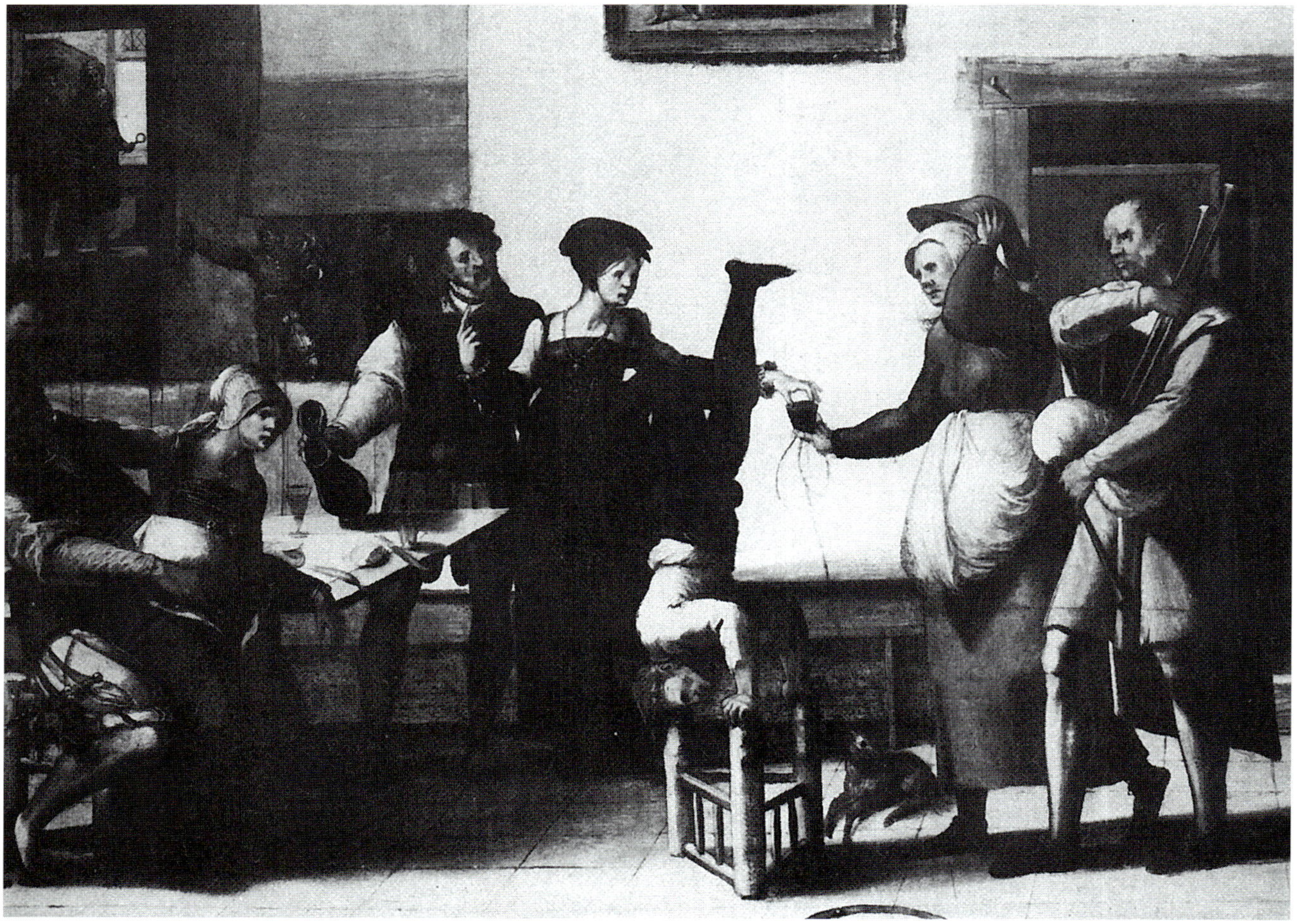

Wie die meisten anderen Gewerbe auch, wurde das Musikantentum in der mittelalterlichen Gesellschaft von den Eltern an die Kinder weitergegeben. Kindern von Spielleuten blieb nichts anderes übrig, als wiederum Spielleut' zu werden oder eine andere unbedeutende Stellung am Rand der Gesellschaft einzunehmen

Ölgemälde nach Jan van Amstel, um 1530; National Gallery, London, Inv. Nr. 5577

licher Vorstellung verkündeten posaunen- und trompetenblasende Engel die Macht des himmlischen Herrschers. Zogen Päpste, Könige, Fürsten oder Bischöfe in eine Stadt oder Burg ein, wurden sie deshalb von schmetterndem Trompetenklang begleitet. Diese nicht alltägliche Geräuschkulisse ließ aufhorchen und unterstrich die Bedeutung des Empfangs.

Mit dem Banner des jeweiligen Dienstherren am Instrument, diente der Aufmarsch möglichst vieler Bläser als Statussymbol. So wurde Kaiser Friedrich II. von 21 Trompetern und 3 Heerpaukern begleitet, als er im Jahre 1471 in Nürnberg einzog. Nur wenige Jahre später, 1492, bot der König in Straßburg 14 Trompeter und »einige« Pauker auf. Noch 1563 schritten Kaiser Ferdinand I. 10 Trompeter und »mehrere« Pauker bei seinem Einmarsch in Überlingen voran. Es läßt sich leicht nachvollziehen, daß sich mancher Spielmann nichts so sehr wünschte, als Hoftrompeter

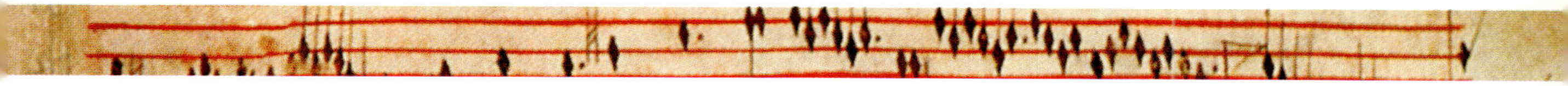

zu werden und damit einen höheren sozialen Rang einzunehmen.

Die aufblühenden Städte, als Zentren von Handel und Gewerbe, versuchten dem verfallenden Rittertum nachzueifern, indem sie zunehmend »stat trumetter« in ihre Dienste stellten. Im Jahr 1426 erfolgte beispielsweise die offizielle Übertragung des Trompetenprivilegs an die Stadt Augsburg durch Kaiser Sigismund. Mit Hilfe von geeigneten Anordnungen achteten gerade die Patrizier und wohlhabenden Bürger darauf, die besondere Stellung der Trompeter zu sichern. Diese sollten unter anderem nicht bei »geringen« Hochzeiten aufspielen, oder gar zusammen mit »Gauklern, Haustauben und Thurnern« musizieren.

Arme Teufel und reiche Söhnchen

Nicht unerheblich für den sozialen Rang unter Fahrenden waren die Besitzverhältnisse und die Herkunft des einzelnen Spielmanns. Die Spanne reichte dabei vom Gauklerssohn bis zum Adeligen, vom mittellosen Bettler, Zigeuner oder Söldner über entlaufene Kleriker (Vaganten) bis zum ritterlichen Ministerialen und Grundbesitzer. Spielleute niederer Herkunft, die nur von einem Tag auf den anderen lebten, wanderten auf denselben Straßen neben abenteuerlustigen Adelssprößlingen. Als Diener der vornehmen Gesellschaft, die oftmals reich beschenkt wurden, gelegentlich sogar mit Ländereien, zogen letztere dennoch mit der großen Schar der Fahrenden von einem Dienstherren zum anderen. Sicherlich war es ein Anliegen der adeligen Dichtermusiker, sich von der Masse der Musikanten abzusetzen, aber dennoch waren die Grenzen fließend.

Der Codex Manesse

Diese nuancenreichen Übergänge ersieht man eindrucksvoll aus der Anfang des 14. Jahrhunderts entstandenen Großen Heidelberger Liederhandschrift. Die Auftraggeber dieses reich mit Miniaturen versehenen, seit 1888 in Heidelberg aufbewahrten Manuskripts, Vater und Sohn Manesse, Ratsherren in Zürich, haben die Texte nach Autoren in der Reihenfolge ihres jeweiligen Standes in der mittelalterlichen Gesellschaft geordnet. Nach dem dichtenden Kaiser Heinrich VI. folgen Könige, Herzöge, Grafen, Markgrafen, ritterbürtige Dienstmannen und Herren, dann die sogenannten »Meister« oftmals bürgerlicher Provenienz und zuletzt titellose Sänger und Spielleute.

Der berühmte Dichter Oswald von Wolkenstein beispielsweise, ritterlicher Herkunft und reich bestallt, führte lange Jahre das Leben eines Fahrenden. Er trat unter anderem am Heidelberger Hof als Sänger auf, der gegen Lohn musizierte. Nach Spielmannsart konnte er »vidlen, trummen, pauken, pfeifen« und scheute sich auch nicht, alle von Geburt her bindenden Standesnormen überwindend, in typischer Spielmannskleidung aufzuwarten.

Demgegenüber standen auf der niedersten sozialen Rangstufe die zahllosen zerbrochenen Existenzen, die als ungelernte Stümper besonders gehäuft nach Kriegen, Seuchen und Hungersnöten auftauchten. Sie zogen in zerlumpter Kleidung umher und verdienten ihren Lebensunterhalt vor allem auf öffentlichen Plätzen und Jahrmärkten sowie, besonders mitleidheischend, vor Kirchentüren. Mit ihren Possen und Späßen versuchten sie, das Publikum zu begeistern und

Akrobatik, Tierdressur und Jongleurskünste wurden von Kindesbeinen an gelehrt. Spielmannsfamilien waren darauf angewiesen, daß der Nachwuchs zum Broterwerb beitrug, denn die natürliche Anmut der Kinder konnte auch Hartherzige erweichen

Zahllose zerbrochene Existenzen, die als ungelernte Stümper besonders gehäuft nach Kriegen, Seuchen und Hungersnöten auftauchten, zogen in zerlumpter Kleidung umher. Ihren Lebensunterhalt verdienten sie auf öffentlichen Plätzen und Jahrmärkten sowie, besonders mitleidheischend, vor Kirchentüren

damit das Nötigste zu verdienen. Die von ihnen zumeist gespielten Instrumente, Trumscheit, Drehleier und Dudelsack, verloren deshalb seit Beginn des 15. Jahrhunderts stetig an Wertschätzung.

Von Kindesbeinen an

Wie die meisten mittelalterlichen Berufe, wurde das Spielmannsgewerbe in der Regel von den Eltern an die Kinder weitergegeben. Sehr früh bereits wurde der Nachwuchs bei den akrobatischen und musikalischen Darbietungen eingesetzt. Geschult wurden die Fähigkeiten und Kenntnisse nicht zuletzt deshalb, weil die natürliche Anmut der Kinder dem Broterwerb der Familie besonders förderlich war.

Eine berufliche Neu- oder Umorientierung, im Mittelalter allgemein unüblich, war den Spielleuten und ihren Kindern so gut wie unmöglich. Kindern von Spielleuten blieb nichts anderes übrig, als wiederum Spielleute zu werden oder eine andere unbedeutende Stellung am Rand der Gesellschaft einzunehmen. Die stetig zunehmende Zahl der Spielleute, insbesondere seit dem 12. Jahrhundert, hat sicherlich einen ihrer Gründe darin, daß ein berufliches Aussteigen fast unmöglich war. Konnte beispielsweise ein verarmter Edelmann zum fahrenden Spielmann werden, so gab es für die kommenden Generationen keinen Weg mehr zurück; sie und ihre Kinder blieben Musikanten oder ähnlich gering Geachtete.

Auch Kleriker verloren ihre Position und ihre Sonderstellung als Geistliche, wenn sie längere Zeit das Leben von Fahrenden geführt hatten. Eine erneute Aufnahme in eine Adels-, Stadt-, Dorf- oder Pfarrgemeinschaft, war nahezu ausgeschlossen. Der Sachsenspiegel, eine Rechtssammlung aus dem 13. Jahrhundert erläutert: »Kempen unde er kinder, spellude, unde alle, de unecht geboren sin, [...] de sin alle rechtelos« (Lohnkämpfer und ihre Kinder, Spielleute und alle, die unecht geboren sind, [...] die sind alle rechtlos).

Waren Menschen einmal in die Randständigkeit abgerutscht, und das konnte im Mittelalter leicht geschehen, so verhinderten die verminderten Rechtsansprüche, die unstete Lebensweise und die Ausgrenzung aufgrund äußerer Merkmale wie der Kleidung den sozialen Wiederaufstieg. Der Zugang zu den bürgerlichen Berufen blieb den Fahrenden noch bis ins 18. Jahrhundert hinein versperrt.

Freiheit und Abenteuerlust?

Die vornehmlichen Gründe, das Leben eines fahrenden Spielmanns zu führen, lagen wohl in Notsituationen aller Art, wie Mangel an Nahrung und Kleidung, einer im Mittelalter häufig anzutreffenden Wanderlust oder aber schlicht in musikalischer Begabung und künstlerischem Freiheitsdrang.

Detailliertere biographische Einblicke in das Leben von Spielleuten sind leider nur selten möglich. Die meisten hinterließen keine derartigen Aufzeichnungen und waren zudem nicht bekannt genug, um von öffentlichem Interesse und damit schriftlicher Überlieferung wert gewesen zu sein. Es finden sich dennoch ab und an Belege für diese oder jene Herkunft, aus klerikalen wie aus adeligen Kreisen, aus städtischem und dörflichem Umfeld, mitunter wird sogar über die jeweiligen Beweggründe berichtet.

Vaganten und Goliarden

Nicht gering war die Zahl der fahrenden Kleriker, die auch Goliarden oder Vaganten genannt werden. Bereits im 10. und 11. Jahrhundert waren sie mit ihren lateinischen Spielmannsliedern beliebte Gäste an den Höfen der sächsischen und salischen Kaiser. Der Grund dafür, daß aus Klerikern sehr schnell Vaganten werden konnten, lag oftmals darin, daß sie keine Anstellung als Pfarrer fanden, unversehens in Not gerieten und alsbald zum Wanderstab griffen. Ihre mehr oder minder große Bildung konnten und mußten sie dann in Spielmannskünste umsetzen. Als »gelehrtes Proletariat« bevölkerten sie in großen Scharen die mittelalterlichen Straßen. In Abteien, an Bischofssitzen, aber auch an den Höfen erhielten sie als Lohn für ihre Dichtungen, Lieder und Informationen aus fernen Gegenden Unterkunft, Nahrung und Wegzehrung.

Die im Mittelalter ständig steigende Zahl fahrender Kleriker wurde jedoch zunehmend zum Problem. Einen ersten Höhepunkt erreichte das weltzugewandte Vagantentum während der Pilgerfahrten zur Zeit der Kreuzzüge. Die Gründung neuer Universitäten führte zu einem weiteren Anstieg. Studenten der Theologie zogen von einer Universität zur anderen, oftmals blieben sie aber für immer als Spielleute auf der Straße, ohne ihre Studien fortzusetzen oder gar abzuschließen.

Sittenstrenge gegen Verwahrlosung

Von den fahrenden Schülern, Studenten und Klerikern und ihrem Wanderleben wird bis ins 16. Jahrhundert hinein berichtet. Zahlreiche Edikte und Dekrete sowie beinahe unglaubliche zeitgenössische Klagen zeugen vom Umfang der Schwierigkeiten mit einer übergroßen Zahl von Fahrenden. So mußte im Jahr 1218 in Paris, insbesondere für die Studenten an der Sorbonne, ein Edikt erlassen werden, welches ausdrücklich Meuchelmord, Straßenraub, Einbruch in Häuser, Ehebruch, und sogar die Entführung und Schändung von Jungfrauen verbot.

Die mittelalterliche Gesellschaft versuchte, sich gegen die immer mehr als Schmarotzer empfundenen »vagi clerici« zu wehren. Und auch die kirchlichen Obrigkeiten waren gezwungen, sich gegen das große Heer der fahrenden Kleriker abzugrenzen. Der wichtigste Niederschlag dieser Problematik zeigt sich im kanonischen Recht: Kleriker verloren demnach sämtliche Rechte und ihre Stellung als Priester, sofern sie über längere Zeit den Tätigkeiten der *goliardi* oder *joculatores* nachgingen.

Berühmte Vaganten

Nicht jeder vagierende Kleriker mußte unbedingt auch ein Spielmann sein. Die Grenzen sind hier nicht immer ganz eindeutig, aber historische Quellen, die vom Kleriker und Spielmann in einer Person berichten, gibt es viele. Von Hugues Brunet etwa ist überliefert, daß er Kleriker war und im Laufe seines Lebens zum »joglars«, also Spielmann wurde. Häufig wird erwähnt, daß man in Kloster- und Bischofsschulen wie auch an Universitäten alles erlernen konnte, was man für das Leben als Spielmann benötigte.

In einer klösterlichen Schule in Montpellier erwarb unter anderen Hugues de St. Cyr, der eigentlich Priester werden sollte, die Fähigkeiten

Entlaufene Mönche, unbestallte Pfaffen und streunende Nonnen, Goliarden oder Vaganten genannt, bevölkerten in großen Scharen die mittelalterlichen Straßen. Es klingt unglaublich, aber 1218 mußte in Paris ein Edikt erlassen werden, um wieder ins allgemeine Bewußtsein zu rufen, daß Rauben und Meucheln, Einbrechen und Ehebrechen, Entführen und Schänden von Jungfrauen nicht gottgefällig sein kann

für seinen Beruf als Spielmann. Auch war der bis in unsere Zeit bekannte Musiker Jehannot de l'Escurel, der am 5. Mai 1303 in Paris wegen sittlicher Vergehen hingerichtet wurde, ein junger Geistlicher.

Adelige Spielleute

Wie die Kleriker, wenn sie keine Anstellung finden konnten, begaben sich auch verarmte Edelleute auf Wanderschaft. Ein Überschuß an Nachkommen innerhalb der Adelsgeschlechter zwang viele dazu, ihren Lebensunterhalt als Kreuzfahrer oder Troubadours zu bestreiten. Aufgrund zunehmender Besitzzersplitterung oder der Konzentration von Reichtum in den Händen einzelner, gingen unzählige junge Adelige entweder ganz leer aus oder erbten zu wenig, um damit eine Existenz aufbauen zu können. Ein bekanntes Beispiel sind die Lebensumstände des Walther von der Vogelweide, der als ritterlicher Ministeriale kein festes Lehen besaß und sich auf Wanderschaft begab.

Hatte ein Bürgerssohn oder Adeliger seinen Stand einmal verlassen, um seinen musischen Neigungen zu folgen, so war die Rückkehr in die alte gesellschaftliche Stellung ausgeschlossen

Es kam im Mittelalter also häufig vor, daß sich arme junge oder verelendete alte Edelleute unter die Fahrenden mischten und zusammen mit ihnen die Straßen, Marktplätze und Höfe bevölkerten. Eine Rückkehr der zweiten Generation in die ursprüngliche gesellschaftliche Position blieb dabei stets ausgeschlossen. Doch nicht nur Verarmung, sondern auch Kriegswirren konnten junge Adelige aus der Bahn werfen.

Cardenet, der Sohn eines Adeligen aus der Provence, wurde Jongleur, nachdem die Truppen des Grafen von Toulouse die Burg seines Vaters zerstört, sämtliche Ländereien verwüstet und die Bevölkerung getötet hatten. Sowohl der weithin bekannte Troubadour Reimbaut de Vaqueiras wie auch Guillem Azemar wurden als Söhne armer Ritter geboren und waren gezwungen, ihr Fortkommen als Spielleute zu suchen. Neben den wirtschaftlichen und sozialen Gründen zog es aber sicherlich so manchen Adeligen auch aus purer Abenteuerlust in die Ferne, mit der Hoffnung, nach erfolgreicher Rückkehr in ritterlichen Kreisen brillieren zu können.

Bürgerskinder

Weit höher als die Zahl der Spielleute adeliger Abstammung dürfte wohl diejenige bürgerlicher Herkunft gewesen sein. Zahlreiche Quellen bestätigen, daß Söhne von Kaufleuten und Handwerkern Spielleute wurden. Die Beweggründe waren mannigfaltig, aber folgende Beispiele seien repräsentativ genannt: Eine ausgeprägte künstlerische Begabung sowie entsprechende Vorbilder und Lehrer veranlaßten Perdigos, den Sohn eines Fischers aus Lespero dazu, Spielmann zu werden. Er erlangte mit seinen dichterischen und musikalischen Fähigkeiten großen Ruhm.

Ähnlich lag der Fall bei dem Jongleur Marcabrus, der als Findelkind vor dem Haus eines reichen Mannes zurückgelassen worden war. Dieser zog ihn auf und der Troubadour Cercamon übernahm seine Ausbildung. Häufiger jedoch spielten wiederum Faktoren sozialer und wirtschaftlicher Art die entscheidende Rolle. So verlor Gaucelm Faidit, der Sohn eines Stadtbürgers, durch Spielsucht am Würfeltisch sein gesamtes Vermögen und mußte sich fortan sein Brot als Spielmann verdienen.

Der um 1200 lebende Giraut de Borneil war hingegen niederen Standes. Er zog im Sommer zusammen

Der Monochordspieler brachte auf seinem Instrument nur einen einzigen Ton zustande, mit dem er Liedvorträge rhythmisch unterlegte. Spezialist in puncto Rhythmus war auch der Pauker

mit zwei Sängern von einem Hof zum anderen und trug seine Werke vor, während er die Wintermonate dem Studium widmete und insofern die musikalische und dichterische Begabung zur Finanzierung seiner Ausbildung nutzte. Nicht zuletzt lassen sich aber auch Fälle finden, in denen Bürgersöhne aus Wanderlust oder purer Langeweile die gesicherte Existenz aufgaben. Dieses Motiv veranlaßte etwa den aus einer armen Burgknechtsfamilie stammenden Bernart de Ventadorn, sein Leben als Bäcker hinter sich zu lassen und gegen Lohn musizierend in die Ferne zu ziehen.

Wandfresko, um 1380; Festsaal des Eichenauerhofes, Ulm

Allgemein verbreitete Vorurteile gegenüber Musikanten, Gauklern und Vaganten

Die Musik begleitete den Alltag und die Feste des mittelalterlichen Menschen aller Bevölkerungsschichten. Sie führte ihn durch sein Leben, durchs Jahr, im öffentlichen wie im religiösen Bereich. Die Musik war unentbehrlich in der mittelalterlichen Gesellschaft, aber dennoch grenzte man sich gegen die Spielleute ab, indem man ihnen alle Laster unterstellte, die damals nur denkbar waren.

Unterhaltung und Spiel ergänzen das Alltagsleben, sie dienen der Entspannung und ermöglichen ein Abstandnehmen, oftmals eine Flucht aus dem Alltagsleben. Der Spielmann war Initiator auf dem Weg dahin und Mittelpunkt in einer zweckfreien und lustbetonten Welt. So sehr man die entspannende und entlastende Funktion des Spiels und der Musik jedoch schätzte, so sehr mißtraute man dem Spielmann und in noch stärkerem Maß der Spielfrau.

Lottergesindel

In erster Linie machte ihre Heimatlosigkeit, ihr unstetes Umherziehen die Spielleute verdächtig. Waren sie nicht unterwegs, so verbrachten sie die Zeit vorwiegend in Wirtshäusern, wo sie Kost und Logis erhielten und ihr Publikum fanden. Spiel- und Trunksucht wurden den fahrenden Musikanten von alters her vorgeworfen. In Deutschland wurden sie als »Lottergesinde« betrachtet, denn nach bürgerlicher Auffassung waren Spielleute ohnehin Müßiggänger, da sie ja keiner geregelten Arbeit nachgingen. Zweifellos sind die mittelalterlichen Berichte über fahrende Spielleute zu negativ, denn ihnen zufolge waren sämtliche Fahrende ohne Unterschied »verdächtige leüth«.

Den Seßhaften, eingebunden in Familien- und Dorfgemeinschaften, waren diese fremden und namenlosen Umherziehenden einfach suspekt. In einem Vokabular aus dem 15. Jahrhundert wird der Spielmann als ein »unstet mensch« bezeichnet. Im Mittelhochdeutschen bedeutete fremd sein soviel wie im »ellende« sein. Das drückt die ganze Erbärmlichkeit dessen aus, der über keine schützenden sozialen Beziehungen verfügt. Er ist ein stets Namenloser und Unbekannter, dem man mit Skepsis, Mißtrauen und Vorsicht begegnet. Äußerlichkeiten wie Kleidung und Haartracht waren vielen die einzigen Kriterien der sozialen Einordnung, und meist schnitten die Spielleute dabei nicht gerade gut ab.

Von der Lebensweise und der äußeren Erscheinung wurde dann selbstverständlich auf den Charakter geschlossen. Das Merkmal des unsteten Lebenswandels war gleichbedeutend mit mangelndem innerem Halt. Leichtfertig und unbekümmert würden Spielleute in den Tag hinein leben, Schulden machen und verantwortungslos handeln. Das sogenannte »Mittelalterliche Hausbuch«, das um 1480 am Mittelrhein entstanden ist, ordnet folgerichtig allerlei Gaukler und Musikanten dem Sternbild des Mondes zu.

Stimmungskanone und Liebesbote

Dennoch schätzte man die Spielmannskünste und wollte sie nicht entbehren. Wenn er zum Tanz aufspielte, konnte der am Rand der Gesellschaft stehende Spielmann Mißtrauen abbauen und eine freudige, ungezwungene Stimmung erzeugen. Häufig machte man sich auch die besonderen »mobilen« Fähigkei-

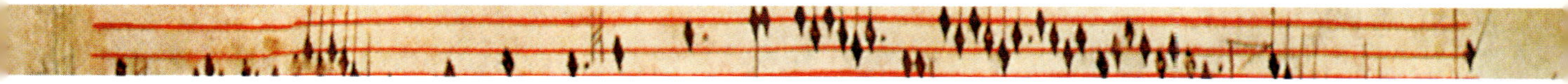

ten und Erfahrungen der Spielleute zunutze, indem man ihnen Botendienste übertrug. Schließlich konnte man davon ausgehen, daß sie genaue Kenntnisse über das Wegenetz, über die möglichen Gefahren während einer Reise sowie über fremde Sitten und gegebenfalls sogar über fremde Sprachen besaßen. Auf diese Weise waren die Fahrenden am Ende trotz aller Vorbehalte doch wieder nützlich und für die Übermittlung von Nachrichten und Informationen aller Art, vom einfachen Dienst als Liebesboten bis hin zu brisanten politischen Kurierdiensten von Hof zu Hof, unentbehrlich.

Geborene Verbrecher?

Eng verbunden mit dem Vorwurf der Charakterlosigkeit war die Unterstellung, Spielleute würden gegen Lohn jede Art von Auftrag annehmen und zu Verbrechen aller Art neigen. Obwohl von Spielleuten verübte Verbrechen gewiß nicht öfter vorkamen als in anderen Teilen der Bevölkerung, sieht man einmal von den skrupellosen Kriminellen ab, gegen die sich das erwähnte Pariser Edikt wandte, sind die Polizeiberichte über ihnen angelastete Straftaten Legion.

Für einen Mord, der nicht aufgeklärt werden konnte, wurde am Ende ein »Kapusta« genannter Spielmann 1366 in Krakau verantwortlich gemacht. Nach der Legende gleichen Namens soll ausgerechnet auch ein »Peter Unverdorben« dieselbe Gewalttat verübt und noch kurz vor Vollzug der Todesstrafe sein eigenes Abschiedslied gesungen haben, nachdem er laut Überlieferung um 1430 in Neunburg vorm Wald aufgegriffen und im Kerker verwahrt worden war: »gefangen la ze Nüwenburg in dem Turme«. Unter dem nämlichen Verdacht des »Mordbrennens« wurde 1512 in Traunstein »ain wälscher junger leyrer« festgenommen und fast genauso schwer wog, daß »Ulrich der Pfeifer« 1447 in Luzern »zwey frouwen« geheiratet haben soll.

Überlebensstrategien

So gefürchtet wie beliebt waren die Spielleute wegen ihrer Doppelbegabung für beißenden Spott und anbiedernde Schmeichelei. Die Spötterei gehörte offensichtlich zu den angesehenen Fähigkeiten aller mittelalterlichen Berufsmusikanten, sei es bei Hofe oder auf dem Dorfplatz. Aufgrund ihrer gesellschaftlichen Randstellung verfügten sie wohl einfach über die nötige Distanz gegenüber den Verhaltensweisen der Seßhaften.

Spott und Kritik erfordern eine schnelle Auffassungsgabe der jeweiligen Situation, Sprachgewandtheit und eine hervorragende Beobachtungsgabe. Der Spielmann stand ja in unmittelbarem, spontanen Kontakt zu seinem Publikum und mußte den

»... wes' Brot ich eß', des' Lied ich sing'«

Der Streit der fahrenden Musikanten, G. de la Tour zugeschrieben, um 1593 bis 1652; Museum Chambéry

Die typischen Vorwürfe, zeitgenössisch dargestellt: Streitsucht, Brotneid, Habgier, Mißgunst und Eitelkeit

An den Reisewegen gelegene Wirtshäuser waren der notwendige, aber nur kurzfristige Ersatz für ein dauerhaftes Zuhause. Mit diesen von ihnen bevorzugten Aufenthaltsorten verband man nach landläufiger Meinung sofort Trunksucht, Spielleidenschaft, Prasserei und Hurerei

Národní Museum, Prag, Sign. 25 D 25

Umständen entsprechend intuitiv reagieren. Der Kritikfähigkeit war eine deutliche Distanz zu den verspotteten Personenkreisen sicherlich förderlich. Je nach Situation war es unter Umständen lebensnotwendig, der eben noch verspotteten Personen bereits ein paar Tage später zu schmeicheln. Dieser Opportunismus im Sinne des Sprichwortes »wes' Brot ich eß', des' Lied ich sing'« war unverzichtbar und erforderte ein ausgeprägtes Gespür für die Situation, wie auch Schlagfertigkeit. Der fahrende Spielmann konnte und mußte sein Fähnchen nach dem Wind richten, seine Haltung immer wieder ändern und sich auch widersprechen. Allgegenwärtig war der Vorwurf, Spielleute würden die Reichen Süßholz raspelnd geradezu verfolgen. Sie wären bereit, jedem einflußreichen Mann nicht wirklich ehrlich gemeinte Komplimente zu machen und ihn in übertriebener Weise zu loben, nur um von seiner Freigebigkeit zu profitieren.

In Kaschemmen und Spelunken

Die fahrenden Spielleute waren letztlich nirgends zu Hause, sondern überall nur Gäste. An den Reisewegen gelegene Wirtshäuser, Kaschemmen und Spelunken waren der notwendige, aber nur kurzfristige Ersatz für ein dauerhaftes Zuhause. Hier konnten sie sich ausruhen, bekamen Essen, Trinken und einen Schlafplatz. Zugleich fand sich immer ein Publikum, das sich gerne durch allerlei Spielmannskünste unterhalten ließ, aber auch Opfer von Taschenspielertricks wurde.

Der Wirt profitierte durchaus von den einkehrenden Spielleuten. Diese füllten ihm nämlich die Gaststube und schnell sprach sich die Anwesenheit von Spielleuten in den naheliegenden Dörfern herum. Das Wirtshaus war jedoch nicht nur ein Ort seiner Darbietungen, hier suchte man den Spielmann auch auf, um ihn für Hochzeiten, Trauerfeiern, Kirchweihfeste oder Prozessionen zu engagieren.

»… der spilman was des weines vol«

Die Trunksucht der Musiker wurde von alters her gebrandmarkt und war, wie berichtet wird, oft gepaart mit dem Laster der Völlerei. Da der Spielmann zumeist nur von der Hand in den Mund lebte, gab er seine unregelmäßigen Einkünfte offenbar sofort wieder aus. Verschwendungssucht und Prasserei werden den Spielleuten in mittelalterlichen Quellen durchweg als Charaktereigenschaften zugeschrieben. Man kann lesen, daß es sich nicht einmal lohne, einen Spielmann zu berauben, da er sicher nichts bei sich habe, seine Einkünfte stets leichtsinnig durchbringe. Er würde seinen Lohn am liebsten im Wirtshaus für Wein, gutes Essen und das Würfelspiel ausgeben. Daher rührt auch die Bezeichnung »lecker« in der Bedeutung von »Tellerlecker« als Synonym für den Spielmann.

Sogar die Spielleute selbst gaben ihre Lasterhaftigkeit, auf die sie sich anscheinend etwas zugute hielten, offen zu. Nicht von ungefähr kommen deshalb volkstümliche Sprüche wie »Musikantenkehle ist eine tiefe Höhle«. »… der spilman was des weines vol« und ähnliche schriftliche Anmerkungen sind in Quellen aus dem Mittelalter und der Renaissance zahlreich überliefert. Wie so oft, mag auch damals für so manchen armen Tropf Alkohol die einzige Rückzugsmöglichkeit aus einer oftmals allzu harten Alltagswelt gewesen sein.

Ein Laster kommt selten allein

Die Musiker brachten aber mitunter nicht nur ihren geringen Verdienst durch, sondern machten auch noch Schulden. Nicht selten mußten Dienstherren ihre Spielleute und deren Instrumente auslösen und für die Zeche aufkommen. Um nur ein Beispiel zu nennen, übernahm einmal Herzog Albrecht II. von Niederbayern die Kosten für »des von Wirtzburg knecht fidler« und kaufte ihn »mit einem portativ aus der Herwerg …« frei.

Aber nicht nur der Völlerei und Trunksucht wegen waren die Spielleute verrufen, sondern in mindestens demselben Maß wegen ihres Hangs zum Glückspiel. Nicht selten verloren sie Hab und Gut am Würfeltisch, wie auch die aus dem französischen Spielmannsrepertoire des 12. Jahrhunderts überlieferte Geschichte »Saint Pierre et le jongleur« schildert. Die moritatenartige Anekdote (in neuhochdeutscher Übersetzung zitiert) beginnt nach typischer Spielmannsart und erzählt von den Lastern und Leidenschaften eines Fidlers, der dem Würfelspiel erlegen, dem Wein zu- und den leichten Mädchen gegenüber nicht abgeneigt war:

Hört lust'ge Mär! Es war einmal
zu Sens ein Spielmann arm und kahl;
doch weiß ich nicht, wie er genannt.
Er trug nicht oft ein ganz Gewand:
ihm klang zu hold der Würfel Laut;
die schälten ihn bis auf die Haut.
Oft ward ihm Geig' und Fidelbogen
und Hos' und Rock vom Leib gezogen,
und so durch Wind und Wetterbraus
kam er im bloßen Hemd nach Haus.
An sein Gewerbe ging er nun
zerlumpt, mit durchgetretnen Schuhn.
Doch wieder trug er den Gewinn
zum Schenkwirt und zum Kuppler hin,
und alles ward in Nachtspelunken
verspielt, verliebet und vertrunken.

Satan, der wohl kaum ein geeigneteres Opfer finden konnte, läßt den Spielmann schließlich in die Hölle bringen. Nach kurzer Zeit beauftragt er ihn, während seiner und aller anderen höllischen Teufel Abwesenheit, die eingesperrten Seelen der armen Sünder zu bewachen und ja nicht entfliehen zu lassen. Da sieht der heilige Petrus seine große Chance gekommen und stattet der Hölle einen Besuch ab. Es fällt ihm nicht schwer, den »liederlichen« Spielmann zum Würfelspiel zu überreden. Die in der Hölle schmorenden Seelen sollen dabei als Einsatz dienen. Petrus luchst dem Spielmann sämtliche Seelen ab und holt sie siegreich in den Himmel heim. Als Satan mit seinem teuflischen Heer in die Hölle zurückkehrt, findet er nur noch den Spielmann vor. Nachdem er das Geschehene vernommen hat, verstößt er zuerst den Teufel, der diesen Taugenichts für ihn geworben hatte, und die Geschichte nimmt folgendes Ende:

Doch Satan rief dem Fidler zu:
»Mach, daß du fortkommst, Lecker du!
Dies liederliche Menschenkind
bringt mich um all mein Hausgesind!
Hinaus, du fauler Knecht, hinaus!
Kein Spielmann kommt mir mehr ins Haus,
kein Schalksnarr, kein Phantast von Sänger:
Bleibt, wo ihr mögt, ihr Müßiggänger!
Schert euch zu Gott und seiner Schar!
Die jubiliert das ganze Jahr.« –
Der Spielmann lief durchs Höllentor
und stieg zum Paradies empor.
Das öffnet ihm Sankt Peter gleich,
und führt ihn ein ins Himmelreich.
Nun jauchzt mit hellem hohem Schall,
ihr Sänger und ihr Fideler all!
Die Angst der Hölle seid ihr los.
Euch winkt ein wonniges Asyl:
Dank sei dem edlen Würfelspiel!

Die Ächtung der Spielfrauen

Vorwürfe, von der Gesichtsschminke über die Art der Kleidung und Bewegung bis hin zur Prostitution, sowie die Gefahren, die angeblich von Spielfrauen ausgingen, verhinderten es nicht, daß einige **jongleresses** sogar Karriere in höfischen Kreisen machten. Gelang es diesen Frauen, dort aufgenommen zu werden, dann konnten sie sich auch meist von den Vorurteilen befreien, die gegenüber ihren fahrenden Berufsgenossinnen gehegt wurden

Miniatur aus der Manesse-Handschrift, um 1320; Universitätsbibliothek Heidelberg, Cod. Pal. Germ. 848, fol. 312r

Häufig verwandte Ineinssetzungen wie »Concubinen ofte spilfrowen« überliefern getreu den hauptsächlichen Vorwurf gegenüber Spielfrauen, wie er aus zeitgenössischen Quellen spricht. In der mittelalterlichen Gesellschaft konnte die Frau sehr leicht ihr moralisches Ansehen einbüßen. Dem frommen Marienkult, der seit dem 11. und 12. Jahrhundert eine besondere Blüte erlebte, stand das Bild der sündhaften Eva entgegen. Es genügten meist einzelne Hinweise auf ein verführerisches und damit sündhaftes Verhalten, um stigmatisiert zu werden. Oft glitten Frauen dann unentrinnbar an den Rand der Gesellschaft ab.

Fahrende Frauen und seßhafte Dirnen

Außerhalb des Ordo standen »gefallene Mädchen« deshalb aber nicht. Dirnen lebten seßhaft in Bordellen, sogenannten Frauenhäusern, und waren der Oberaufsicht des Scharfrichters, der Stadtknechte oder des »roi des ribauds« unterstellt. Ihre Seßhaftigkeit und damit ihre Kontrollierbarkeit gewährleistete ihnen eine relativ unangetastete Existenz. Im Gegensatz zu den fahrenden Frauen wurden diese in befriedeten Frauenhäusern lebenden Dirnen als »fromme Huren« bezeichnet, wie beispielsweise aus Leipziger Stadtrechnungen des 15. Jahrhunderts hervorgeht.

Von entscheidendem Nachteil für die fahrenden Frauen war einfach die Tatsache ihres unsteten Lebenswandels. Sie entzogen sich damit der gesellschaftlichen Kontrolle und das öffnete der Phantasie der Seßhaften Tür und Tor. Offizielle Verdächtigungen und Unterstellungen von seiten der weltlichen und geistlichen Obrigkeiten verfestigten schließlich das Vorurteil von der fahrenden Frau als Dirne. Sicherlich dürfte gelegentliche Prostitution für manche Spielfrau überlebensnotwendig gewesen sein, die etablierte mittelalterliche Gesellschaft entwirft jedoch ein zu einseitiges und verallgemeinerndes Zerrbild.

Salome, die von ihrem Stiefvater Herodes Antipas als Belohnung für einen Tanz den Kopf Johannes' des Täufers gefordert hatte, galt als Ahnherrin der Spielfrauen

Missale, Amiens, 1323; Museum Meermanno-Westreenianum, Den Haag, Ms. 78.D.40, fol. 108r

Der Sachsenspiegel aus dem 13. Jahrhundert drohte noch harte Strafen für die Notzucht an fahrenden Frauen an, aber spätere Stadtrechte erachten dieses Delikt nicht einmal mehr für strafwürdig. Nahmen schon die männlichen Spielleute aufgrund ihres unsteten Lebenswandels eine Außenseiterrolle ein, so waren die weiblichen Spielleute völlig an den Rand gedrängt. Das Gewerbe des Spielmanns und das der Dirne wurden in der mittelalterlichen Gesellschaft immer wieder in engsten Zusammenhang gebracht. Beide Personengruppen galten als schandhaft und lange Zeit war ihnen die Beichte verwehrt. Spielmann wie Dirne verleiteten zu eigentlich verbotenen Sinnenfreuden, zu Spaß und Vergnügen. Sie mißbrauchten, jeder auf seine Weise, ihre Körper.

Gratian etwa stellt in seinen Traktaten den Lohn der Spielleute für ihre vollbrachten Künste dem Dirnenlohn gleich. *Histriones* und *meretrices* gehören nach Johannes von Salisbury zu den Personen, die man von Fürstenhöfen verjagen mußte. Diese enge soziale Zusammengehörigkeit beider Gruppen zeigt sich auch in verschiedenen mittelalterlichen Anordnungen.

Im spätmittelalterlichen Nürnberg beispielsweise durften jeweils drei Dirnen aus dem Frauenhaus bei den Hochzeitstänzen wenigstens zusehen. Bezeichnenderweise war ihnen der Platz unter dem sogenannten »Pfeiferstuhl«, also dem Musikantenbalkon, zugewiesen. Brachte man schon die Spielleute mit den Dirnen in eine derart enge Verbindung, so läßt sich die daraus folgende Gleichsetzung beider Tätigkeiten in der Person der Spielfrau mühelos nachvollziehen.

Miniatur aus dem steierischen Chorherrenstift Seckau, 14. Jh; Universitätsbibliothek, Graz, Handschrift 287, fol. 163ʳ

Besonders anrüchig waren die Tänzerinnen unter den Spielfrauen. Sie werden immer wieder als außergewöhnlich verführerisch und sündhaft beschrieben. Kirchliche Anweisungen, Priester sollten sich bei Festmahlen zurückhalten, nicht betrinken und sich vor derben Liedern hüten, betonen meist die Tänzerinnen als größte Gefahr

Spielmänner als Kuppler

Nicht nur die einzeln oder in Gruppen unterschiedlicher Größe auftretenden Spielfrauen galten als käuflich, sondern auch die weiblichen Familienmitglieder eines Spielmannes. Da die Frauen und Töchter von Spielleuten an den Darbietungen und Auftritten meist in irgendeiner Art und Weise beteiligt waren, begegnet man oft der Unterstellung, Spielmänner würden die weiblichen Mitglieder ihrer Familie verkuppeln und sich als

Die Verwendung der Gesichtsschminke geschah für gar manchen Prediger in direktem Auftrag des Teufels zur Verführung des Mannes. Die ehrbaren Bürger bangten um die Sittsamkeit ihrer Frauen, die sich nur zu gerne von der neuesten französischen Mode der durchreisenden Spielfrauen inspirieren ließen

Zuhälter betätigen. Die ansonsten strikt gegen Scheidung argumentierende Kirche erklärte im 13. Jahrhundert, daß sich mit Spielleuten verheiratete Frauen jederzeit von ihren Ehemännern trennen könnten, falls sie dieses ehrlose, unstete Leben gegen ein seßhaftes eintauschen möchten. Es könne diesen Frauen nicht zugemutet werden, das Lotterleben ihrer Ehemänner teilen zu müssen.

Die aufreizenden Töchter Salomes

Auch magische Fähigkeiten wurden fahrenden Spielfrauen natürlich nachgesagt. Eine astrologische Abhandlung aus dem 16. Jahrhundert nennt sie bezeichnenderweise »zauberisch Huren«. Aber neben dem »Standardkönnen« Zaubern, Wahrsagen und Besprechen, das von ihren männlichen Kollegen ebenso erwartet wurde, waren es besonders ein aufreizendes Äußeres, provokativer Gesang und betörender Tanz, womit sie ihr Publikum in Bann schlugen.

Salome, so verführisch schöne wie grausam intrigante Stieftochter des Herodes Antipas, galt als Ahnherrin der Spielfrauen. Ihre Verführungskünste hätten sie direkt vom Teufel, da sie selbst Kreaturen des Teufels seien, so die landläufige Meinung. Ein Chronist aus dem 13. Jahrhundert vergleicht sie mit den scheinbar freien, fröhlich singenden Lockvögeln des Vogelfängers. Spielfrauen würden diese Rolle für den Teufel übernehmen und ihm mit ihren musikalischen Künsten die Seelen der Opfer zuführen. Immer wieder beschrieb man junge Männer als unschuldig Erlegene, die den betörenden Verlokkungen der Spielfrauen nachgegeben und ins Verderben, in den Schlund der Hölle gestürzt worden seien.

Anweisungen, Priester sollten sich bei Festmahlen zurückhalten, nicht betrinken und sich vor derben Liedern hüten, betonen meist die Tänzerinnen als die größte Gefahr. Geistliche sollten Festlichkeiten also spätestens während der tänzerischen Darbietungen verlassen. Die fahrenden Spielfrauen tanzten jedoch ganz bestimmt nicht nur bei Gastmahlen, sondern nahmen sich die Freiheit, überall auf den Märkten und öffentlichen Plätzen ihre Künste darzubieten. Im Gegensatz zu anderen Orten war es im 14. Jahrhundert nur den Dirnen von Valencia verboten, im Freien zu Tanzen – es war ihnen lediglich im Bordell gestattet.

Wie provokant diese unkontrollierbaren weiblichen Tanzdarbietungen in der damaligen Zeit wirken mußten, läßt sich an den restriktiven Vorschriften für seßhafte Frauen gut ablesen. Die stets von neuem vorgebrachten Warnungen vor den verführerischen, ja magischen Künsten der Spielfrauen demonstrieren hingegen, wie beliebt sie gewesen sein müssen. Die Prediger des Mittelalters hielten es für nötig, immer wieder – wohl vergeblich – darauf zu verweisen, daß der schöne Schein der Tänzerinnen deshalb so trügerisch sei, um vom eigentlichen, teuflischen Zweck ihres Treibens abzulenken. Aberglauben und Unmoral waren wie immer aufs engste miteinander verknüpft.

Stets en vogue

Nicht allein der bezaubernde Gesang oder das betörende Instrumentalspiel waren zweifelsfrei Teufelswerk, sondern gerade die Zurschaustellung des Körpers in unzüchtigen Bewegungen, sowie die meist außergewöhnlich bunte oder schillernde Kleidung.

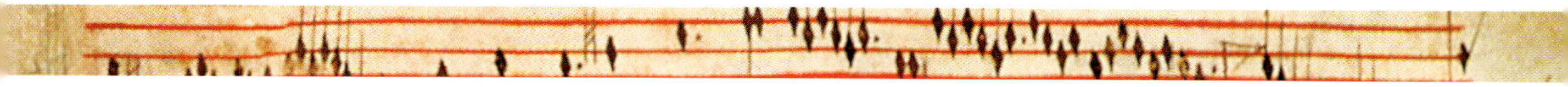

Gesichts Anlaß zu Befürchtungen der schlimmsten Art. Die Verwendung der Gesichtsschminke war für gar manchen Prediger nicht nur eine französische Unart, sondern geschah vielmehr im direkten Auftrag des Teufels zur Verführung des Mannes. Die ehrbaren Bürger bangten um die Sittsamkeit ihrer Frauen, die sich nur zu gerne von der neuesten französischen Mode der durchreisenden Spielfrauen inspirieren ließen.

Aber all diese Vorwürfe, von der Schminke über die Art der Kleidung und Bewegung bis hin zur Prostitution, konnten es nicht verhindern, daß manche *jonglieresses* sogar Karriere in höfischen Kreisen machten. Gelang es diesen Frauen in den Hofdienst aufgenommen zu werden, so konnten sie sich aufgrund ihres höheren Status und wegen ihrer Kontrollierbarkeit von den verbreiteten Vorurteilen befreien.

Einige Namen und Skizzen aus dem Leben weiblicher Spielleute, die sich an Adelshöfen als Tänzerinnen

Harfen, Violen und Lauten, die leisen Instrumente also, begegnen uns in den Miniaturen des Mittelalters oft in den Händen von Spielfrauen

Ebenso mochte das von Spielfrauen meist offen getragene lange Haar, das jede Bewegung noch betonte, lasziv gewirkt haben. Langes, nicht verhülltes oder kunstvoll gebundenes Haar war nicht nur Kennzeichen der tanzenden und musizierenden Spielfrauen, sondern eben auch Zeichen der Sündhaftigkeit von Dirnen. Nicht zuletzt gab auch die Bemalung des

Miniatur in Psalter, nach 1183; Österreichische Nationalbibliothek, Wien, Cod. 1879, fol. 104r

Die schöne Agnes spielte die Fidel unnachahmlich und bezirzte mit ihrer wunderschönen Stimme König Wenzel II. von Böhmen. Nachdem er sie mit Geschenken überschüttet hatte, vergiftete sie ihn auf Drängen seiner Feinde in inniger Umarmung

oder Musikantinnen betätigten, sind uns überliefert: Die einmal als *jongleresse* und ein andermal als Fidlerin beschriebene Alheit begleitete im Jahr 1211 die damals erst vierjährige Elisabeth, spätere Landgräfin von Thüringen, auf dem Weg zur Wartburg. König Andreas von Ungarn hatte seiner kleinen Tochter, die bereits mit dem ebenfalls noch sehr jungen Landgrafen von Thüringen verlobt war, die Musikantin als Reisebegleiterin ausgesucht. Noch in einer Quelle aus dem 14. Jahrhundert wird davon berichtet, daß die Spielfrau das kleine Mädchen mit ihrer Musik aufmunterte, ihr mit vertrauten Klängen das Heimweh nahm und das weinende Kind mit ihrem Saitenspiel wieder glücklich machen konnte.

»Weibliche« Instrumente

Weit berühmter noch war die Musikantin Agnes, die zur engsten Vertrauten und wohl auch Geliebten von König Wenzel II. von Böhmen aufsteigen konnte. Laut Überlieferung begeisterte sie vor allem durch ihr Spiel der Harfe und auf der Fidel sowie durch ihren wunderschönen Gesang. Aufgrund ihrer dem König sehr nahestehenden Position wurde sie sogar mit diplomatischen Aufgaben im Ausland betraut. Die verschiedenen Quellen bringen zum Ausdruck, daß der König sie mit Geschenken geradezu überschüttet haben muß; die Angaben schwanken allerdings im Detail. Es sollen ihr aber unter anderem zwölf Pferde jederzeit zur Verfügung gestanden haben. Als der König im Jahre 1305 jedoch an einer damals unerklärlichen Krankheit starb, fand man in ihr schnell die Schuldige. Auf Drängen königlicher Feinde soll sie ihn durch ein geheimnisvolles Mittel in der Umarmung vergiftet haben.

Bemerkenswert ist, daß weibliche Spielleute auffallend häufig auf Saiteninstrumenten musizierten, so auch Agnes und Alheit. Harfen, Violen und Lauten, die leisen Instrumente also, begegnen uns in Miniaturen des Mittelalters oft in den Händen von Spielfrauen. Noch bis zu Beginn des 17. Jahrhunderts waren die Trommeln, Trompeten und Pfeifen, für die ja auch besser bezahlt wurde, tatsächlich den Spielmännern vorbehalten, während den Spielfrauen die Kunst des Saitenspiels oblag.

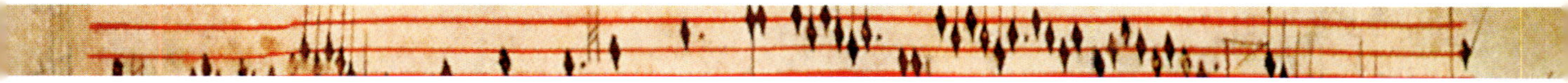

Aussehen und Kleidung der Spielleute

In der ständisch gegliederten Gesellschaftsordnung des Mittelalters kam äußeren Merkmalen wie Kleidung und Haartracht eine wesentliche Bedeutung zu. Man hatte sich dem eigenen Stand entsprechend, also »an-ständig« zu kleiden. Der mehr oder minder groß betriebene Kleidungsaufwand war stets ein sicheres Erkennungszeichen für die Zugehörigkeit zu verschiedenen sozialen Schichten. Selbstverständlich strebten die einfacheren Leute danach, die Kleidertrends der höheren Stände nachzuahmen, um damit öffentliche Aufmerksamkeit und ein höheres Prestige zu erlangen.

Miniatur aus der Manesse-Handschrift, um 1320; Universitätsbibliothek, Heidelberg, Cod. Pal. Germ. 848, fol. 395r

Standesanmaßungen widersprachen aber zutiefst der mittelalterlichen Ordnung. Gerade deshalb mußte derartigen nicht standesgemäßen Bestrebungen entgegengewirkt werden. Die einflußreichen Stände versuchten, sich vehement gegen die Imitation und die Angleichung an ihre Kleidungsart abzugrenzen und zur Wehr zu setzen. Ebenso entschlossen nahmen Vertreter kirchlicher Kreise den Kampf gegen übermäßigen Kleidungsaufwand und die damit unterstellte Verschwendungssucht auf. Zahlreiche Kleiderordnungen, Predigten, Hinweise in der didaktischer Literatur und in bildlichen Darstellungen zeigen, daß es ein beinahe aussichtsloser Kampf gewesen sein muß, gegen angeblich übertriebene Luxusbestrebungen in sämtlichen gesellschaftlichen Ständen vorzugehen.

Um nivellierenden Tendenzen Einhalt zu gebieten, wurde die jeweils zulässige äußere Erscheinung bis ins Detail geregelt, von der Art der Stoffe über die Wahl der Farben und des Zuschnitts bis hin zur Verzierung und dem schmückenden Beiwerk. Alle diese Merkmale waren wichtige Bestimmungskriterien der sozialen Zugehörigkeit und dienten als Standeskennzeichen. Relativ frei und unabhängig von diesen verschiedenen Verordnungen war lediglich der Adel, der die jeweilige Mode kreierte.

Die Kleidung der Spielleute zeigt im mittelalterlichen Europa spezifische Eigentümlichkeiten, insbesondere in ihrer Buntheit. Es war allgemein üblich, den Spielleuten abgetragene Kleider als Lohn zu schenken. Nach großen Festlichkeiten bei Hofe folg-

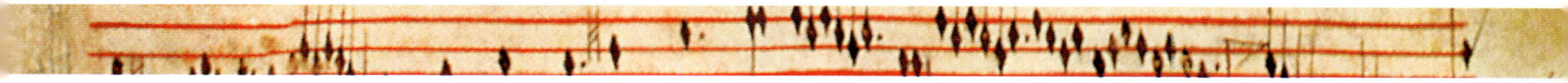

ten regelmäßig Beschenkungszeremonien. Es sind nicht wenige Nachweise erhalten, in denen ausführlich die Überreichung von kostbaren Gewändern oder Reitpferden an Spielleute geschildert werden. Deshalb konnte es durchaus vorkommen, daß Fahrende in prachtvolle Gewänder gehüllt waren und derart ausgestattet von Hof zu Hof zogen. Dies führte natürlich anderswo zu heftigen Protesten, stellten solche Maßnahmen doch die soziale Ordnung geradezu auf den Kopf. Vor allem die Kirche versuchte sowohl gegen das allzu großzügige Schenken vorzugehen wie auch die Spielleute ihrerseits immer wieder in die Schranken zu weisen – meist ohne Erfolg.

Möglichst bunt und auffällig

Das Äußere der einzelnen männlichen als auch der weiblichen Musikanten konnte extrem unterschiedlich sein, weshalb sich ein verallgemeinerndes Erscheinungsbild nur schwer zeichnen läßt. Dennoch lassen sich einige Auffälligkeiten in der von Spielleuten bevorzugten Aufmachung erkennen, die allen gemeinsam waren.

In den ältesten Miniaturen sind die in einfache schwarze und weiße Talare gekleideten Spielleute lediglich durch ihr Instrument kenntlich gemacht. Das entsprach der im frühen Mittelalter allgemein eher dunklen und farblosen Gewandung. Aber seit dem 12. Jahrhundert wird die Tracht der Spielleute schnell bunter. Die Vorliebe der Berufsmusikanten für eine möglichst bunte und auffallende Garderobe kann in den folgenden Jahrhunderten als wichtiges Merkmal dieser Berufsgruppe gelten. Die Alltagskleidung des einfachen Volkes dagegen war in gebrochenen Farben und Erdtönen gehalten und ungemustert.

Man hat diese grellbunte Erscheinung der mittelalterlichen Spielleute mit dem *mimus* der Antike in Verbindung gebracht. Schon für diesen war das bunte Lappenkleid kennzeichnend. Bereits Apollinaris Sidonius erwähnt, daß der römische Musiker es besonders liebte, sich möglichst farbenfroh herauszuputzen. Ihren Zweck hat diese Art der Kleidung in jedem Fall entsprochen, sie erregte Aufmerksamkeit, fiel in der eher eintönigen Masse auf und zog sicherlich das Publikum in Scharen an.

Eine Beziehung zwischen buntscheckiger Kleidung und Zauberei beziehungsweise Hexerei bestand ebenfalls bereits vor dem Mittelalter. Schon immer wollten die der Zauberei und Magie Kundigen durch ihre kunterbunte äußere Erscheinung besonders auffallen. Die Kombination aus roten Schuhen, gelben Beinkleidern, grünem Rock und rotem Federschmuck auf dem Kopf mußte zweifellos fesselnd wirken. Auch der »zaubernde« Rattenfänger von Hameln wird als ein »piper mit allerleige varve becledett« (ein Pfeifer mit allerlei farbiger Kleidung) beschrieben. Bei diesen buntscheckigen Zusammenstellungen ist allerdings der Umstand zu bedenken, daß die Spielleute viele ihrer Kleidungsstücke als Lohn geschenkt bekommen hatten und diese wohl schon deshalb in Machart und Farbauswahl nicht immer zusammenpassen konnten.

Das Auffallende und Absonderliche des Aussehens wurde zudem gerne durch Zaddeln und allerlei Schlitze im Gewand verstärkt. Von einer beeindruckenden und abenteuerlich aussehenden Gewandung konnte man also fast mit Sicherheit auf einen

Seit dem 12. Jahrhundert herrschte bei der Spielmannskleidung die mi-parti-Technik vor: Rock und Hose waren der Länge nach in zwei voneinander abweichende Stoffarben unterteilt

Fresko von Simone Martini, um 1322 bis 1326; Unterkirche der Basilika St. Francesco, Assisi

Nicht selten imitierte der Spielmann zur Belustigung des Publikums den Schalks- oder Hofnarren, dessen Kennzeichen neben der ebenfalls oftmals bunten Tracht die Kappe mit Eselsohren war

Spielmann schließen. Teilweise waren zusätzliche aufgenähte bunte Lappen sogar behördlich vorgeschrieben. Die Fahrenden sollten durch diese Kennzeichnung sofort als solche eingeordnet werden können. In einer der frühesten deutschen Reichspolizeiordnungen wurden alle Schalksnarren, Pfeifer, Spielleute, Landfahrer, Singer und Reimensprecher verpflichtet, eine außergewöhnliche und leicht erkennbare Kleidung zu tragen. Als Begründung für die Notwendigkeit dieser Verfügung wird angegeben: »damit die ehrlichen Leute sich desto leichter vor Schaden hüten könnten«.

Wie die Paradiesevögel

Neben der Kombination verschiedenster Kleidungsstücke in unterschiedlichsten Farben setzte sich seit dem 12. Jahrhundert bei den Spielleuten zunehmend die sogenannte *mi-parti*-Technik durch. Anfangs waren Rock und Hose noch senkrecht in zwei voneinander abweichende Stoffarben unterteilt. So zeigt der kuttenartige Rock des Spielmanns Watriquet in einer Handschrift der Zeit auf der rechten Körperhälfte eine grüne und auf der linken eine hellbraune Färbung. Allmählich wiesen die Gewänder aber nicht mehr lediglich senkrecht halbiert verschiedene Farben auf, sondern man fügte mehrere Farben und Stoffe kreuz und quer zusammen. Die Kleidung war nun in bunte Streifen unterteilt, oder es entstanden kleinflächige Muster diverser Kolorierung.

Diese extravagante Aufmachung wurde im 14. Jahrhundert kurzzeitig sogar zur allgemeinen burgundischen Mode, wobei manche Farbzusammenstellungen allein dem Adel vorbehalten blieben. Die rauschenden italienischen und französisch-burgundi-

schen Hoffeste trugen in ihrer phantastischen Buntheit dazu bei, daß sich auch die bürgerliche Mode seit dem 14. Jahrhundert immer schneller zu wandeln begann. Um sich wiederum stärker von den gewählten Farbzusammenstellungen des Adels und des ihn imitierenden Bürgertums zu un-

terscheiden, gehörten paradiesvogelartige Gewänder bis ins 16. Jahrhundert hinein zum typischen Aussehen der Spielleute, egal ob sie nun Trompeter, Sackpfeifer oder Fidler waren.

Es sind zahlreiche Abbildungen der *mi-parti*-Spielmannskleidung erhalten. Ein im Sachsenspiegel dargestellter Spielmann etwa trägt einen gezaddelten Rock, der rechts grün gefärbt und links braun-weiß gestreift ist. Weitere besonders beliebte, nach Körperhälften geteilte Farbkombinationen scheinen Rot und Grün sowie Rot und Weiß gewesen zu sein. Generell fällt in der für Spielleute typi-

Jean de Wavrin, Anciennes chronicques d'Engleterre, Frankreich, 15. Jh.; Bibliothèque Nationale, Paris, MS fr. 74, fol. 1

schen Kleidung ein Überwiegen der Farben Rot, Grün und Braun auf, was eine bestimmte, ursprüngliche Bedeutung der Farbsymbolik nahelegt. Braun kann als Farbe der Erde, der Erdverbundenheit gedeutet werden. Grün war von jeher die Symbolfarbe für das freie Leben in der Natur und wurde erst zur Zeit des Hexenwahns als Teufelsfarbe in Beschlag genommen. Rot war stets mit Blut identisch und damit symbolische Farbe der Lebensfreude schlechthin.

Herausforderndes Rot

Im 15. Jahrhundert erkannte man dann englische Spielleute an ihrem langen grünen Gewand, das durch einen roten Gürtel um die Hüften zusammengehalten wurde. Wie die damaligen Kleiderverordnungen belegen, mußten die Augsburger Dirnen einen grünen Streifen am Schleier tragen, in Köln zwang man sie zu gänzlich roten Schleiern und in Bern und Zürich waren rote Kappen ihr Kennzeichen. Freiwillig und mit besonderer Vorliebe kleideten sich aber wohl auch die meisten Spielleute in herausforderndes Rot. Die Fülle der bildlichen Zeugnisse, auf denen Spielleute in roten Gewändern gezeigt werden, spricht für sich. Meist zogen Spielleute beiderlei Geschlechts in roten Umhängen bei Festlichkeiten ein, so bei einer Doppelhochzeit in Wien im Jahre 1515, bei der die Musiker wie es heißt »in eytel rot geklaydt« waren.

Allen fahrenden Musikanten als Erkennungszeichen gemeinsam war das auf dem Rücken getragene oder um den Hals gehängte Instrument, manchmal waren es sogar mehrere. Der eine oder andere mag auch ein Spielmannsbuch aus Pergament in der Gürteltasche bei sich getragen haben. Beides mußte durch einen Umhang oder eine Tasche möglichst gegen Wind und Wetter geschützt werden. Des weiteren dürften flache Wanderschuhe zur unentbehrlichen Reiseausrüstung gehört haben sowie alle möglichen Utensilien und alltägliche Gebrauchsgegenstände, die man seitlich, auf dem Rücken oder aufgehängt am Gürtel trug.

Eine Ausnahme von dem übermäßig farbenfrohen Spielmannsgewand stellte die Kleidung der Musiker dar, die über kurz oder lang in höfischen Diensten standen. Meist mußten sie wie die übrigen Schildknappen einheitliche Garderobe tragen – oft in den vorherrschenden Farben des jeweiligen Familienwappens. Allmählich übernahmen aber auch städtische Dienstherren diese adelige Gepflogenheit, die von den großen Festen und Aufzügen des burgundischen Hofes im 15. Jahrhundert herrührte.

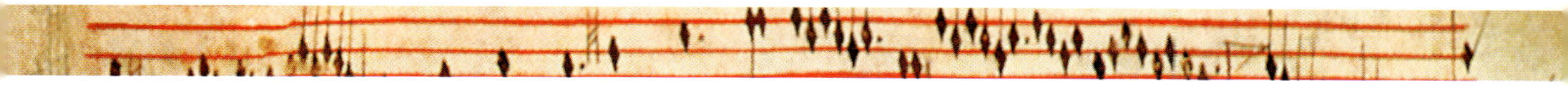

An der Kleidung befestigte Schellen und Glöckchen gehörten häufig zur äußeren Erscheinung von Spielleuten, Gauklern, Narren und Tänzern. Mit solch rhythmischer Geräuschkulisse erregte man in jedem Fall Aufmerksamkeit

Stundenbuch, frz., 2. Hälfte 15. Jh; The Pierpont Morgan Library, New York, MS M157, fol. 119v

Provozierendes Äußeres

Nicht nur mittels viel- und grellfarbiger Kleidung versuchten Spielleute in provozierender Weise die Aufmerksamkeit des Publikums zu erregen, sondern auch durch Bemalen des Gesichts, Glattrasieren des Kinns und Kahlscheren des Kopfes. Sicher versuchten viele, sich mit der Kopf- und Barttracht nach der gerade herrschenden höfischen Mode zu richten – auch das eine Provokation –, aber es kann als sicher gelten, daß kurzgeschorenes Bart- und Hauphaar zumindest zeitweise als Attribute des Spielmannes empfunden wurden. Ein möglicher Zusammenhang mit dem Brauch der antiken Mimen, das Haupt- und Barthaar kahl zu scheren, läßt sich hingegen nicht eindeutig nachweisen.

Das Rasieren des Bartes war im 12. und 13. Jahrhundert zur allgemeinen Mode in höfischen Kreisen geworden. Bereits vor dieser Zeit wird der Brauch jedoch im Zusammenhang mit dem Spielmannshabit mehrfach erwähnt. Galfrid von Monmouth, der Gewährsmann des Wace, beschrieb die schnelle Verwandlung in einen Spielmann lakonisch folgendermaßen: Er schor sich Bart und Haar und zog sich Spielmannskleider an. Ein ähnlicher Hinweis stammt schon aus dem Jahr 1000. Konstanze von Aquitanien wurde in Begleitung mehrerer südfranzösischer Herren ihrem Bräutigam König Robert von Frankreich zugeführt. In Paris angelangt, erregten diese Begleiter jedoch Empörung, weil sie »nach Art der Spielleute« rasiert und kurzgeschoren waren.

Frisur nach Vorschrift

Die höfische Gesellschaft des Mittelalters legte besonderen Wert auf langes und gelocktes Haar, was natürlich mit einem entsprechenden Aufwand verbunden war. Die erlaubte Haarlän-

Am Ende der gotischen Epoche wurde das sogenannte »gebende« modern. Die verheiratete Frau trug diese mit einem Kinnband versehene, knapp aufsitzende Kopfbedeckung aus steifem Leinen. Zeitweise war das Gebende sogar nur den Edelfrauen vorbehalten. Bald versteckten jedoch alle ehrbaren Damen ihr Haar unter seltsamen Hauben, um sich von den langmähnigen Dirnen, Tänzerinnen und Spielfrauen abzuheben

ge war ständisch geregelt, weshalb die Bauern ihr Haar über den Ohren abzuschneiden hatten, nur die edelfreien Herren duften langes Haar tragen. Dieser aristokratische Brauch hielt sich dann in höheren bürgerlichen Gesellschaftskreisen, die stets bemüht waren, die adelige Mode nachzuahmen, allerdings noch bis über das Mittelalter hinaus.

Die ehrbare Frau hingegen trug ihr langes Haar in der Öffentlichkeit von einem »gebende« verdeckt. Junge, unverheiratete Mädchen, besonders in ritterlichen Kreisen, bevorzugten das »schapel«, einen Kranz aus Laub oder Blumen, unter welchem das lange Haar sittsam offen getragen wurde. Ganz offen getragenes Haar galt als obszönes Merkmal von Außenseiterinnen. Spielfrauen und besonders Tänzerinnen traten noch bis ins 16. Jahrhundert hinein mit wehenden Haaren auf. Aber auch bei männlichen Spielleuten galt, daß sie während und nach zeremoniellen Handlungen bei Hofe ohne Kopfbedeckung zu erscheinen hatten, während sich die übrige höfische Gesellschaft ihrem jeweiligen Stand entsprechend »bedeckt« hielt, und auch die Bediensteten eine eigene ständische Kopfbedeckung trugen.

Der Spielmann als Narr

Die Kleidung der Spielleute wies häufig eine starke Ähnlichkeit mit dem Narrenkostüm auf. Nicht selten imitierte der Spielmann zur Belustigung des Publikums den Schalks- oder Hofnarren, dessen Kennzeichen neben der ebenfalls oftmals bunten Tracht die Kappe mit Eselsohren war. Beide Unterhaltungskünstler waren sich nicht nur in ihrer äußeren Erscheinung ähnlich, sondern auch in ihrem eingeübten Verhalten. Die Rolle des Spielmanns ging oft in der des Narren auf. Spielleute betätigten sich gerne als Possen- und Zotenreißer, Narren mit der typischen Eselsohrenkappe spielten zur Untermalung ihrer Darbietungen mit Vorliebe Einhandflöte und Trommel, den Dudelsack oder die Fidel. Aus diesem Grund unterschied man im Mittelalters durchaus zwischen »natürlichem Narr«, also mit Kappe und vorwiegend als Narr tätig, und »künstlichem Narr«, das heißt, hauptsächlich Spielmann in der Rolle des Narren. In Augsburg ließ Kaiser Maximilian I. am 28. Juni 1500 beispielsweise an »Hennsl narren aus dem Pinntzgaw fur ain Sagkhpfeyffen XXX krewtzer« (dem Narren Hennsl aus dem Pinzgau 30 Kreuzer für den Erwerb einer Sackpfeife) auszahlen.

Tragbare Geräuschkulisse

An der Kleidung getragene Schellen und Glöckchen gehörten ebenso zum äußeren Erscheinungsbild von Spielleuten, Gauklern, Narren und Tänzern. Mit einer solchen, rhythmisch tragbaren Geräuschkulisse erregte man in jedem Fall Aufsehen. Das im 11. und 12. Jahrhundert noch als prachtvoll und wunderschön empfundene, mit Schellen behängte Gewand wurde allerdings immer mehr zur Groteske. Im 14. Jahrhundert wurde es bereits abgelehnt, wie 1343 in der Nürnberger Kleiderordnung nachzulesen ist: »Kein Mann noch Frau soll keinerlei Glocken, Schellen noch keinerlei von Silber gemacht hangend Ding an einer Ketten noch an Gurteln tragen ...« Und fortan kennzeichnete das Schellengewand das Absonderliche oder Lächerliche der Spielleute und Narren.

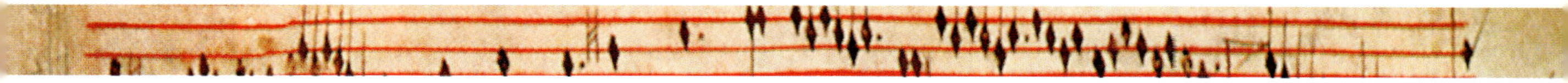

Spielmannsnamen

Nicht nur durch die äußere Erscheinung, durch Kleidung und Haartracht wollten die Spielleute sich bemerkbar machen, sondern auch durch besonders zugkräftige und auffallende Namen, die ja schließlich möglichst lange im Gedächtnis des Publikums haften bleiben sollten. Auch eine Weiterempfehlung war durchaus beabsichtigt, und mancher mag sich wohl deshalb mit dem Übergang von einem bürgerlichen oder gar adeligen Leben zum freien Dasein als fahrender Musikant einen neuen Namen zugelegt haben.

Das Tragen von Künstlernamen war im Mittelalter weit verbreitet. Es boten sich vielfältige Möglichkeiten der Namensbildung: vom einfachen Zusatz des Vaterlandes über das Hervorheben besonders günstiger Eigenschaften bis zum Hinweis auf die Art der gebotenen Musik oder das überwiegend gespielte Instrument. Einblick in die Mannigfaltigkeit verwendeter Namen bieten unter anderem Rechnungsbücher, Urkunden und Berichte über größere Festlichkeiten.

So wird im Jahre 1418 ein »Steffen Lutenschlaher«, also Lautenschlager, in einer Kemptener Urkunde genannt. Vor Herzog Albrecht II. von Niederbayern-Straubing traten Spielleute mit so aussagekräftigen Namen wie »Lobdenfrumen«, »Wunnsam«, »Irrganckh« und »Sorgnicht« auf. Ähnliche Namen gaben sich Musikanten, die in Tiroler Rechnungsakten zu Beginn des 14. Jahrhundert Erwähnung fanden: »Schanprüllen«, »Cluchentot«, »Hoveleich«, »Hasensprunch«, »Nimmerselich« und »Vreudenrich«. In der Stadt Basel musizierten 1410 ein »Hoppertantz und sine gesellen«, 1416 ein Pfeifer namens »Unverdorben«, 1513 einer, der sich »Frowenknecht« nannte, und im Jahre 1550 ein Trommler mit Namen »Peter Langhans«.

Teuflische und tugendhafte Namen

Hin und wieder versuchten Spielleute ihr Publikum durch besonders provokante Beinamen auf sich aufmerksam zu machen. Im Jahre 1455 spielte beispielsweise ein Spielmann mit dem schändlichen Titel der »Tewfl« (Teufel) auf. In der zweiten Hälfte des 13. Jahrhunderts wetterte Berthold von Regensburg in seinen Predigten ganz besonders gegen die Unsitte der Spielleute, sich »lasterbalk und hagedorn« oder »schandolf, hellefuwer und hagelstein« zu nennen, und diese als »teuflisch« betrachteten Namen dürften sicherlich keine reinen Hirngespinste des Theologen gewesen sein.

Weit häufiger versuchten die fahrenden Künstler jedoch ihre positiven

Das hals- und herzensbrecherische Treiben des »wilden Alexander«, eines fahrenden Dichtersängers aus dem letzten Viertel des 13. Jahrhunderts, ist uns in der Manessischen Liederhandschrift bildlich überliefert

Eigenschaften herauszustellen, nicht zuletzt, um dem allgemeinen Mißtrauen gegen ihren Berufsstand entgegenzuwirken, aber auch, um ihre Tätigkeit sogleich mit freudiger und festlicher Stimmung in Verbindung zu bringen. In Tirol taucht im Jahre 1294 ein »joculator freuwdenreich« als Zeuge auf. Ähnliche Beispiele sind beliebte Spielmannsnamen wie »Trougemund«, »Sorgnicht«, »Unverdorben« und »Unverzagt«. Auch die Bezeichnung »Schandenfeind« taucht des öfteren auf. 1378 spielte ein Gast namens »Schandenvyende« bei einem Fest in Hamburg auf. Und unter den Spielleuten und Gauklern, die sich der Graf von Hoya an seinem Hof hielt, trug ebenfalls einer diesen Namen.

»Nimmerselich« auf Sinnsuche

Viele Namensgebungen waren verständlicherweise direkt aus den alltäglichen Lebensumständen der fahrenden Musikanten hervorgegangen. Nicht selten versuchten Spielleute einen Bezug zu ihrem Dasein auf Wanderschaft mit all seinen Gefahren und Ungewißheiten herzustellen. Beispiele sind der bereits erwähnte Spielmann »Nimmerselich« und ein angeblich berittener Musikant namens »Vollarg«.

Auch das Unstete, das mit der Existenz als Fahrender verbunden war, wurde besonders oft und prägnant in Spielmannsnamen umgesetzt. So scheinen zahlreiche Gaukler, Musikanten und Vaganten mit Namen wie »Suchendank«, »Suchenschatz« und »Suchsbrot« unterwegs gewesen zu sein. Mehrfach wird sogar von einem »Suchensinn und seinen Gesellen« erzählt. In etlichen deutschen Städten war auch ein Spielmann »Peter Suchenwirt« tätig. Der Sänger und Vortragskünstler »Irrgangh des von Otting sprecher« oder auch »Irrgankeh« stellte sich und seine Künste unter anderem folgendermaßen vor: »der uns dies Liedlein nüwe sang, der tuot gar manchen irregang«.

Wilde Burschen

Zusätze wie »wilder Mann« oder einfach »Wilder« sollten ebenfalls das bewegte und abenteuerliche Leben im Gegensatz zur bürgerlichen Seßhaftigkeit betonen. Das hals- und herzensbrecherische Treiben eines fahrenden Dichtersängers namens »der wilde Alexander« aus dem letzten Viertel des 13. Jahrhunderts ist uns in der Manessischen Liederhandschrift bildlich überliefert. Keineswgs nur symbolisch läßt der akrobatisch galoppierende Reiter im roten Spielmannsgewand und mit abgeschnittenen Haaren seinem weit mit den Vorderbeinen ausgreifenden Rappen freie Zügel.

Ein anderer Spielmann, der zeitweise im Dienst des Stauferkönigs Manfred stand, nannte sich »Wildunc«. Seine Einleitungsfloskel, mit der er die Aufmerksamkeit des Publikums zu wecken wußte, lautete: »nu hoert ein fremdez maere von mir wilden schuolaere«.

Rastlose Gesellen

Beliebt waren offensichtlich auch Bezeichnungen, die das sprunghafte Leben der Fahrenden von Ort zu Ort besonders betonten. Im Jahre 1583 läßt sich ein aus Budweis stammender Instrumentalist namens »Elias Auf und dahin« am württembergischen Hof nachweisen. Weitere Spielleute wie ein »Hasensprunch« oder »Hans-

Miniatur aus der Manesse-Handschrift, um 1320; Universitätsbibliothek, Heidelberg, Cod. Pal. Germ. 848, fol. 412r

Der wilde Alexander. .C.viiii.

Schlag-in-den-Haufen« gehören ebenso in diese Kategorie wie der zwischen 1440 und 1444 in Nördlingen aufwartende Spielmann namens »Springinnsleben«.

Heldentenöre im Minnedienst

Hinweise auf die besonderen Fähigkeiten sowie auf die bevorzugt angebotene Art der Musik lassen sich in der Namensgebung mittelalterlicher Spielleute immer wieder finden. Gesangsspezialisten warben mit den Namen »Singruf« oder »Nachtigall«. Letzterer Sänger etwa stand im Jahr 1429 im Dienst des Herzogs Ludwig von Bayern, und in Nördlingen wurde 1472 ein Kollege namens »Vogelsang« entlohnt. Legten die Spielleute wert darauf, sich als Sänger und Dichter von Lob- und Heldenliedern anzupreisen, wählten sie ähnliche Namen wie auch ein »Peter lobdenfrumen« oder ein »Rumslant«. Der Fahrende »Rumslant von Sachsen«, im Gegensatz zu einem »Rumslant von Schwaben«, war wohl bürgerlicher Herkunft und machte an verschiedenen Höfen Bayerns und vor allem Norddeutschlands von sich sprechen. In der Manessischen Liederhandschrift wird sogar erklärt, was man unter der Bezeichnung »Rumslant« zu verstehen hat: »Brinc mir her min ros/ ... ich muoz rumen die lant.«

Auch Musiker, die sich dem Minnedienst verschrieben hatten oder als Liebesboten tätig waren, wählten entsprechend aussagekräftige Namensattribute. Ein »Frowenknecht Hoveleich« dürfte wohl in höfischen Kreisen sein weibliches Publikum gesucht haben. Im Jahre 1284 kam der Spielmann »Godefried Minnebode« in Köln groß heraus. Und der Pfeifer »Meyenfogel«, der 1363 in Basel musizierte, dürfte besonders im Frühligsmonat Mai erfolgreich gewesen sein.

»Bitterpfeil« war kein »Springinsfeld«

Die vornehmlich zum Tanz Aufspielenden priesen ihre Künste namentlich gerne so an wie das Ensemble »Hoppertantz und sine gesellen«, das 1410 in Basel auftrat oder ein Spielmann namens »Soumerdanze«, der 1363 in Trier Erfolge feierte. Und um 1480 zog ein polnischer Pfeifer mit dem bezeichnenden Namen »Hupfauff« durch die Lande.

Einem außergewöhnlichen Umstand verdankte vermutlich der Spielmann »Bitterpfeil« seinen Titel. Er griff im Jahre 1261, mutig mit dem Schwert kämpfend, in die Fehde zwischen der Stadt Straßburg und ihrem Bischof Walter von Geroldseck ein. Das war eine seltene Ausnahme, denn Spielleute durften eigentlich keine Waffen tragen.

Die restlichen Varianten

Wie bei den Vertretern anderer mittelalterlicher Berufe war es auch unter Spielleuten üblich, den Taufnamen mit der Tätigkeitsbezeichnung zu kombinieren. Häufig tauchen deshalb Vornamen in Verbindung mit dem Zusatz »spilman« oder »joculator« auf. Spezifizierender war die Angabe des vorrangig gespielten Instruments. Im Jahr 1350 sind in Lübeck beispielsweise ein »Conradus viddelere« sowie ein »Johann pipere« verzeichnet. Bekannt war auch »Reinmar der Fideler«. Beinamen wie Pfeifer, Trummenschlager oder Lautenschlager waren so häufig, daß sie sich seit dem 16. Jahrhundert sogar allmählich eingebürgert haben.

Origineller ist dagegen die klangvolle Bezeichnung »Bombaradach« eines Schweizer Trommelschlägers. In der Wiener St.-Nikolaus-Bruderschaft, in der sich Spielleute organisierten, taucht im Jahre 1455 ein Trompeter namens »Peter Froschmaull« auf, vielleicht derselbe, der 1448 in Konstanz besoldet wurde. Er dürfte wohl sehr geeignete Lippen für das Blasen dieses Instrument gehabt haben. Ein solcher Beiname beschreibt also ein Charakteristikum des äußeren Erscheinungsbildes, was auch bei dem Trommler »Peter Langhans« der Fall gewesen sein dürfte. Wolfger, der Bischof von Passau und zugleich Patriarch von Aquileja, entlohnte auf seiner ausführlich beschriebenen Italienreise in den Jahren 1203 und 1204 unter anderem einen alten Spielmann, den man einfach »Rotrock« nannte.

Die Erinnerung an berühmte Namensvettern konnte dem eigenen Geschäft wohl durchaus nützlich sein. Vermutlich versuchten der Lautenist »Neidhart«, der 1431/32 in Regensburg tätig war, und der Pfeifer »Thanhuser«, der 1568 in Bern spielte, aus Assoziationen dieser Art Gewinn zu ziehen.

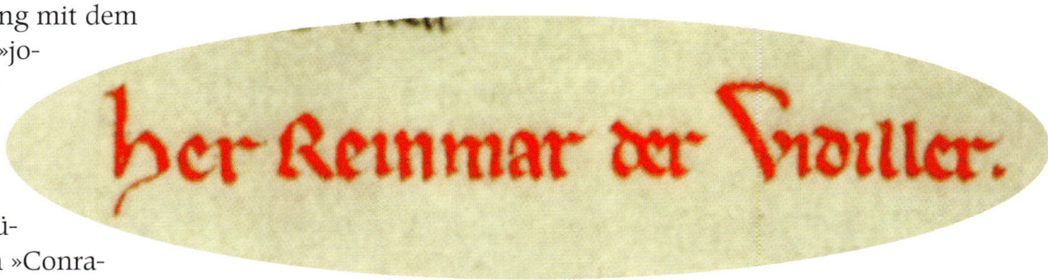

Selbstverständlich begegnen im Mittelalter auch vielfach Beinamen nach dem jeweiligen Geburtsort oder dem Herkunftsland der Spielleute. Bei den wenigen Vornamen in der damaligen Zeit waren diese Zusätze als Unterscheidungskriterium sehr wichtig. So waren beispielsweise »Konrad von Haslau«, »Konrad von Rotenburg« und »Konrad von Würzburg« als Spielleute tätig. Zur gegenseitigen Unterscheidung dienten aber natürlich auch andere Möglichkeiten. »Reinmar der Alte« erhielt in der Manessischen Liederhandschrift diesen Beinamen, um nicht mit dem in derselben Quelle genannten, aber jüngeren »Reinmar der Fideler« oder dem »Reinmar von Zweter« verwechselt zu werden.

Die rechtliche Stellung der fahrenden Musikanten

»spilman sin, das ist unrecht leben«

Von der Karolingerzeit bis ins Spätmittelalter hinein blieben Spielleute weitgehend vom Rechtsleben ausgeschlossen. Aufgrund ihrer »Ehrlosigkeit« waren sie zwar nicht gerade »vogelfrei«, aber doch »friedlos«, was beispielsweise bedeutete, daß sie keinerlei Anspruch hatten, Schadensersatz für an ihnen begangenes Unrecht vor Gericht durchzusetzen.

Bereits im römischen Recht besaß der *mimus* eine nur eingeschränkte Rechtsfähigkeit. So konnten die römischen Musiker etwa nach dem *corpus iuris civilis* jederzeit enterbt werden. Karl der Große erklärte im Jahr 789 in einem Kapitulare, daß es Bischöfen, Äbten und Äbtissinnen fortan verboten sei, sich Falken und *joculatores* zu halten. Und letztere durften seither nicht mehr als Ankläger vor Gericht auftreten.

Von höchstem Einfluß auf die Normen weltlichen Rechts waren die Stellungnahmen des Klerus. Die mittelalterlichen Synoden- und Konzilsbeschlüsse hatten bindende gesetzgebende Wirkung. Königtum, Adel und Städte trachteten danach, den kirchlichen Erwartungen und Vorstellungen zu entsprechen und sie in weltliches Recht umzuformen beziehungsweise darin aufgehen zu lassen. Die Kirche ihrerseits benötigte die weltlichen Organe als strafende Instanz bei Verstößen und Übertretungen religiöser Vorschriften.

Die kirchliche und die rechtliche Stellung der Spielleute entsprachen sich deshalb ganz folgerichtig. Sogar die in fürstlichen Diensten stehenden Musiker, also unter den Spielleuten jene, die man sozial höher einstufte, seien nicht vor dem Teufel und der ewigen Finsternis zu retten. Weder die Anhäufung wertvoller Geschenke noch seine Stellung bei Hofe könnten den Spielmann davor bewahren, im Tod der Verzweiflung und Hoffnungslosigkeit überlassen zu sein.

Der teuflische »zehnte Chor«

Die berühmte Predigt des Franziskanermönchs Berthold von Regensburg über die »zehn Chöre« aus dem 13. Jahrhundert spiegelt die soziale Rangabstufung der mittelalterlichen Gesellschaft überaus anschaulich wider: Jener Chor, den er als zehnten und untersten bezeichnet, ist der von Gott abgefallene Stand, ohne Hoffnung auf Gnade und Errettung: »das sind die Gumpelleute, Geiger, Tambure und wie sie alle heißen mögen, die Gut für Ehre nehmen. Ihr ganzes Leben ist auf Sünde und Schande gerichtet.«

Die »Trügenheit« (Falschheit) sei der Grund für das Abfallen von Gott, denn »sie reden das Beste, so lange man ihnen zuhört, und das Böseste, sobald man den Rücken wendet; sie schelten einen, der Gott und der Welt als ein gerechter Mann gilt, und loben einen, der Gott und der Welt schädlich lebt.« Bertold bringt die Vorstellung vom teufelsgleichen Spielmann prägnant auf den Punkt: »Du heißest Lasterbalg, dein Geselle Schandolf, so heißet ein anderer Hagedorn, dieser Höllenfeuer, jener Hagelstein. So hast du einen schimpflichen Namen, wie deine Gesellen, die Teufel, welche abtrünnig sind.«

Die Ehr-, Recht- und »Echtlosen«

Eben dieser kirchlichen Ächtung der Spielleute, die ihren Niederschlag in der weltlichen Rechtsordnung findet, begegnet man auch innerhalb der mittelalterlichen gesellschaftlichen Realität. Im geschriebenen Recht werden verschiedene Personengruppen mit minderer und stark eingeschränkter Rechtsfähigkeit genannt wie auch Menschen, die gänzlich rechtlos waren. Neben Musikanten und Unterhaltungskünstlern aller Art konnten dies vornehmlich Possenreißer, Pfaffenkinder, »Kämpen« (Schaukämpfer), »Lotterpfaffen« (fahrende Kleriker), Dirnen, Zuhälter, Ehebrecher, »Uneheliche« und »Windbeutel« aller Art sein.

Der Status dieser Personengruppen gründete sich auf ihrer rechtlichen Ehr-, Recht- oder gar »Echtlosigkeit«. In den mittelalterlichen Rechtsquellen sind die drei Begriffe nicht immer eindeutig verwendet worden, das heißt, sie lassen sich in manchen Schriften nicht klar voneinander abgrenzen. Die Kernbedeutung und die Auswirkungen, die mit dem jeweiligen Status verbunden waren, sollen deshalb nur kurz skizziert werden, um sie dann auf die konkrete rechtliche Stellung der Spielleute im Mittelalter übertragen zu können.

Die Ehr- und Wehrlosigkeit bestand im wesentlichen im Verbot, Waffen zu tragen wie auch im Verlust der Eidesfähigkeit. Der Ehrlose konnte seine Unschuld deshalb nicht un-

Im mittelalterlichen Deutschland sprach man dem Spielmann allgemein Recht und Ehre ab: Er durfte keine Waffen tragen, war weder eides- noch gerichtsfähig und konnte keiner Zunft angehören

Lombardische Zeichnung, Ende 14. Jh; The Pierpont Morgan Library, New York, Zeichnung Nr. II, 21, fol. 13v

ter Eid beteuern, es blieb ihm lediglich der als Gottesurteil aufgefaßte gerichtliche Zweikampf.

Rechtlos hingegen erklärte man Leute, die bereits vor Gericht eines Verbrechens überführt worden waren und wieder straffällig wurden, uneheliche Kinder aufgrund ihrer illegitimen Herkunft, sowie Ausübende eines unehrlichen Gewerbes, wie das des Spielmannes. Unter »Unehrlichkeit« verstand man im Mittelalter nicht etwa fehlende Aufrichtigkeit oder Falschheit, sondern eingeschränktes Recht und Ansehen. Unehrliche Gewerbe galten als nicht zunftfähig. Die Ausübung eines solchermaßen schimpflichen und unangesehenen Berufes führte unweigerlich zur Rechtlosigkeit des Betroffenen. Das bedeutete, der Rechtlose war nicht nur eidesunfähig, sondern generell gerichtsunfähig. Der Gerichtsvormund wurde ihm verweigert. Er konnte sich auch beim gerichtlichen Zweikampf nicht durch einen Kämpfer vertreten lassen.

Rechtsbücher des Mittelalters gestehen den Außenseitern der Gesellschaft lediglich eine Scheinbuße zu. Menschen, die sich für angetanes Unrecht damit zufriedengeben mußten, waren neben Tagelöhnern und Verbrechern auch Pfaffenkinder, unehelich Geborene, Lohnkämpfer und ihre Kinder sowie die Spielleute und alle anderen, die sich »zu eigen« gaben, vor allem Prostituierte

Betroffen waren nicht nur Lohnkämpfer und Spielleute, sondern auch Frauenwirte, feile Dirnen, christliche Wucherer und Henker. Dennoch stand der Rechtlose nicht gänzlich außerhalb des Schutzes durch das Gesetz. Gerichtlich erwiesene Rechtsverletzungen gegen ihn wurden jedoch nur zum Schein, sozusagen symbolisch geahndet. Die Rechtlosigkeit konnte durch nichts rückgängig gemacht werden. Man blieb bis an sein Lebensende gebrandmarkt. Nicht nur derjenige, der ein unehrliches Gewerbe ausübte, litt unter diesem Makel, sondern auch seine gesamte Familie. Der Status minderen Rechts vererbte sich also auf die Kinder und erfaßte alle weiteren Familienmitglieder. Die Zahl der Rechtlosen und »Unehrlichen« nahm deshalb während des Mittelalters progressiv zu.

Ehrlosigkeit und Rechtlosigkeit waren zusammen im Status der »Echtlosigkeit« enthalten. Der Echtlose hatte keinerlei Rechte, nicht einmal mehr Anspruch auf symbolische Genugtuung. Man konnte ihn noch so schwer schädigen oder verletzen und beging dennoch kein Verbrechen, blieb straflos. Der Echtlose war keine Person, sondern nur eine Art schattenhafter Gestalt.

Zumindest in Deutschland sprach man dem Spielmann allgemein Recht und Ehre ab. Als schriftliche Belege können Rechtsbücher des 13. Jahrhunderts herangezogen werden, wie beispielsweise der Sachsenspiegel und der Schwabenspiegel. Die mittelalterlichen Rechtssammlungen, die man auch als Weistümer bezeichnet, entstanden ursprünglich im Zusammenhang des dörflichen Lebens. Das Vorgehen bei verschiedenen rechtlichen Problemen wurde aus der Praxis heraus festgehalten und beispielhaft aufgezeichnet.

Der Sachsenspiegel

So entstand zwischen 1221 und 1227 der sogenannte Sachsenspiegel. Er diente als Vorlage für den Deutschenspiegel und das Meißener Rechtsbuch wie auch für den nach 1275 in Süddeutschland geschriebenen Schwabenspiegel. Des weiteren stützten sich das Magdeburger Stadtrecht und das gemeinsame Sachsenrecht auf den Sachsenspiegel. Die enthaltenen Rechtssätze galten für den gesamten deutschen Sprachraum und große Teile Polens wie Ungarns. In Thüringen und Anhalt behielten sie sogar bis ins 19. Jahrhundert hinein Gültigkeit.

Den Spielleuten an Rechtlosigkeit gleichgestellt waren Lohnkämpfer, die Schaukämpfe und Kampfspiele, für das einfache Volk wie für die vornehme Gesellschaft, veranstalteten und außerdem gegen Bezahlung gerichtliche Zweikämpfe, sogenannte Gottesurteile, stellvertretend für die streitenden Parteien austrugen. In dieselbe Kategorie fielen, neben den unehelich Geborenen auch Verbrecher, die sich, sofern sie nicht zum Tod verurteilt waren, von ihrer Bestrafung, dem Stäupen oder Abschneiden der Haare, allerdings meist loskaufen konnten.

In einer Randbemerkung zum Sachsenspiegel wird näher erläutert, welche Personengruppe unter der Bezeichnung Spielleute zu verstehen sei. Sämtliche typischen Unterhaltungskünstler werden dabei erfaßt und entsprechende Beispiele genannt: »Puker, Videler, Singer, Springer, Kukeler, Lezer, Scherer, Beder, Phifer«. Auch konnten alle, die das Gewerbe des Spielmannes ausübten, keinen Eid leisten, um fälschlich gegen sie erhobenen Vorwurf zu leugnen und ihre Unschuld zu beweisen. Sie konnten sich im gerichtlich angeordneten Zweikampf auch nicht durch einen Lohnkämpfer vertreten lassen.

Blutrache, Wergeld und Scheinbuße

Bereits seit dem frühen Mittelalter versuchte man, die direkte Fehde auszuschließen. Nicht zuletzt um die mit der Fehde verbundene Blutrache zu vermeiden, konnte durch Zahlung einer Bußsumme Genugtuung geleistet und der Frieden sozusagen erkauft werden. Man begann deshalb Bußgeldkataloge, sogenannte Gliedertaxen, aufzustellen. Buße für Körper- und Ehrverletzungen waren generell an die Geschädigten zu entrichten. Eine Ausnahme bildete das Wergeld, das als Entschädigung für einen Getöteten an seine Hinterbliebenen zu bezahlen war. Höhe und Umfang der Buße richteten sich aber keineswegs nur nach der Art des begangenen Verbrechens, sondern ebenso nach dem gesellschaftlichen Stand und dem Ansehen des Getöteten, Verletzten oder sonstwie Geschädigten. Jeder erhielt das ihm nach seiner Geburt, seinem Alter und Geschlecht zustehende Sühnegeld. Die rechtlichen Ansprüche und die Höhe des Bußgeldes verringerten sich, je niedriger die Herkunft und damit die gesellschaftliche Stellung eingeschätzt wurden. Kataloge von Wergeldern und Bußen, unterteilt nach verschiedenen Bevölkerungsschichten, sind auch im Sachsen- und im Schwabenspiegel enthalten.

Den Außenseitern der Gesellschaft hingegen gestehen die Rechtsbücher des Mittelalters lediglich eine Scheinbuße zu. Menschen, die sich für angetanes Unrecht damit zufriedengeben mußten, waren neben Tagelöhnern und Verbrechern auch Pfaffenkinder, unehelich Geborene, Lohnkämpfer und ihre Kinder sowie die Spielleute und alle anderen, die sich »zu eigen« gaben, vor allem Prostituierte. Nicht nur die auf dem Sachsenspiegel beruhenden Weistümer sehen nur Scheinbuße und symbolische Entschädigung für den Spielmann vor, sondern auch das west- und das ostgotische Recht.

Im Dritten Buch des Sachsenspiegels heißt es (in neuhochdeutscher Übersetzung) ausdrücklich: »Pfaffenkindern und unehelich Geborenen gibt man als Buße ein Fuder Heu, wie es zweijährige Ochsen ziehen können. Spielleuten und allen denen, die sich zu eigen geben, denen gibt man als Buße den Schatten eines Mannes. Lohnkämpfern und ihren Kindern, denen gibt man als Buße den Blink von einem Kampfschild gegen die Sonne.«

In bezug auf die Spielleute genauer noch beschreibt der Schwabenspiegel die verschiedenen Formen der Scheinbuße, die dem Sinn nach aus

Ehrlosigkeit und Rechtlosigkeit waren zusammen im Status der »Echtlosigkeit« enthalten. Der Echtlose hatte keinerlei Rechte, nicht einmal mehr Anspruch auf symbolische Genugtuung. Man konnte ihn noch so sehr schädigen oder verletzen und beging dennoch kein Verbrechen, blieb straflos. Der Echtlose war keine Person, sondern nur eine Art schattenhafter Gestalt

dem älteren Sachsenspiegel übernommen sind. In Kapitel 263 steht geschrieben:

Die Schattenstrafe

»Spilliuten und allen den, die sich ze eigen hant gegeben, und die gut für ere nement, den git man ze buze den schatten eines mannes gegen der sunnen. Daz ist also gesprochen; swer in iht leides tut, daz man in bezzern sol, der sol ze einer wende stan, da diu sunne an schinet, und sol der spilman dar gan, oder der sich ze eigene hat ergeben, und sol den schatten an der wende an den hals slahen. Mit der rache sol im gebüezet sin.« Spielleute durften sich also nur am Schatten desjenigen rächen, der sie zuvor geschädigt hatte. Der Täter mußte sich im Sonnenschein gegen eine Wand stellen. Dem Spielmann war es dann erlaubt, dem Schatten an der Wand an den Hals zu schlagen.

Um auch den unkundigen Analphabeten die Rechtslage klar zu machen, hat man die Rechtssammlungen oftmals illustriert oder sogar als reine Bildergeschichten niedergelegt. Voller Symbolik verdeutlichen die Dresdener und die Heidelberger Bilderhandschrift die Aussagen und Rechtsnormen des Sachsenspiegels. Die um 1320 entstandene Heidelberger Bilderhandschrift gibt auf Folio 20 die Scheinbuße bildhaft wieder. Der Spielmann, dem die Schattenbuße als besondere Form der Scheinbuße zusteht, erkennbar an seinem charakteristischen Instrument, der Fidel, trägt einen gezaddelten Rock in *mi-parti*-Technik, rechts grün und links weiß-braun gestreift.

Mit dieser höchst eigenartigen Schattenbuße mußten sich, wie bereits erwähnt, nicht nur die Spielleute

zufriedengeben, sondern auch alle anderen, die sich »zu eigen« gaben. Der Schwabenspiegel bezeichnet diese Menschen als solche, »die gut umb ere nemet«, die also Geld der Ehre vorziehen. Das geringe Ansehen erklärt sich offensichtlich aus der Tatsache, daß sie für ihre Dienstleistung beziehungsweise für ihre Kunstfertigkeiten entlohnt wurden. Sie begnügten sich also nicht mit dem Lob und der ehrenvollen Anerkennung ihrer Künste. Der Spielmann ließ sich gelegentlich ja sogar für das unaufrichtige Umschwärmen und Loben eines Auftraggebers entlohnen. Gewiß sah man in dieser Käuflichkeit von Lei-

Um auch den Analphabeten die Rechtslage klar zu machen, hat man Rechtssammlungen oftmals illustriert oder in Form reiner Bildergeschichten niedergelegt. Wie hier zu sehen, durfte sich der Spielmann, erkennbar an der charakteristischen Fidel und der mi-parti-Kleidung nur am Schatten desjenigen rächen, der ihn zuvor geschädigt hatte. Der Täter mußte sich im Sonnenschein gegen eine Wand stellen. Dem Spielmann war es dann erlaubt, dem Schatten an der Wand an den Hals zu schlagen

stungen einen der wesentlichen Gründe, ihn gering zu achten und als Schmarotzer, als »parasytus« zu bezeichnen

Aus dem Reich der Schatten

Ob die Schattenbuße nun als ein Symbol für das »schattenhafte Dasein« des Spielmanns zu sehen ist oder als eine Anspielung auf die den Spielleuten nachgesagten magischen Fähigkeiten aus dem »Reich der Schatten«, läßt sich nicht mit Sicherheit sagen. Legenden um den menschlichen Schatten und seine Kräfte finden sich jedoch im Volksglauben der meisten Völker. Nach

Miniatur im Sachsenspiegel des Eike von Repgow, um 1320; Universitätsbibliothek, Heidelberg, Cod. Pal. Germ. 164, fol. 20

mittelalterlichen Vorstellungen konnte der Teufel durchaus vom menschlichen Schatten Besitz ergreifen und derart getarnt ein Verbrechen begehen. Körper und Schatten konnten sich also voneinander lösen. Dennoch befand sich im Schatten auch ein Stück der Persönlichkeit. Selbst der Schatten eines Gehängten verursachte Angst. Nach sächsischem Landrecht mußten deshalb Galgen so weit vom Nachbargrundstück entfernt aufgebaut werden, daß der Schatten unter keinen Umständen darauf fallen konnte. Noch im 17. und 18. Jahrhundert gab es Vorschriften dieser Art in verschiedenen Gerichtsordnungen. Man nahm an, daß ein Mensch nicht ohne seinen Schatten leben könne. Wurde der Schatten getötet, so verlor der Mensch damit seinen Schutzgeist und einen wichtigen Teil seiner Persönlichkeit.

Der »gemalte Tod«

Vor diesem Hintergrund läßt sich der »gemalte Tod« im mittelalterlichen Recht erklären: Ein dazu verurteilter Verbrecher wurde zwar unter den Galgen geführt, jedoch nicht getötet. Stattdessen stach man in aller Drastik »nur« seinen Schatten ab. Man vollzog eine Scheinhinrichtung, um den Verbrecher rein körperlich unversehrt zu lassen. Die Schattenstrafe galt jedoch rechtlich der vollzogenen Hinrichtung als gleichwertig. Zumeist dienten diese Schattenstrafen als Ausweg bei nicht eindeutig zu klärenden Fällen, also beispielsweise bei Indizienprozessen. Strafen erzielten nach damaliger Vorstellung auch gegen den menschlichen Schatten ihre beabsichtigte Wirkung: Sie waren gegen das nach außen gekehrte Innerste des Menschen gerichtet.

Legenden um den menschlichen Schatten und seine Kräfte finden sich im Volksglauben der meisten Völker. Nach mittelalterlichen Vorstellungen konnte der Teufel durchaus vom menschlichen Schatten Besitz ergreifen und derart getarnt ein Verbrechen begehen

Gesellschaftliche Widersprüche

Die unterschiedliche, oftmals widersprüchliche Einschätzung der gesellschaftlichen Rolle von Spielleuten mag durchaus zu Rechtsunsicherheiten beigetragen haben. Selbst der Klerus zeigte ein meist widersprüchliches Verhalten. Einerseits wurde das Spielmannsleben offiziell verworfen, andererseits hielten sich nicht wenige Geistliche sogar eigene Musikanten. Im selben Maß klafften auch Gesetzgebung und Rechtswirklichkeit auseinander. Dem weltlichen Publikum, das Zerstreuung suchte, und den Spielleuten, die ihren Unterhalt verdienen mußten, dürften diese Unsicherheiten und Widersprüche das Leben äußerst schwer gemacht haben. Unter Umständen begründet sich insofern auch die nur am Schatten vollzogene Bestrafung der Täter, die Verbrechen an Spielleuten begangen hatten. Der Spielmann bekam auf diese Weise zwar formell sein Recht, es wurde dem Täter jedoch kein körperlicher Schaden zugefügt.

Der Passus des Schwabenspiegels »unde sol den schatten an der wende an den hals slahen« (und soll dem Schatten an der Wand an den Hals schlagen) bezeichnet diese Art symbolischer Hinrichtung. Auch die altschwedischen Landschaftsrechte gewährten folgerichtig den Hinterbliebenen eines getöteten Spielmanns diese Art der Schattenbuße.

Vorboten der Inquisition

Aus heutiger Sicht fällt auf, daß nur in Rechtssammlungen aus dem 13. Jahrhundert Scheinbußen erwähnt werden. Vorformen des späteren Inquisitionsverfahrens ersetzten bald die ältere Vorgehensweise. Fortan war es erlaubt, mit allen »landschädlichen« Leuten, das heißt, allen Nichtseßhaften wie Spielleuten, Lohnkämpfern, Vagabunden und Landstreicher nach erfolgter Denunziation kurzen Prozeß zu machen. Oft war dabei nicht einmal ein konkreter Verdacht vonnöten, immer häufiger genügte die bloße Zugehörigkeit zu dieser Personengruppe minderer sozialer und rechtlicher Stellung. Es war also nur ein kleiner Schritt von der eingeschränkten Rechtsfähigkeit zur »Echtlosigkeit« der nichtseßhaften Spielleute im späten Mittelalter. Im Rechtsleben wurde der Spielmann damit zusammen mit all den anderen Fahrenden zur Unperson.

Rechtsbeispiele

Die Stellung der Recht- und Echtlosen und der Umgang mit ihnen zeigte regional unterschiedliche Ausprägungen und Vorgehensweisen. So erklärten die bayerischen Landfriedensgesetze von 1244 und 1256 nicht seßhafte Vaganten und Spielleute, die Frauen bei sich hatten und keiner Pfarrei angehörten für »friedlos«, also rechtlos. Die Fassung von 1256 erläutert: »Loterpfaffen mit dem langen hare und spilleut, die diu wip mit in furent uzzerhalb ir pfarre, die sint uz dem fride.«

Eine äußerst unfreundliche Behandlung erfuhren Spielleute nach dem Wiener Stadtrecht von 1244. Wollte ein Spielmann gerichtliche Entschädigung für Schläge erwirken, die man ihm ohne Grund zugefügt hatte, so sollte ihm der Beschuldigte drei weitere Schläge »im Spaß« erteilen dürfen.

In Passau erhielten die Spielleute ebenfalls nicht einmal die ihnen lange Zeit zustehende formale Genugtuung. Im Stadtrecht aus dem Jahr 1300 heißt es lakonisch: »wer farund volk, das gut für er nimbt, schilt oder slecht, der ist dem richter nichts darumbe schuldich.« (wer fahrendes Volk, das Geld anstatt Ehre nimmt, ausschimpft oder schlägt, der ist dem Richter nichts dafür schuldig).

Der Volksprediger Thomas Murner schrieb in seiner »Narrenbeschwörung« aus dem Jahr 1512 gar haßerfüllt, daß man die Schar der fahrenden und vagabundierenden Leute, die man strenggenommen rädern müßte, lieber »billig schwemmen«, also ertränken sollte.

Während Städte wie Regensburg und Basel den Musikanten noch im 14. Jahrhundert das Tragen von Waffen zur Selbstverteidigung verboten, wurde an manch anderen Orten der Totschlag an Spielleuten und auch die Notzucht an »unrechtiu wip« (rechtlosen Frauen) wiederum tatsächlich bestraft.

Nur »Künstler« hatten Rechte

Eine Randbemerkung im Leipziger Sachsenspiegel von 1563 belegt, daß sich erst im 16. Jahrhundert eine differenziertere Bewertung der gesellschaftlichen Bedeutung des Spielmannsgewerbes durchsetzen kann: »... das wort Spielmann aber vernim von Fiedlern, Lautenschlägern und ihren Genossen. Ja wisse, daß die Gauckler und Zauberer auch Spielleut heissen«, und weiter, »...vernim aber nicht diejenigen, welche auf künstlichen Seitenspielen und Instrumenten, nach der rechten Musica spielen etc. Sondern die Geückler und so mit dem Himmelreich [Leierkasten] und Lotterholz [Hackbrett] umbziehen und mit den hunden vor dem tische tantzen und desgleichen.«

Die Schattenbuße kann ebenso als ein Symbol für das »schattenhafte Dasein« des Spielmanns verstanden werden wie als Anspielung auf die den Spielleuten nachgesagten magischen Fähigkeiten aus dem »Reich der Schatten«

Endlich erfährt die Schar der Spielleute die gerechte Unterscheidung in solche, die kunstvolle Musik spielen – und wohl auch immer häufiger seßhaft wurden –, und solche, die umherziehen und allerlei Gaukelkünste betreiben. Das zunehmend stationäre Leben der Musikanten, ihre allmählich dauerhafte Anstellung in den Städten und, damit verbunden, die Gründung von Spielmanns-Bruderschaften dort waren dabei sicher von entscheidendem Einfluß. Es war einfach nötig geworden, die seßhaften, ehrbaren Spielleute von den Musikanten aus dem fahrenden Volk rechtlich zu trennen. Die Seßhaften konnten mit einer rechtlichen Besserstellung rechnen, während die Fahrenden in der großen Masse der echtlosen, landschädlichen Vagabunden unterging.

Länder wie England, Frankreich, Spanien und Italien scheinen, im Gegensatz zu den deutschen Verhältnissen im hohen und späten Mittelalter, die Ausübung der Spielmannskunst weniger eingeschränkt zu haben. Gerade im englischen Recht lassen sich kaum Benachteiligungen von Spielleuten feststellen. Allgemein setzte man sich dort in erster Linie gegen eine zu große Zahl von Fahrenden zur Wehr. Insbesondere beliebte Pilgerorte wurden von riesigen Strömen fahrender Gaukler und Spielleute geradezu heimgesucht, etwa Santiago di Compostella. Die rechtlichen Maßnahmen dienten vornehmlich zum Schutz der Bevölkerung vor allzu fingerfertigen Musikanten. Man wollte sich vor entsprechenden Übergriffen, überzogenen Lohnforderungen und aggressivem Betteln schützen.

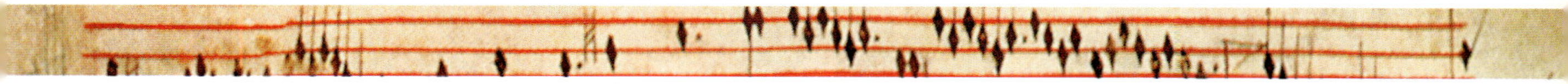

Die Liedformen, Tänze und Darbietungsweisen

Entsprechend der vielfältigen Orte, an denen Spielleute mit ihren Künsten aufwarteten, auf Jahrmärkten und in Wirtshäusern genauso wie bei bürgerlichen Hochzeiten oder glanzvollen Hoffesten, mußten sie über zahlreiche Fähigkeiten verfügen. Die schriftlichen Quellen berichten uns hauptsächlich über musizierende, erzählende und dichtende Spielleute. Zahlreiche Bildzeugnisse verweisen aber auch auf Betätigungen als Bärenführer, Seiltänzer, Zauberkünstler, Heiler, Jongleure, Akrobaten und Quacksalber.

So wurde ein Jongleur namens Fadet von seinem Lehrer daneben in folgenden Künsten unterrichtet: Trommeln, Spielen von Saiteninstrumenten, Tanzen, Dichten, Nachahmen von Vogelstimmen, Marionetten tanzen lassen, durch Reifen springen, Hunde und Affen dressieren sowie geschicktes Messerwerfen. Der Spielmann mußte also meistens Musiker, Artist und Gaukler zugleich sein.

Die soziale und künstlerische Abstufung innerhalb der großen Schar der fahrenden Spielleute war enorm. Viele schlugen sich als Straßenmusikanten und Schausteller durch. Oft verstanden sie sich auf das Spiel mehrerer Musikinstrumente. Kunststücke wie Balanceakte, akrobatische Tänze und narrenhafte Possen wurden meist musikalisch begleitet. So sollte ein möglichst zahlreiches Publikum angelockt werden. Auf der untersten Stufe der Rangordnung standen die musizierenden Bettler. Das waren zumeist Blinde, Alte und Gebrechliche, manchmal aber auch hungernde Familien mit vielen Kindern. Häufig wird die Sackpfeife als Instrument dieser Armen erwähnt sowie die Drehleier, die bevorzugt von Blinden gespielt wurde. Da ihre musikalischen Fähigkeiten im allgemeinen zu wünschen übrigließen, waren sie ganz auf das Mitleid ihrer Zeitgenossen angewiesen.

Spielleute mußten zumeist Musikanten, Artisten und Gaukler zugleich sein: Als Bärenführer, Seiltänzer, Zauberkünstler, Jongleure und Messerwerfer sorgten sie auf Jahrmärkten für Aufsehen

Holzschnitt von Weiditz zu Augsburg, 1532; Kunstsammlungen der Veste Coburg, Inv. Nr. I. 92416

Die vornehmen, zumeist adeligen Troubadours und Trouvères, wie sie auf dieser Miniatur aus der Manessischen Liederhandschrift an der sorgsam gepflegten Haartracht zu erkennen sind, hatten nicht selten Spielleute in ihrem Sold

Vom höfischen Spielmann wurden natürlich andere Eigenschaften und Künste erwartet als von dem auf niederer Stufe stehenden Bettelmusikanten. Bei Hofe mußte man die entsprechend kultivierten Umgangsformen beherrschen, Lob- und Heldenlieder genauso überzeugend vortragen können wie Spottlieder und selbstredend die gerade modernsten Tänze im Repertoire haben. Die vornehmen, zumeist adeligen Troubadours und Trouvères hatten nicht selten Spielleute in ihrem Sold. Diese mußten die von den höfischen Dichtern verfaßten und der Angebeteten vorgetragenen Lieder instrumental begleiten. So hatte beispielsweise ein Schweizer Minnesänger namens Taler zwei Spielleute, Küenzlin und Heinzlin, in seinem Dienst.

Von dem Adeligen Hugo von Montfort (1357-1423) weiß man hingegen, daß er seinen Untergebenen Bürk Mangolt benötigte, damit dieser die Melodien zu seinen Minneliedern schrieb. Die sozial tieferstehenden Spielleute waren den ministerialen Sängern und Dichtern ritterlichen Standes an musikalischen Fertigkeiten oftmals überlegen. Man kann annehmen, daß einfache Spielleute die anonym gebliebenen Erfinder manch bekannter Melodie waren.

Miniatur aus der Manesse-Handschrift, um 1320; Universitätsbibliothek, Heidelberg, Cod. Pal. Ger. 848, fol0 423v

Die Grenzen zwischen Troubadour und Spielmann sind also nicht immer klar zu ziehen. Zwar gab es einerseits den finanziell unabhängigen, adeligen Troubadour, der meist mehr Dichter als Musiker war, und andererseits den gegen Lohn musizierenden, lediglich vortragenden Spielmann. Relativ häufig aber übten auch verarmte Rittersöhne und Adelige den Beruf des umherziehenden Spielmanns aus.

So läßt sich auch der 1377 als reicher Erbe im Pustertal geborene, berühmte Dichter Oswald von Wolkenstein nur schwer einordnen. Er führte jahrzehntelang ein abenteuerliches Leben als fahrender Spielmann und Lohnsänger – »da wollte ich die Welt kennenlernen« –, bis er sich nach seiner letzten Reise 1432 auf seine Tiroler Güter zurückzog und dort im Jahre 1445 verstarb.

Wie sehr sich jedoch die Troubadoure von den niederen Spielleuten abzusetzen suchten, zeigt ein Schreiben von Guiraut Riquier aus dem Jahr 1275, das an König Alfons X. von Kastilien gerichtet ist. Der Troubadour beklagt sich darin, daß selbst höfische Dichter und Sänger wie er als »Jongleure« bezeichnet würden. Dieser Begriff sollte aber nur jene meinen, »welche sich überschlagen,

Affen tanzen lassen und einen sittenlosen Lebenswandel führen«.

Meist aus dem Stegreif

Egal ob seßhaft oder fahrend, hochgeachtet oder bettelnd unterwegs, gemeinsam war allen Spielleuten das Singen und Spielen ohne Schriftvorlage. Aufzeichnungen der Spielmannsmusik sind erst seit dem 13. Jahrhundert in geringer Zahl überliefert. Die damaligen Musiktheoretiker interessierten sich nicht für diese außerhalb der anerkannten Kunstformen stehende Musik. Die schriftliche Überlieferung war bis ins 12. Jahrhundert hinein zudem an klerikale Kreise gebunden, die, wie geschildert, gegenüber den Spielleuten eine ablehnende Haltung einnahmen.

Die Darbietungen der Spielleute waren also Stegreifprodukte, die ein gutes Gedächtnis voraussetzten und durch ständiges Wiederholen perfektioniert wurden. Das musikalische und dichterische Repertoire war das Kapital der Spielleute. Dichter und Musizierende klagen immer wieder über geistigen Diebstahl, über Konkurrenten, die ihre Werke zerstückelt und entstellt weiterverbreiteten. Aufgrund der nur aus dem Gedächtnis erfolgenden Wiedergabe mußte es allerdings im Lauf der Zeit fast zwangsläufig zu Veränderungen und Ausschmückungen kommen. Dennoch versuchte man, das geistige Eigentum möglichst zu bewahren. Meist wurden die Stücke der Spielleute vom Vater an den Sohn oder vom Lehrer an den Schüler mündlich weitergegeben.

Selten nur sammelten Fahrende ihr Repertoire in sogenannten »Spielmannsbüchern«, die sie dann ständig bei sich trugen. Immerhin sind einige französische und englische Spielmannsbücher noch erhalten. Derartige Liederbücher fahrender Spielleute sind schließlich in die großen mittelalterlichen Sammelhandschriften, zum Beispiel in jene der deutschen Minnesänger, eingegangen.

War der Erfinder einer Weise selbst Spielmann, so trug er seine Werke auch selbst vor. War dies nicht der Fall, dann konnte ein Spielmann unter Umständen das Werk eines Dichters käuflich erwerben, manchmal bekam er es auch geschenkt. In einem Brief Petrarcas an Boccaccio um das Jahr 1366 wird von Spielleuten berichtet, die vom Vortrag fremder Werke lebten, die sie überall von den Verfassern durch Bitte oder Kauf zu erwerben suchten. Er selbst habe, schreibt Petrarca, schon einigen von seinem poetischen Eigentum etwas abgegeben und diese seien damit reich geworden.

Man kann aber wohl davon ausgehen, daß die meisten Spielleute, auf welcher künstlerischen Stufe sie sich auch immer befanden, in der Lage waren, einfache Texte aus dem Stegreif zu erfinden und formal nicht allzu komplizierte Instrumentaltänze, Tanzlieder und Gesänge über Kriegsabenteuer, über Liebeslust und -leid, über Brand, Mord und Totschlag aus dem Gedächtnis vorzutragen.

Räubergeschichten, Kriegs- und Liebesabenteuer wurden aus dem Stegreif vorgetragen, genauso wie formal nicht allzu schwierige Tanzlieder

Spielmannsschulen

Neben der Selbstunterweisung, der Lehre beim Vater oder einem Meister sowie dem Abhören von Stücken erfahrener Berufsgenossen, bestand eine weitere Möglichkeit der Repertoireaneignung und -erweiterung in jährlich abgehaltenen Spielmannsschulen, auch *écoles des menestrels* oder *scholae mimorum* genannt. Derartige Schulen gab es bereits im

Meister Heinrich Vrŏwenlob. Cxviij.

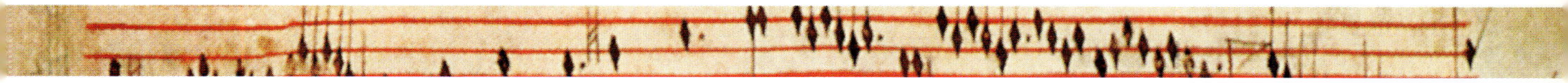

13. Jahrhundert, vor allem auf flandrischem, französischem und deutschem Boden. Die frühesten regelmäßigen Zusammenkünfte von Spielleuten lassen sich in Arras nachweisen. Sie fanden während der Fastenzeit statt, in der den Spielleuten das Auftreten normalerweise untersagt war. Die ohnehin wenig einträgliche Zeit konnte auf diese Weise für die berufliche Weiterbildung genutzt werden.

Es gibt auch Nachweise dafür, daß Spielleute, mit Geld ausgestattet, von ihrem momentanen Dienstherrn, einem Fürst oder Bischof, zu solchen oft mehrwöchigen Kursen geschickt wurden. Die Musiker konnten hier, meist unter der Autorität von Meistern und sogenannten Spielmannskönigen oder -grafen, die neuesten Musizierweisen und Spieltechniken erlernen. Es wurden wohl auch Instrumente bei dieser Gelegenheit gehandelt und Erfahrungen über verschiedenste Angelegenheiten des Berufsstandes ausgetauscht, Streitigkeiten geschlichtet und religiöse Verpflichtungen erfüllt. Zugleich war die Möglichkeit geschaffen, Begabung und Fähigkeiten untereinander in Form eines musikalischen Wettstreites zu messen. Mit Beginn des Notendrucks mittels beweglicher Typen und der Herausbildung des seßhaften Stadtmusikantentums erübrigten sich derartige Schulen und lösten sich während des 16. Jahrhunderts auf.

Improvisationskünstler

Die eigentliche Domäne der Spielleute lag im Bereich der Instrumentalmusik, sowohl im profanen wie auch im geistlichen Bereich. In der Kunstmusik des Mittelalters wurden Instrumente bis etwa 1500 beinahe ausschließlich zur Begleitung von Vokalmusik verwendet. Die Träger des instrumentalen Musizierens waren die Spielleute, die ihr Repertoire eben meist mündlich bzw. »klanglich« weitergaben und zudem große Improvisationskünstler waren. Die Melodien waren reine Gedächtnisstützen, mit denen die Spielleute wohl sehr frei umgingen. Je nach Situation, individuellen Fähigkeiten und persönlichem Geschmack wurden diese Tongerüste mit gerade zur Verfügung stehenden Instrumenten – festgelegte Besetzungen kannte das Mittelalter noch nicht -, einmal verziert, ein andermal vereinfacht, in unterschiedlichem Zeitmaß, verschiedensten Tempi und mit mehr oder minder starken Emotionen gespielt.

Auch gemischte vokal-instrumentale Darbietungen wurden improvisiert. Die einzelnen Töne einer vorgegebenen Melodie dienten dem Spielmann nur als Basis zur ganz persönlichen Ausgestaltung und Umspielung. Aus diesem lebendigem Umgang mit dem musikalischen Material läßt sich erklären, weshalb die meisten Melodien in unterschiedlichen Quellen auch in verschiedenen Varianten vorkommen. Die reine Instrumentalmusik ist aber nur selten in Notenschrift überliefert. Gerade Gebrauchstanzmusik wurde vor dem 16. Jahrhundert äußerst selten aufgezeichnet. Die wenigen auf uns gekommenen, überwiegend einstimmig notierten Lied- und Tanzmelodien entstammen aber sicherlich der Spielmannssphäre.

Die Musik der Spielleute war vornehmlich funktionale Musik, sie begleitete Tanz und Prozessionen oder erklang während des Mahles, und deshalb mußte sie vor allem in ihrer zeitlichen Ausdehnung der jeweiligen Situation angepaßt werden können.

Die älteste Abbildung einer schulmäßigen Unterweisung von Spielleuten im deutschen Sprachraum zeigt den Meister Heinrich von Meißen, genannt Frauenlob, als »Spielmannskönig« über einer Schar nach Spielmannsart gekleideter Musikanten, die er mittels eines hölzernen Stabes zu belehren scheint.

Das Instrumentarium dieser Truppe besteht aus: Trommel, Flöte, Schalmei, zwei Fideln, dem Psalterium und der Sackpfeife

Miniatur aus der Manesse-Handschrift, um 1320; Universitätsbibliothek, Heidelberg, Cod. Pal. Ger. 848, fol 399r

Die besten unter den Spielleuten zeichneten sich durch die Fähigkeit aus, wenige Grundmelodien oft stundenlang und ohne Unterbrechung variieren zu können

Häufig kehren in mittelalterlichen Quellen Klagen wieder, Spielleute hätten die Musik zu lange ausgedehnt oder zu früh mit dem Spielen aufgehört.

Variantenreichtum

Gefordert waren also Melodien aus kurzen Motiven, die beliebig oft in veränderter Abfolge wiederholt werden konnten. Sicher zeichneten sich die hervorragenden Musiker unter den Spielleuten durch besonders einfallsreiche Materialbearbeitungen aus. Gestützt auf oftmals nur wenige Gerüstnoten mußten sie ein nicht selten stundenlanges Spiel bestreiten. Häufig führte man wohl die kurzen Motive sequenzartig auf anderer Stufe weiter oder wiederholte sie auf gleicher Stufe mit unterschiedlichsten Verzierungen und in den verschiedensten Varianten. Die überlieferten musikalischen Lied- und Tanzformen weisen deshalb das Prinzip der Wiederholung und Reihung mit entsprechender Abschnittsbildung auf.

Lai

Eine der bekanntesten und zugleich ältesten Estampien ist die Liedmelodie »Kalenda maya«

Besonders beliebt waren im 13. und 14. Jahrhundert der Lai (oder Leich) und die nur instrumental ausgeführte Estampie. Sie bilden zusammen mit der geistlichen Sequenz eine Einheit, deren Gemeinsamkeit in der typischen Bauweise sogenannter Doppelversikel liegt. Der Lai besteht aus je zwei paarig gereimten Versen, die melodisch unterlegt sind, es ergeben sich also jeweils musikalisch gleichlautende Abschnitte. Typisch ist eine Folge von Abschnitten, die je einmal wiederholt werden und entsprechend mit Halb- oder Ganzschluß enden, nach dem Schema: aa, bb, cc …

Der französische Lai und der deutsche Leich gehörten zu den Glanzstücken der Dichtermusiker bereits des 12. und 13. Jahrhunderts. Umstritten ist die Art und Weise der instrumentalen Begleitung der Gesangsstimme. Es darf angenommen

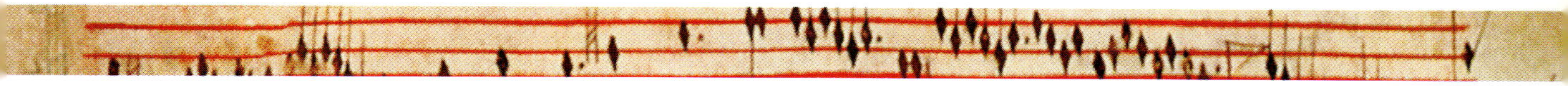

werden, daß dieselbe Melodie mit Varianten und Verzierungen als improvisierte Gegenstimme erklang, aber auch lange Haltetöne sind denkbar. Selbständige, textlos notierte Vor- und Zwischenspiele sind erst seit etwa 1400 überliefert, was eine frühere Praxis allerdings nicht ausschließt.

Estampie

Die lediglich instrumentale Ausführung dieser musikalischen Form wird als Estampie bezeichnet. Michael Praetorius schrieb 1619: »... welche keinen Text haben: und wenn dieselbigen mit Schallmeyen oder Pfeiffen zum tantze gespielet werden, so heißt es stampita«. Als eine der bekanntesten und zugleich ältesten Estampien gilt die Melodie des Liedes »Kalenda maya«. Laut Überlieferung hat der provenzalische Troubadour Raimbaut des Vaqueiras (1155 bis 1207) diese Estampie mit einem Text versehen, nachdem er die Melodie kurz zuvor am Hofe zu Montferrat von zwei französischen *jongleurs* auf der Vielle (Fidel) gehört haben soll. Die Melodie wurde also ursprünglich instrumental durch zwei Spielleute auf der Fidel aufgeführt und erst dann textiert. Die Zeilen wurden jeweils musikalisch wiederholt. Die Schlüsse der gleichen Melodiezeilen weichen, mit Ausnahme der ersten, in Form von Halb- und Ganzschluß, *ouvert* und *clos* genannt, voneinander ab.

Mehrstimmig notierte Stücke, wie die zweistimmige Estampie aus einer englischen Handschrift des 13. Jahr-

Zweistimmige Estampie aus einer englischen Handschrift des 13. Jahrhunderts

Mitte: Anonymer Zeichner, 1059/60; Bibliothèque Nationale, Paris, f. lat. 9449, fol. 34v

Notenblatt: England, 13. Jh.; British Museum, London, Ms. Harley 978, fol. 8r

Der Kanon »Sumer is icumen …« (Der Sommer ist gekommen …) entstand um 1260 in England

England, um 1260; British Museum, London, Ms. Harley 978, fol. 11v

hunderts, sind besonders selten überliefert. In diesem Instrumentaltanz tritt der gleichen Grundmelodie eine jeweils variierte, neue Gegenmelodie an die Seite. Der strenge Periodenbau, die Tanzrhythmik und der durartige Charakter fallen besonders auf.

Conductus

Verwandt mit diesen Formen ist der Conductus, dessen Ausgangspunkt ein strophischer Liedtext ist. Seine ursprüngliche Funktion war die des Geleitgesanges, er erklang also während die Geistlichen in den Kirchenraum einzogen oder dort umherschritten. Zunehmend musizierte man den Conductus aber auch während Prozessionen und geistlichen Spielen. Allmählich wurden sogar weltliche Tanzlieder als Conductus bezeichnet. Schon bei Johannes de Grocheo (um 1300) hatte er seine ursprüngliche Funktion verloren, hatte sich zum weltlichen strophischen Lied gewandelt, das bei Gastmahlen und anderen Festlichkeiten gebräuchlich war. Je Text- oder Doppelstrophe konnte die Musik wiederholt werden, es konnte aber auch jede Strophe eine neue Melodie erhalten. Häufig waren die Texte anklagend und moralisierend, sie griffen Probleme der damaligen Zeit auf.

Ballata

Eine weitere Form des Tanzliedes war die Ballata, die vor allem in Italien in der zweiten Hälfte des 13. Jahrhunderts und während des 14. Jahrhunderts musiziert wurde. Boccaccio erwähnt sie in seinem *Decamerone*, wenn er abendliche Tanzspiele beschreibt. In dieser frühen Phase wechselten bei einfachster Bauweise einzelne Strophen mit einem stets wiederkehrenden Refrain ab.

Rondeau

Auch das Rondeau war eine vom 13. bis ins 15. Jahrhundert beliebte Liedform mit Refrain, die vokal und instrumental, aber auch nur vokal oder nur instrumental ausgeführt wurde. Man tanzte das Rondeau, so Johannes de Grocheo, bei »Festlichkeiten ge-

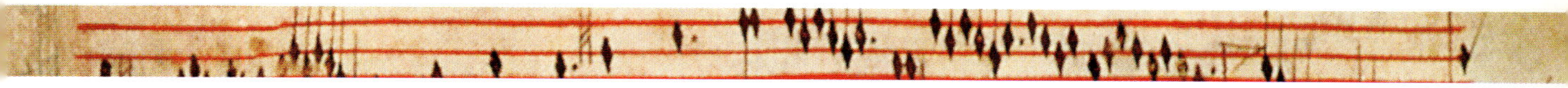

Übertragung des englischen Sommerkanons in die heutige Notation

wöhnlicher Laien« in runder Kreisaufstellung. Allgemein bezeichnet man als Rondeau oder Rondellus verschiedene Liedformen mit Refrain, wie beispielsweise auch das Virelai oder die Ballade. Diese musikalischen Formen unterscheiden sich jeweils in der Anordnung ihrer Strophen- und Refrainteile.

Kanon

Eine Verbindung zwischen Kunstmusik und volkstümlichem Musizieren zeigt sich im Kanon »Sumer is icumen in/Sing cucu« eines anonymen englischen Musikers um 1260. Die notierte Melodie soll dabei entsprechend der nebenstehenden Anweisung als zwei- bis vierstimmiger Kanon ausgeführt werden, je nachdem wie viele Personen musizieren möchten. Die darunter notierte Stimme, der Pes im Sinne einer Fundamentstimme, wird von zwei Musikanten ausgeführt, die kanonisch die gleiche kurze Phrase phasenverschoben im Stimmtauschverfahren vortragen.

Stimmtauschverfahren, denen ja auch das einfache Prinzip der Wiederholung musikalischer Abschnitte – auf verschiedene Stimmen verteilt – zugrundeliegen, waren im 13. und 14. Jahrhundert besonders beliebt. Die Melodien waren einfach, schlicht und sanglich gestaltet. Auch im Falle dieses Kanons ist das kompliziert anmutende Gebilde musikalisch sehr einfach aufgebaut. Sämtliche Stimmen sind so beschaffen, daß auf den

Der Saltarello, ein reiner Instrumentalsatz erscheint erstmals in einer italienischen Sammelhandschrift aus dem 14. Jahrhundert. Unten die Übertragung in die heutige Notation

Mittelitalien, um 1400; British Museum, London, Add. 29987, fol. 62v

betonten Zählzeiten jeweils abwechselnd ein Ton des f- und des g-Klanges erklingt. Das gesamte Stück pendelt also ständig zwischen nur zwei Klängen, die gerade zwischen den einzelnen Klangwechseln, zwischen den Kerntönen der beiden Grundklänge, Möglichkeiten einer improvisatorischen Ausgestaltung bieten. Des weiteren lassen sich an diesem Stück die engen Beziehungen zwischen den Bereichen der geistlichen und profanen mittelalterlichen Musik verdeutlichen.

Dem ursprünglich volkstümlichen, altenglischen Text wurde später mit roter Tinte ein geistlicher, lateinischer Text beigefügt, um das Musikstück, das vielleicht sehr beliebt war, in den kirchlichen Bereich einzubinden. Der Pes wurde interessanterweise nicht neu textiert, was unter Umständen auf eine rein instrumentale Ausführung der beiden Stimmen hinweisen könnte. Dennoch lassen sich anhand von Musikstücken wie diesem lediglich Rückschlüsse auf die profane Musizierpraxis ziehen.

Tanzmelodien

Weit klarer läßt sich spielmännisches Musizieren aus den überlieferten, rein instrumentalen Tanzmelodien ablesen. Sie sind meist einstimmig und als Grundgerüst für die improvisatorische Ausgestaltung zu verstehen. Bereits in den ältesten Aufzeichnungen von Tanzmelodien aus dem 13. und 14. Jahrhundert finden sich geradtaktige und ungeradtaktige Tänze, die zunehmend miteinander verknüpft wurden. Im 15. und 16. Jahrhundert folgen dann auf langsame, meist in geradem Takt stehende Schreittänze schnelle, im ungeraden Takt stehende Spring- oder Drehtänze, auch Nachtänze genannt. Seit dem 13. Jahrhundert lassen sich Unterschiede im jeweiligen Musizieren und Tanzen der verschiedenen sozialen Schichten im Mittelalter nachweisen. Alle damaligen Tänze, egal ob höfisch oder volkstümlich, waren jedoch Gruppentänze, teils mit wechselnder Paarbildung.

Saltarello

Zu den wichtigsten überlieferten Tänzen zählt der Saltarello oder Trotto, welcher der oben bereits erwähnten Estampie verwandt ist. Dieser reine Instrumentalsatz erscheint erstmals in einer italienischen Sammelhandschrift aus dem 14. Jahrhundert. Deutlich erkennbar ist der formale Aufbau in einer schlichten kettenartigen Aneinanderreihung kurzer melodischer Abschnitte, die jeweils wiederholt wurden und mit Halb- oder Ganzschluß endeten. Die mehrteiligen Melodien der Saltarelli stehen meist im Dreiertakt und waren italienische, schnell getanzte Springtänze. Spätestens seit dem 15. Jahrhundert war der Saltarello als lebhafter Nachtanz beliebt.

Nachtänze

Die Nachtänze wurden häufig aus der Melodie des Vortanzes durch rhythmische Veränderung entwickelt. Der zuerst vorgetragene langsame, meist geradtaktige Tanz wurde von den Spielleuten anschließend mit verändertem Mensurzeichen, in einer anderen Proportion, also einfach unter geändertem Taktvorzeichen, nochmals als Springtanz ausgeführt. In den Quellen ist dieser Nachtanz meist nicht notiert, sondern nur aus Anweisungen wie »Nachdanncz«, »Proporz«, SprungDrauff«, »Hupfauf« oder »Volget der Hopeldantz« ersichtlich.

Galliarde

Gegen Ende des 15. Jahrhunderts entwickelte sich in der Lombardei als weiterer schneller Nachtanz die Galliarde, was soviel bedeutet wie »ausgelassen« und »draufgängerisch« tanzen. Die Galliarde zeigt die enge, ursprüngliche Verbindung zwischen natürlicher und tänzerischer Bewegung besonders deutlich. Die Tanztakte bestehen aus sechs Zählzeiten mit auffallender Rhythmik und Kurzgliedrigkeit. Eine Figur von jeweils fünf Schritten wird vom Tänzer durch

»Volget der Hopeldantz ...«

Die »draufgängerische« Galliarde war ein besonders beliebter »Nachtanz«, der in schnellem Tempo weit ausschreitend gesprungen wurde

Radierung von Hans Asper, 1. Hälfte 16. Jh.; Kunstsammlungen, Veste Coburg, Inv.-Nr. I.354,1

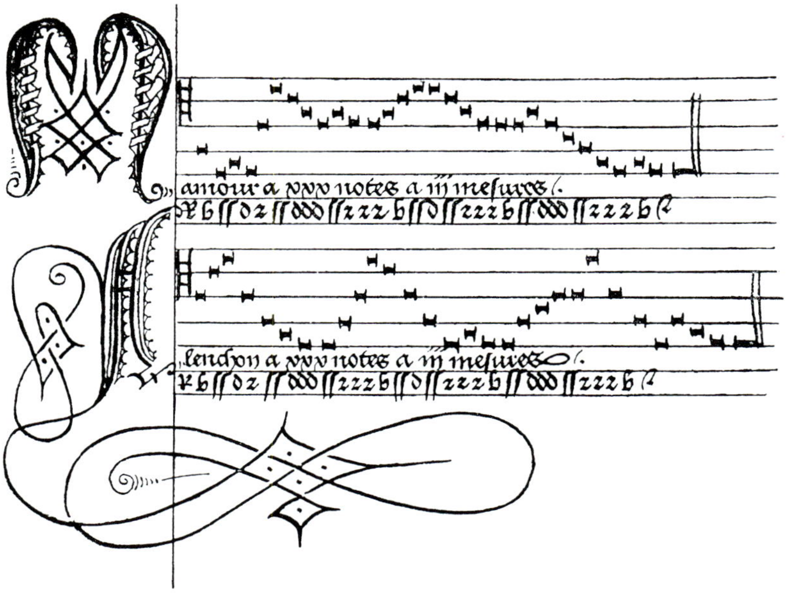

In dieser burgundischen Basse-danse-Handschrift des 15. Jahrhunderts wird die Abfolge der Tanzschritte durch die jeweils untere Textzeile angedeutet

Anonym, nach 1450; Bibliothèque Royale, Brüssel, Ms. 9085, Nr. 28

einen großen Sprung abgeschlossen, anschließend folgt eine kurze Zäsur und eine erneute Fünfschritte-Figur und so fort. Die Musik unterstreicht diese Rhythmik deutlich. Ihre Aufgabe als Tanzmusik besteht darin, die Körperbewegungen der Tanzenden zu begleiten, aber auch die Körperbewegung zu lenken und unter Umständen bis zur Ekstase zu steigern.

Dieser Funktion entspricht ja auch die Abfolge von Tanz und Nachtanz, die auf ganz schlichte und einfache Weise eine Temposteigerung möglich macht, der die Tanzenden willig folgen, meist begleitet von zunehmend schwierigeren Tanzschritten und -sprüngen.

Basses danses

Die freie instrumentale Spielpraxis spiegelt sich besonders deutlich in der Überlieferung der Basses danses wider. Diese Tänze waren Schreittänze verschiedensten Charakters. Die Bezeichnung »basse« ist vermutlich auf die kleinen, am Boden schleifenden Schritte des Tanzes zurückzuführen. Die Basse danse war der gebräuchlichste Vortanz im 15. und 16. Jahrhundert, sowohl in höfischen wie auch in bürgerlichen Kreisen. Meist wurden die volkstümlichen Liedweisen der Basses danses in einer schematischen, nur aus gleichen Breviswerten bestehenden Notation aufgeschrieben. Umstritten ist daher die genaue rhythmische Ausführung. Vergleicht man die in verschiedenen Quellen überlieferten Melodien, so lassen sich stets geringe Varianten feststellen, die das Gesamtbild eines ständig sich ändernden Repertoires erkennen lassen.

Die notierten Stimmen hatten die Funktion eines Gerüstes für ein- und mehrstimmige Improvisationen. Die meisten dieser Weisen dürften jedem Spielmann bekannt gewesen sein, sie wurden vielleicht auch bei den jährlichen Spielmannszusammenkünften während der Fastenzeit ausgetauscht. Je nach Gelegenheit und zur Verfügung stehender Besetzung konnten eine oder mehrere Zusatzstimmen zu den allseits bekannten Weisen frei hinzu improvisiert werden. In der hier abgebildeten prachtvollen burgundischen Basse-danse-Handschrift aus der Zeit um 1470 wurden einfache einstimmige Melodien in Gold und Silber auf schwarzem Grund aufgezeichnet. Die Abfolge der Tanzschritte, die ziemlich genau festgelegt waren, ist durch die jeweils untere Textzeile angedeutet.

Was alle Tänze gemeinsam hatten

Die Basse danse wurde im Laufe des 16. Jahrhunderts von der Pavane verdrängt. Dieser langsame Schreittanz zählte zu den beliebtesten höfischen Prunktänzen. Zu seinem zweizeitigen

Rhythmus kam das feierliche, zeremonielle Schreiten am besten zum Ausdruck. In diesem Zusammenhang könnten noch weitere, seltenere Tänze wie der Rotta oder die Branle simple genannt werden ebenso wie die unterschiedlichsten Masken-, Kult-, Toten- und Berufstänze, die während des gesamten Mittelalters eine Rolle spielten. Das dargestellte mittelalterliche Tanz- und Liedrepertoire läßt jedoch bereits an dieser Stelle wesentliche gemeinsame Charakteristika spielmännischen Musizierens erkennen: Die musikalischen Formen des Mittelalters mußten sich an den jeweiligen Spielort, die verschiedenen Spielgelegenheiten und die gerade notwendige Spieldauer anpassen lassen. Es handelte sich also um primär funktionale Musik, die innerhalb von relativ festen formalen Rahmenbedingungen ausreichend Platz für eine individuelle, variable und improvisationsfreudige Ausgestaltung ließ.

Eine straffe Periodisierung wurde ermöglicht durch in sich abgeschlossene melodische Teilabschnitte. Weitere Gliederungsmöglichkeiten ergaben sich durch Reihung verschiedener Abschnitte oder ein Abschließen und Umgrenzen durch Refrains sowie ein Beenden ganzer Abschnitte durch Halb- oder Ganzschlüsse. Variabel und situationsabhängig waren auch die jeweilige Besetzung, die rhythmischen Gestaltungsmöglichkeiten, die Tanzweisen sowie deren melodische Ausgestaltung – Gerüstnoten konnten unterschiedlich ausgeschmückt, lange Noten rhythmisch zerlegt werden. Auch ließen sich einzelne, in sich abgeschlossene Abschnitte wiederholen, auslassen oder in neuen Anordnungen aneinanderreihen. Kurze melodische Motive und Spielfiguren konnten ebenso sequenzartig auf gleicher oder anderer Stufe wiederholt und als Variation weitergesponnen werden.

Alle mittelalterlichen Tänze, egal ob höfisch oder volkstümlich, waren Gruppentänze, teilweise mit wechselnder Paarbildung

Zeichnung eines unbekannten Illuminators, aus: Hugo von Trimberg, Der Renner, Deutschland um 1460; The Pierpont Morgan Library, New York, Ms. M 763, fol. 145v bis 146

Die Instrumente, Spielweisen und typischen Besetzungen

Wollte ein Spielmann allen Ansprüchen genügen, die an ihn bei verschiedensten Spielgelegenheiten gestellt wurden, so mußte er möglichst viele Instrumente beherrschen. Zu den im Mittelalter bevorzugt gespielten Instrumenten, zählten alle Arten von Schlaginstrumenten und Flöten sowie die gezupfte als auch die gestrichene Fidel.

Die Vielfalt der Musikinstrumente, deren Klänge nach damaligen Vorstellungen in überirdischen Sphären entstanden, wurde eingeteilt in privilegierte und gewöhnliche, allgemein verfügbare, oder auch in laute und leise Instrumentengruppen. Verwirrend sind die unterschiedlichen Benennungen und verschiedenen Bauformen der einzelnen Instrumententypen. Allgemein verbindlich läßt sich nur sagen, daß der Klang relativ hoch und hell, zwischen Tenor- und Sopranlage erzeugt wurde. Erst mit der Familienbildung der Instrumente und der einsetzenden theoretischen Systematisierung im 15. und 16. Jahrhundert, nicht zuletzt aufgrund der allmählich sich verselbständigenden Instrumentalmusik, wurde die Baßregion ausgebaut. Zudem verfügten die mittelalterlichen Instrumente über einen verhältnismäßig geringen Tonumfang, der meist in voller akustischer Stärke erklang. Gezupfte und gestrichene Saiteninstrumente dienten vornehmlich der Liedbegleitung, während man den Klang von Blasinstrumenten offensichtlich beim Tanzen, bei öffentlichen Anlässen und Umzügen bevorzugte.

In einer Zeit, in der man Literatur meist nicht las, sondern hörte, hat man wohl den allerorts ertönenden »Schall« oder »Lärm« noch nicht als Belästigung empfunden. Er diente als wichtiges Mittel zur Information, etwa bei Gerichtsverhandlungen oder Empfängen. Mit »wunderschönem Schall« oder »mit Lauten und Pfeifen« wurde Neues in der Stadt, auf der Burg und auf dem Land angekündigt. In der Übertragung des altfranzösischen Rolandliedes um 1170 heißt es bestätigend: »Der scal wart so groz [...] daz nieman den anderen machte gehoren« (Der Schall war so mächtig [...,] daß keiner den anderen verstand).

Die verschiedenen mittelalterlichen Instrumente wurden sowohl

Die bunte Klangvielfalt der Instrumente entstand nach mittelalterlicher Vorstellung in überirdischen Sphären

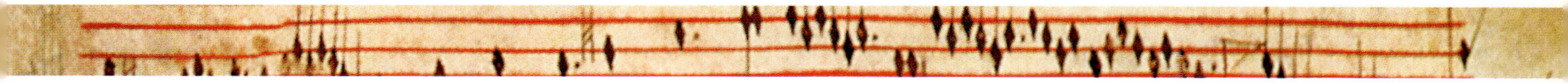

einzeln gespielt als auch zu unterschiedlichen Ensembles zusammengestellt. Am häufigsten zeigen ikonographische Quellen Ensemblestärken von ein bis fünf Musizierenden. Kleine, individuelle Gruppierungen wurden deutlich bevorzugt, möglichst als Mischklang aus Blas-, Saiten- und Schlaginstrumenten. So werden insgesamt 36 Sänger und Spielleute erwähnt, die bei einem der bekanntesten Feste Mitte des 15. Jahrhunderts, dem Fasanenfest am Hofe Philipps des Guten von Burgund, musizierten. Dennoch sangen oder spielten nie mehr als ein bis vier Musiker in unterschiedlichen Gruppierungen zusammen. Vielmehr zeigt sich insgesamt die Tendenz, daß selbst große Scharen von Spielleuten, die sich beispielsweise bei Konzilen oder Fürstenhochzeiten einfanden, in zahlreichen kleineren, verschiedenartigen Ensembles musizierten.

Die Herkunft der Instrumente

Während des gesamten Mittelalters wurden keine bestimmten Instrumente für ein Musikstück vorgeschrieben. Allgemein war die Besetzung variabel. Meist dürfte man sich den Gegebenheiten angepaßt haben, also auf den Instrumenten gespielt haben, die gerade zur Hand waren. Erst im Lauf des 15. Jahrhunderts bildeten sich Ensembles mit unterschiedlicher Verwendung heraus: die leise Musik mit Saiteninstrumenten, Blockflöten und Portativ zum einen, die laute Musik mit Schalmei, Trompete, Posaune, eventuell auch Einhand- und Querflöte zum andern. Der Tanzmusik wiederum dienten hauptsächlich Ensembles mit Flöten.

Das reiche mittelalterliche Instrumentarium wurde während der Völkerwanderungszeit im wesentlichen aus der Antike übernommen. Einige Instrumententypen wurden dabei nicht mehr weiterverwendet oder gerieten in Vergessenheit, andere wurden abgeändert. Bis ins 12. Jahrhundert finden sich auf Abbildungen vor

Das typische Instrumentarium des 14. Jahrhunderts: Fidel, Psalterium und Laute (oben), Tambourin, Portativ und Klappern (Mitte) sowie Sackpfeife und Schalmei, Pauken und Trompeten (unten)

Oben: Biblioteca Nazionale, Neapel; »V.E.III« Napoli, Ms. VA 14, fol. 17.
Links: Wandmalerei im Rittersaal von Schloß Goldegg, Salzburg, 1536

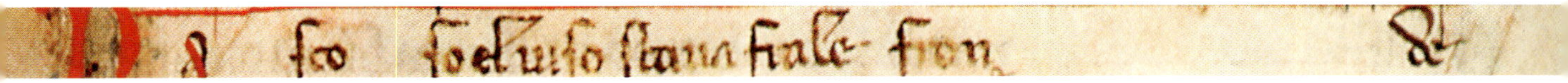

Eines der beliebtesten mittelalterlichen Schauspiele war die feierliche Inszenierung des 119. Psalms: König David umgeben von seinen Musikern. Folgende Instrumente sind zu erkennen (von links nach rechts): Flöte und Trommel, Triangel, Pommer, Busine, Harfe, Lauten, Schalmei/ Pommer, Sackpfeife, Psalterium, Zink(?) und Portativ

allem Leiern und Harfen, wohl aus keltischer Tradition, sowie doppelt geblasene Flöten, mit und ohne Rohrblatt, und Tuben. Seit dem 9. Jahrhundert erweiterte sich das Repertoire durch Instrumente aus dem byzantinischen Reich sowie aus Italien.

Mittelalterlicher Kulturaustausch

Insbesondere durch die Berührung mit der arabischen Kultur in Spanien formierte sich das Instrumentarium zu Ende des 12. Jahrhunderts in kurzer Zeit neu. Von den Arabern wurden in Europa verschiedene Zitherarten, Gitarre, Doppelrohrblattschalmei, Trompete und Pauke übernommen. Auch reisende Spielleute trugen nicht unwesentlich zur Verbreitung weiterer Instrumente bei. Durch gegenseitigen Kulturaustausch gelangten aus Zentralasien so wichtige Instrumente wie die frühe Laute, die Fidel und die Querflöte, möglicherweise auch das Becken, nach Europa.

Da aus dem Mittelalter kaum originale Instrumente erhalten sind, dienen zeitgenössische Werke der bildenden Kunst und schriftliche Nachweise als hauptsächliche Quellen der Rekonstruktion. Die wichtigsten mittelalterlichen Instrumente, die auch im Zusammenhang mit spielmännischem Musizieren immer wiederkehren, sollen im folgenden kurz erläutert werden. Die hier gezeigten bildlichen Darstellungen des Instrumentariums wurden hauptsächlich aus einer der bedeutendsten ikonographischen Quellen entnommen. Die unter Alfonso X. (dem Weisen) im späten 13. Jahrhundert entstandene Handschrift »Cantigas de Santa Maria« zeigt auf mehreren Miniaturen insgesamt 38 verschiedene Instrumente.

Aus dem Brevier der Königin Isabella von Spanien, flämisch, um 1497; British Library, London, MS Add. 18851, fol. 184v

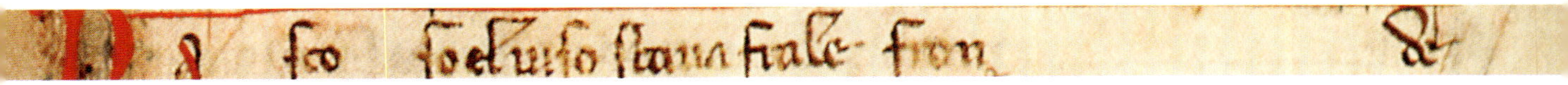

Horninstrumente

Tierhörner wurden seit dem Altertum wegen ihrer großen Schallkraft von Kriegern, Wächtern, Jägern und Hirten als Signalinstrumente verwendet und von Priestern als Zeichen zum Beginn des Gottesdienstes eingesetzt. Auch das Horn des Nachtwächters, der noch lange über das Mittelalter hinaus die Stadtbürger zur Nachtruhe ermahnte, war aus Kuhhorn gefertigt.

Meist konnte auf Naturhörnern nur ein einziger Ton geblasen werden, versah man sie jedoch mit eingebohrten Grifflöchern, war es möglich, einen größeren Tonvorrat zu erzielen. Zu den bekanntesten Grifflochhörnern zählen die »Zinken«. Es gab sowohl gerade, sogenannte stille Zinken, als auch krumme Zinken. Letztere wurden vorzugsweise zusammen mit Posaunen gespielt. Bis 1798 wurden die päpstlichen Prozessionen in Rom regelmäßig von Ensembles aus Posaunen und krummen Zinken angeführt.

Mittelalterliche Messing- oder Bronzehörner waren meist in Form des Stierhorns gestaltet, jedoch oft in erheblicher Vergrößerung. Sie wurden aufgrund ihrer starken Schallentwicklung fast ausschließlich dann eingesetzt, wenn akustische Signale über weite Entfernungen hinweg gegeben werden mußten, also wiederum vor allem im Krieg, um Truppenteile zu koordinieren und zu geordneten Formationen zusammenzuführen.

Trompeten

Arabischer Herkunft waren die Langtrompeten, deren erste europäische Darstellung aus dem 11. Jahrhundert datiert. Dieses Instrument war stets an bestimmte soziale Schichten sowie an besondere Anlässe gebunden. In Europa galt die Langtrompete bis ans Ende des 13. Jahrhunderts als Instrument der Fürsten, seither wurde sie zunehmend auch von der in seinen Diensten stehenden Reiterei benutzt. Mit oftmals mehr als einem Meter Länge war sie Zeichen und Mittel der Demonstration von Würde und Macht. Bald baute man auch handlichere, s-förmig gebogene Instrumente. Noch vor 1400 erhielten sie teilweise einen Zugmechanismus hinter dem Mundstück (Zugtrompete).

Schalmei und Pommer

Aus dem islamischen Kulturbereich wurden einige Doppelrohrblatt-Instrumente übernommen. Konische Schalmeien und Trichteroboen mit ihrem näselnden Klang sind bereits zu Beginn des 15. Jahrhunderts in mehreren Größen gebaut worden. Die tieferen Instrumente werden als »Bomhart« oder »Pommer« bezeichnet. Die Schalmei des europäischen Mittelalters besaß sieben vordere Grifflöcher. Bei den Pommern lag das unterste Loch außerhalb der Reichweite des kleinen Fingers und mußte deshalb durch eine offene Klappe geschlossen werden. Schalmeien und Pommern dienten vorwiegend der zeremonialen Musik unter freiem Himmel oder in großen Repräsentationsräumen. Ensembles aus Schalmeien, Pommern, Zugposaunen und Trompeten durften bei herrschaftlichen Einzügen, kirchlichen Prozessionen und festlichen Umzügen keinesfalls fehlen.

Alta-Ensemble

Als Alta-Ensemble bezeichnete man eine Besetzung, die meist aus drei Bläsern bestand. Johannes Tinctoris, ein Musiktheoretiker des 15. Jahrhunderts, erwähnt beispielsweise eine Besetzung mit Schalmeien, Pommern und Posaunen. Die Vorliebe für das Alta-Ensemble entstand im 14. Jahrhundert und entwickelte sich im Laufe des 15. Jahrhunderts zu einem die höfische Unterhaltungsmusik beherrschenden Standard.

Der Begriff *alta* steht im Italienischen für *alta musica* und im Französischen für die *haute musique*, also für eine voluminöse, laute Musik, die sich besonders für Aufführungen im Freien oder aber in sehr großen Räumlichkeiten eignete. Die in stets gleich langen Notenwerten niedergeschriebenen Basses danses, wie etwa jene der bereits erwähnten burgundischen Handschrift, bildeten die Vorlagen für die instrumentale Ausführung durch ein Alta-Ensemble. Derartige Besetzungen lassen sich meist für große höfische und hohe kirchliche Feste belegen.

Die *Alta-danza* des königlich spanischen Sängers Francisco della Torre, der gegen Ende des 15. Jahrhunderts gewirkt hat, zeigt für die Mittelstimme in Tenorlage eine Basse-danse-Vorlage. Der Zusammenhang der Basses danses mit der Musizierform der sogenannten Bläser-Alta wurde nachgewiesen, als man auffällige Ähnlichkeiten zwischen der Basse danse »Le petit roysin« und dem Tenor der Alta danza von della Torre entdeckte. Das Werk gibt ein klares Zeugnis von der tanzgebundenen Improvisation, in der man die Melodien mehrstimmig ausbaute. Die in langen Pfundnoten erklingende Melodie im Tenor dürfte den Zuhörern sicher bekannt gewesen sein, vielleicht sogar zum Mitsingen bekannt. Zu dieser, von einer Pommer gut spielbaren Hauptmelodie, ertönte, wohl von der Posaune intoniert, eine Art Gegenmelodie, ebenfalls in langen Notenwerten.

Über diesem klanglichen Gerüst improvisierte die Schalmei eine virtuose Oberstimme. Der Schalmei fiel im Mittelalter generell ein figurativ bewegteres Spiel zu als der Pommer, die den Tenor zu führen hatte, oder der Posaune, die in Contratenorlage die Hauptmelodie grundierend umspielte und ein gewichtiges Fundament abgab. Neben dieser Hauptform konnte die allen bekannte Tenormelodie aber auch in der Oberstimme auftauchen, oftmals mit Umspielungen.

Je nach Können, Stimmung und dem Maß des Tanzes wurde diese Tanzmusik stets neu erfunden. So konnten phantasievolle Bläser, auf nur wenigen Gerüstnoten basierend, einen viele Minuten dauernden Tanz begleiten und unter Umständen stundenlang die Ansprüche einer Festgesellschaft immer wieder von neuem erfüllen.

linke Seite: Hörner mit Fingerlöchern, Trompeten, Schalmei und Klappern; rechte Seite: Die Alta danza des königlich spanischen Sängers Francisco de la Torre (vor 1500)

Links: aus den »Cantigas de Santa Maria«, Bibliothek des Escorial, Madrid, Ms. b. I. 2, fol. 243v, 286, 293
Oben: Palacio Real, Madrid, Nr. 2-1-5, fol. 223r

Wie beliebt und allseits bekannt derartige Melodien waren, läßt sich unter anderem auch an der von della Torre verwendeten Basse danse zeigen. Dieser Tenor kommt, so die Forschungsergebnisse, bis 1622 in fast 300 Kompositionen verschiedenster Art vor, unter wechselnden Bezeichnungen wie »La Spagna«, »Spanier tantz« oder »Laspagne tantz«.

Neben dieser am häufigsten vorkommenden Alta-Besetzung aus Schalmei, Pommer und Trompete oder Posaune wurden Basses danses teilweise auch mit anderen Instrumentenkombinationen musiziert, etwa mit Laute, Harfe und Trommel, oder mit Zink, Posaune, Schnabelflöte und kleiner Trommel. Stets intonierte jedoch ein Hauptspieler die bekannte Melodie, und die anderen Musiker zierten diese improvisierend aus oder begleiteten in Quint- oder Oktavparallelen beziehungsweise durch liegende Borduntöne.

Platerspiel und Sackpfeifen

Das Platerspiel war zwischen dem 13. und 16. Jahrhundert ein hauptsächlich volkstümliches Musikinstrument. Im wesentlichen handelte es sich dabei um eine einfache Form der Sackpfeife. Eine Schweinsblase, die als Windmagazin diente, war über einem Doppelrohrblatt so zusammengebunden, daß man sie mit Hilfe eines kleinen Rohres aufblasen konnte. Auf Abbildungen ist die aus der Schweinsblase austretende Spielpfeife häufig krummhornförmig gebogen. Die Sackpfeifen haben fast alle mindestens zwei Pfeifen. Die eine davon, die sogenannte Spielpfeife, hat Grifflöcher zum Spielen von Melodien, die anderen Pfeifen sind die Bordunpfeifen für das Spielen der Borduntöne. Sackpfeifen wurden im Mittelalter häufig abgebildet.

Man kann annehmen, daß die europäische Sackpfeife eine Weiterbildung der antiken ist, obschon man lange Zeit einen orientalischen Ursprung vermutete. Nachdem Sackpfeifen im Mittelalter von allen sozialen Schichten geschätzte Instrumente waren, im Jahre 1483 spielten beispielsweise drei Sackpfeifer des Herzogs von Bayern gleichzeitig am württembergischen Hof auf, sank es allmählich zum Kennzeichen für bäuerliches, dörfliches Musizieren ab.

Bordun-Spielweise

Bei der Sackpfeife wird mit der Bordunpfeife ein sogenannter Bordun erzeugt, also ein Ton, der in stets gleichbleibender Höhe unter, bei manchen Instrumenten auch über der Melodie ständig mitklingt. Der Begriff wird seit dem Mittelalter allgemein für eine mehrstimmige Spielweise verwendet, bei der ein Ton oder ein Akkord weitgehend unabhängig von der Melodie unverändert und gleichbleibend ausgehalten wird. Bereits im hohen Mittelalter entwickelte man zahlreiche Instrumente, auf denen die Bordun-Spielweise möglich war. Dies geschah über mitklingende Pfeifen, also Bordunpfeifen, oder bei Saiteninstrumenten mit Hilfe außerhalb des Griffbretts freilaufender und

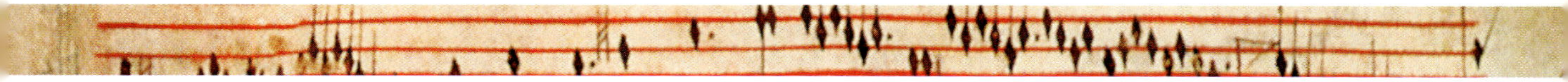

mitklingender Saiten, sogenannter Bordunsaiten.

Neben der Sackpfeife verfügten auch die Drehleier, das Portativ, die Doppelschalmei, die Laute und die Fidel über diese besondere Einrichtung. Auf letzterer war ein gelegentliches oder ständiges gleichzeitiges Anstreichen der tiefsten oder höchsten Saite leicht möglich. Ebenso lief auf einigen Instrumenten, wie auf dem Psalterium und der Drehleier, eine Parallelstimme mit, die im Quart-, Quint- oder Oktavabstand geführt wurde.

Im Mittelalter schätzte man die Bordun-Spielweise überaus. An sich lediglich monophone Instrumente erhielten dadurch erst Klangfülle. Zudem erforderte die Ausführung einer derart starren Bordunstimme keine besonderen Spielfertigkeiten oder starke zusätzliche Aufmerksamkeit. Und man konnte sich einen zweiten Musikanten für dieses einfache mehrstimmige Spiel einsparen.

Dieses starre Fundament, das sich von einer Melodiestimme abhob, wurde im Mittelalter auch sehr gerne rhythmisch und dynamisch variiert. Bei Streichinstrumenten konnten die Saiten beispielsweise nur ab und an mit angestrichen werden. Besonders eigneten sich jedoch Geräuschinstrumente aller Art für die rhythmische Ausgestaltung eines Tones auf stets gleicher Höhe. Die im Mittelalter hervorstechendste Verbindung dieser Art ist die Kombination einer Trommel als Borduninstrument und einer Flöte als Melodieinstrument. Schließlich konnten beide Instrumente von nur einem Spieler gleichzeitig betätigt werden.

Als seltenes Beispiel für einen pendelnd gebrochenen Bordun aus der Zeit vor 1400 sei das zweistimmige Stück »nachthorn« des Hermann von Salzburg genannt, bei dem die als »pumhart« (Pommer) bezeichnete Unterstimme ständig zwischen Grundton und Quintton pendelt.

Flöten

Eine besonders wichtige Rolle spielten während des gesamten Mittelalters die Pfeifeninstrumente. Die Begriffe »swegel«, »pfife« und »floite« wurden im Mittelalter für Flöten- und Pfeifeninstrumente aller Art verwendet.

Die mittelalterlichen Blockflöten, die aus einem Stück Holz mit zylindrischer Innenbohrung gedrechselt waren, hatten sieben vordere Grifflöcher und ein hinteres Daumenloch. Man hat zwei nebeneinander liegende Kleinfingerlöcher gebohrt, da das Instrument damals noch nicht – wie heute üblich – stets mit der linken Hand oben und der rechten unten gespielt wurde, sondern auch umgekehrt. Das jeweils nicht verwendete Kleinfingerloch konnte entsprechend mit Wachs abgeschlossen werden.

Eine besondere mittelalterliche Art dieser Flöten war die Einhandflöte. Sie besaß nur zwei vorderständige Grifflöcher und ein Daumenloch. Wie archäologische Funde bezeugen, wurden Flöten während des Mittelalters nicht selten aus Tierknochen gefertigt, zum Beispiel aus der Tibia von Schaf oder Ziege sowie aus der Ulna von

von links oben nach rechts unten: Sackpfeifen unterschiedlicher Ausführung, Platerspiele, Querflöten, Einhandflöten und Trommeln.

Aus den »Cantigas de Santa Maria«; Bibliothek des Escorial, Madrid, Ms. b.I.2, fol. 235v, 251v, 209, 218v, 333.

Haus- und Graugans.

Die Querflöte kommt aus Zentralasien. In Syrien datieren die frühesten Belege bereits aus dem 2. Jahrhundert. In Europa begegnet die Querflöte zunächst auf bildlichen Darstellungen des byzantinischen Reiches. Seit dem 12. Jahrhundert findet sich im deutschen Sprachraum häufig auch die Bezeichnung »Schwegel«. Im 14. Jahrhundert verbreitete sie sich von Deutschland aus nach Westen und Süden. Die Querflöte war aus einem Stück gefertigt, mit seitlichem Mundloch und sechs Fingerlöchern. Man verwendete das Instrument vornehmlich bei Tänzen. Zusammen mit der kleinen Trommel spielte man sie im 15. Jahrhundert häufig als »Pfeife« zu militärischen Zwecken, ganz typisch bei der Infanterie.

»Pfiffer und drommeter« durften bei keiner mittelalterlichen Lustbarkeit fehlen

Oben: Garcia de Benabarre, Flötenspieler; Barcelona.
Rechts: Albrecht Dürer, Flügel des Jachbachschen Altars, um 1500; Städelsches Kunstinstitut, Frankfurt

Flöte und Trommel

Spielleute verbreiteten nicht nur gesungene Erzählungen, Liedweisen und Tänze, sondern auch Instrumente und Musizierpraktiken. Ein besonderes Indiz dafür ist die seit dem 13. Jahrhundert auf fast das ganze Europa sich ausdehnende Spielweise von Blas- und Schlaginstrument durch nur einen Musiker. Normalerweise handelte es sich dabei um eine Einhandflöte, die mit der Trommel, gelegentlich aber auch mit der Schalmei kombiniert wurde.

Als Einhandflöte oder Schwegel werden zylindrisch gebohrte, eng mensurierte Instrumente bezeichnet, die oft aus Ebenholz, Buchsbaum, Holunderholz oder auch Elfenbein gefertigt wurden. Sie waren von unterschiedlicher Länge und wiesen variierende Grifflochzahlen auf. Üblicherweise besaß der »swegel« zwei bis drei Grifflöcher auf der Oberseite sowie ein rückwärtiges. Als Diskantinstrument reichte sein Tonumfang von d' bis d". Das Instrument war mit seinem hellen, fast schon schrillen Klang nicht nur für das einstimmige Spiel geeignet, sondern konnte auch die Oberstimme in polyphoner Ensemblemusik übernehmen.

Das Spektrum bei den Trommeln reichte vom einfellig bespannten Ring bis zur zweifelligen, länglichen Trommel. Je nach Größe wurde sie unterschiedlich gehalten. Es gab Miniaturausgaben, die am kleinen Finger hingen. Größere »Päucklin« baumelten am Handgelenk, am Unterarm, an einem Schulterriemen oder Leibgürtel. Für das einhändige Zusammenspiel mit dem Schwegel oder der Einhandflöte wurde ein spezielles Instrument gefertigt, das besonders leicht war. Nur ein sachtes Berühren mit dem Schlägel war dann nötig, nicht zuletzt, um ein zu weites Ausschlagen am dünnen Faden zu vermeiden.

Während die Trommel, vor allem im höfischen Bereich, so gut wie nie mit Saiteninstrumenten zusammen gespielt wurde, war die Kombination

von Trommel und Flöte ausgesprochen beliebt. Kaum eine Lustbarkeit der Oberschicht oder des einfachen Volkes, ob unter freiem Himmel oder in großen Räumen, bei der Trommel und Flöte an der musikalischen Untermalung nicht beteiligt gewesen wären. Sie gestalteten festliche Aufzüge ebenso mit wie Turniere oder Fronleichnamsprozessionen.

Vor allem aber spielten »Pfiffer und drommeter« zum Tanz auf, ob für Bauern, Bürger, die vornehme, adelige Gesellschaft oder, wie 1473, gar für den Kaiser. Die Trommel als rhythmisch differenzierbares Borduninstrument gab dabei das Metrum für den Tanz vor, die Flöte mit ihrem hellen Klang legte darüber eine Tanzmelodie. Und beides konnte gleichzeitig durch einen einzigen Spieler ausgeführt werden.

Fürstliche Herren hielten sich im Mittelalter gerne sogenannte »Schalksnarren«, die pfeifend, singend und spottend bei Festen der Adeligen zum Amüsement beitrugen. Auch zu ihren Attributen gehörten Flöte und Trommel. Ebenso wurden Spielleute mit dieser Instrumentenkombination auf lange Reisen mitgenommen, auf denen sie gegen Eintönigkeit und aufkommende Müdigkeit mit bewegtem, rhythmisch akzentuiertem Spiel ankämpfen sollten. Heinrich von dem Türlin spricht sogar von einer »süezen reisenote«, gespielt auf Flöte und Trommel, die aufmunternd auf die Rosse gewirkt haben soll. Pfeifer und Trommler feuerten auch die Streiter im Turnier an oder richteten von Schwermut befallene Mäzene wieder auf.

Pfeiferhännsle

Diese positiven und geschätzten Wirkungen konnten sich jedoch auch in ihr Gegenteil verkehren. Das läßt sich am Beispiel des »Pfeiferhännsle« (Hans Böhm) zeigen. Dieser Pfeifer und Pauker aus Niklashausen, im 15. Jahrhundert weithin bekannt durch sein mitreißendes Spiel, löste einst in Franken eine religiöse Massenbegeisterung aus, die schließlich in einem richtigen Bauernaufstand endete. Er legte dann allerdings seine Instrumente nieder und erging sich in suggestiv wirksamen Massenpredigten. Man denke aber auch an den der Sage nach

Berittener Spielmann mit Einhandflöte und Trommel, vielleicht eine »süeze reisende« musizierend

Ölgemälde von Conrad Laib, 1457; Grazer Dom

in bunter Gewandung auftretenden Rattenfänger von Hameln, der mit »Pfeifflin« und »Drummel« erst die gefräßigen Nager, und dann, da er um seinen Lohn betrogen worden war, die Kinder der Stadt zusammengepfiffen und entführt hat.

Trommeln und Flöten galten aber auch als Instrumente des zum Tanz aufspielenden Sensenmannes. Teufel sollten, musikalisch bewaffnet mit Einhandflöte und Trommel, die verlorenen Seelen in die Hölle treiben. Spielleute galten nicht umsonst als »des Teufels Lockvögel«, und da ihre Instrumente zu Ausgelassenheit und überschäumender Lebensfreude verführen konnten, seien sie, so die landläufige Meinung gleichzeitig wirksame Werkzeuge des Todes und des Bösen in der Welt. Wenn Pfeifer und Trommler zum Tanz auf dem Anger aufspielten, konnte dies nach Meinung der Volksprediger des späten Mittelalters nur direkt ins Verderben führen.

Fidel und Guiterne

Fidel

Im gleichem Maß wurden von den Spielleuten die gezupfte wie die gestrichene Fidel geschätzt. Die Streichinstrumente nämlich, und von diesen eben insbesondere die Fidel, hatten gegenüber den Blasinstrumenten den Vorteil, daß die Spielleute gleichzeitig singen und manchmal auch noch tanzen konnten. Unter dem Oberbegriff Fidel faßte man zahlreiche Streichinstrumente zusammen.

Erste Belege aus Zentralasien reichen ins 9. Jahrhundert zurück. Über das byzantinische Reich gelangte der Streichbogen nach Europa, wo er seit dem 10. Jahrhundert bildlich belegt ist. Zwischen dem 12. und 15. Jahrhundert entwickelte sich die Fidel im Abendland in vielen verschiedenen Varianten weiter. Die Saitenanzahl konnte zwischen drei und fünf schwanken. Neben dem Griffbrett verliefen häufig Bordunsaiten, die zeitgenössischen Quellen zufolge mit dem Bogen oder mit dem Daumen zum Klingen gebracht werden konnten, jedoch keinen zu den anderen Saiten dissonanten Klang ergeben sollten. Zur Erleichterung der Bogenführung wurde der ursprünglich birnenförmige Korpus seitlich eingezogen. Dies führte zu verschiedensten Formen. Der herzförmige Wirbelkasten blieb jedoch trotz zahlreicher Entwicklungen unverändert bestehen.

Eine weitere europäische Neuerung betraf die Spielweise. Die Streichinstrumente wurden im Orient stets senkrecht gespielt, auf die Knie oder den Boden gestützt. Im abendländischen Mittelalter dagegen begegnet uns insbesondere bei kleineren Streichinstrumenten bereits die an die Schulter oder die Brust gestützte Haltung.

Rebec

Ein anderes Streichinstrument des Mittelalter war das stets birnenförmige Rebec mit zwei bis drei Saiten in Quintstimmung und zartem Ton, ein Nachfahre des arabischen Rabab. Es wurde bis ins 17. Jahrhundert von

Spielleuten bevorzugt für die Tanzmusik verwendet.

Trumscheit

Das Trumscheit ist vom 12. Jahrhundert an als mittelalterliches Baßstreichinstrument belegt. Es besteht aus einem bis zu zwei Meter langen, keilförmigen, unten offenen Resonanzkasten mit einer Darmsaite. Beim Streichen der Saite entsteht ein schnarrender Ton von trompetenartiger Lautstärke. Aus der Tatsache, daß es ein in Klöstern häufig gespielter Trompetenersatz war, erklären sich die Bezeichnungen »Nonnengeige« oder »Marientrompete«.

Drehleier

Zu den Streichinstrumenten zählt auch die Drehleier, die nicht durch einen Bogen, sondern durch ein geharztes Kurbelrad angestrichen wurde. Der Ursprung dieses Instruments liegt im Dunkeln. Anfänglich wurden die teils mannsgroßen Drehleiern von zwei Spielern betätigt, ab dem 13. Jahrhundert sind kleinere Instrumente für nur einen Spieler gebaut worden. Eine Hand dreht das Rad mittels Kurbel, die andere Hand betätigt die Tasten. Die mittelalterliche Drehleier hat meist drei Saiten, von denen wohl ein bis zwei Saiten Bordunsaiten waren. Dieses vom 10. bis zum 12. Jahrhundert weit verbreitete Instrument büßte seit dem 14. Jahrhundert zunehmend an Wertschätzung ein und wurde zum Instrument der Bauern und blinden Spielleute.

Harfe

Bei den nicht gestrichenen, sondern gezupften Streichinstrumenten sind mehrere Bauarten der Harfe von Bedeutung. Die mittelalterliche Harfe wurde ohne Plektron, nur mit den Fingern gezupft. Keltischen Ursprungs sind die ältesten Harfenabbildungen des 8. und 9. Jahrhunderts aus Irland. Über England gelangten die Instrumente schon im 9. Jahrhundert auf den Kontinent. Harfen wurden von der Aristokratie genauso gespielt wie von allen Schichten der fahrenden Spielleute.

Leier

Ebenso war die Leier ein in vielen Formen gebautes Zupfinstrument mit Griffbrett- und Bordunsaiten, das schon in der Antike weit verbreitet war. Die Leiern wurden bis um das Jahr 1000 gezupft, danach jedoch gestrichen. Im Verlauf des Mittelalters nahm ihre Bedeutung in dem Maß ab, wie die der Harfe zunahm.

Laute

Die usprünglich arabische Laute kam im 10. Jahrhundert über Spanien nach Europa. Die birnenförmigen Instrumente mit bauchigem Korpus zeigen stets mindestens eine zentrale Rosette. Vor dem 15. Jahrhundert besaßen Lauten noch keine Bünde. Die Saitenzahl variiert erheblich. Im 14. Jahrhundert wurden vor allem sechs- bis achtsaitige Instrumente gebaut, deren Saiten zu Chören

Drehleiern, Harfen, Laute und Rebec

li. unt. bis re. unt. u. S. 82 unt.: Aus den »Cantigas de Santa Maria«. Bibliothek des Escorial, Madrid, Ms. b.I.2, fol. 46v, 154v, 341, 162, 176v

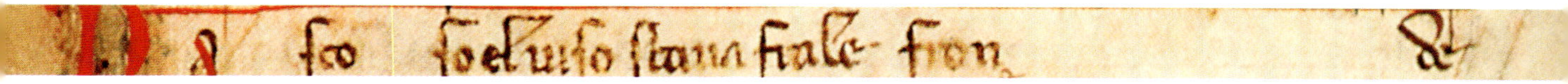

Spielleute auf zwei Emporen musizieren abwechselnd bei einem Ball am Hofe Albrechts IV.

Kupferstich von Matthäus Zasinger, um 1500; Kupferstichkabinett, Dresden

von jeweils zweien zusammengeschlossen waren.

Gitarre

Die Gitarre, teils maurischer, teils lateinischer Herkunft mit flachem Korpus und eingebuchtetem, achtförmigem Schallkörper, rundem Schallloch und Bünden wird relativ selten in Zusammenhang mit spielmännischem Musizieren erwähnt oder abgebildet.

Bassa-Ensembles

Fidel, Schwegel und Trommel oder auch die Harfe bildeten ein Bassa-Ensemble. Es konnte die unterschiedlichsten Zusammensetzungen geben: So boten sich alle möglichen Zupfinstrumente an sowie, vor allem ab dem 13. Jahrhundert, gestrichene Instrumente. Für das Hochmittelalter sind auch Ensembles, die nur aus Streichfideln bestanden, nachweisbar. Man schätzte sie wegen ihrer wohltätigen Wirkung auf die Stimmung.

Als weitere Bereicherung des Klanges wurden Flöten in die Bassa-Ensembles aufgenommen, aber nur solche mit leisem und zartem Ton. Die Besetzung mit Bassa-Instrumenten sollte, anders als die laute, oft schnarrende Alta-Kapelle, den Zuhörer mit ihrer »süezen Kunst« in eine ruhige Stimmung versetzen. Bassa- und Alta-Ensembles wurden oftmals, sofern es die Räumlichkeiten und der Geldbeutel des Gastgebers gestatteten, getrennt voneinander auf besonderen Balkonen postiert, um die Gäste durch Raumklangwirkungen und raffiniertes Wechselspiel zu erfreuen.

Die Musikanten wurden bei solchen Anlässen meistens mit einer Livree in den Farben des jeweiligen Hauses bekleidet, damit sie nicht mit ihren oft schmutzigen und zerlumpten Spielmannsgewändern das prunkvolle Bild des geschmückten Festsaales beeinträchtigten. Noch bei den Festen der Renaissance waren die leisen Ensembles fester Bestandteil. Die häufigere bildliche Darstellung von Alta-Ensembles bedeutet jedoch nicht, daß diese wichtiger gewesen wären, sondern nur daß sich mit ihnen höfischer Prunk optisch eindrucksvoller demonstrieren ließ.

Schlaginstrumentarium

Zum reichhaltigen Schlaginstrumentarium des Mittelalters zählten unter anderem Hand- und Schellentrommeln, Becken, Triangeln, Glocken, Klappergeräte und Rasseln sowie Pauken. Letztere gehörten zu den von Spielleuten bevorzugten Instrumenten, deren Klang in schriftlichen

Becken

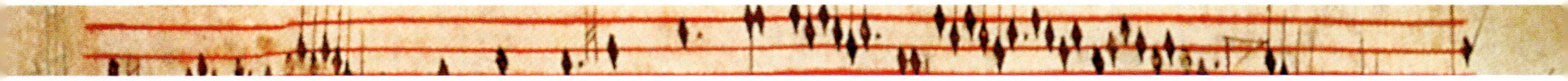

Quellen meist als Dröhnen, Brummen und Schnarren umschrieben wurde. Man benutzte mehrere Arten von Trommeln und Pauken in verschiedensten Formen, etwa sanduhrförmige Trommeln oder rechteckige, flache Rahmentrommeln, zweifellig bespannte oder ganz kleine Pauken, die am Hüftgürtel hingen und kreuzweise geschlagen wurden.

Die teilweise vermummten und maskierten Musiker, wie sie den »Roman de Fauvel« illustrieren, zeigen einen Querschnitt aus dem reichhaltigen Schlaginstrumentarium des Mittelalters

»Roman de Fauvel«, 14. Jh.; Bibl. Nat., Paris, fr. 146, fol. 34

Resümee

Zusammenfassend läßt sich zur mittelalterlichen Ensemblebildung sagen, daß es sowohl Instrumente gab, die sich für das mehrstimmige Spiel eigneten als auch Kombinationen von nur zwei Instrumenten, die von ein bis zwei Spielleuten ausgeführt werden konnten. Im allgemeinen wurde in Ensembles unterschiedlichster Zusammensetzung musiziert, die individuell in bunter Mischung zusammenkamen. Erst allmählich kristallisierten sich Standardbesetzungen heraus, die über längere Zeit und über weite Räume hinweg gleichermaßen beliebt waren. Der kräftigere Klang von Blech- und Holzblasinstrumenten wurde dabei bevorzugt mit Schlaginstrumenten aller Art kombiniert, wohingegen Saiteninstrumente am liebsten einzeln gespielt wurden, der Gesangsbegleitung dienten oder in Gruppen, teils mit Flöten zarteren Klangs zusammen erklangen. Vor allem Trompeter und Fidler bildeten auch Ensembles, die nur aus diesen Instrumenten bestanden.

Die Vorstellungen von den körperlichen und seelischen Wirkungen der Musik

Das »Tacuinum Sanitatis« des Ibn Butlan aus dem 11. Jahrhundert war das bekannteste und verbreitetste Werk der berühmten arabischen Heilkunde

Miniaturen aus dem »Tacuinum sanitatis in medicina« (Hausbuch der Familie Cerrutti), Ende 14. Jh; beide: Österreichische Nationalbibliothek, Wien, Cod. Ser. nov. 2644

Bereits im Mittelalter erkannte man die vielfältigen Wirkungen an- und entspannender Musik auf Körper und Seele. Spielleute wurden deshalb gerne herangezogen, um besorgte und traurige Gemüter aufzuheitern, bei Schlaflosigkeit Abhilfe zu schaffen und auch, um Kranke und Verwundete zu trösten. So umgab sich der Erzbischof Adam von Bremen mit Fidlern und Flötenspielern, die ihm die Sorgen vertreiben sollten. Zahlreiche Fürsten beschäftigten Spielleute, die für Zerstreuung in schweren Stunden zu sorgen hatten.

Hatte man in der Musik schon seit der Antike ein hervorragendes Mittel gesehen, um über die Seele den Körper zu beeinflussen, so nutzte die arabische Medizin die musikalischen Wirkungen als Heilmittel. Seit dem 11. und 12. Jahrhundert drangen die Erkenntnisse der arabischen Heilkunde ins Abendland vor. Die medizinischen Einsichten über die Musik wurden übernommen und erhielten bald einen festen Platz im System der Behandlungsmethoden mittelalterlicher Ärzte. Die besondere Stellung der Musik innerhalb der Medizin läßt sich bis ins frühe 19. Jahrhundert hinein nachweisen.

Anspannung und Abspannung

Johannes von Affligem stellte bereits im 12. Jahrhundert fest, daß die Musik nicht nur Verzweifelte fröhlich mache, sondern auch Zornige beruhige, üble Gedanken verscheuche und die Aggressionen Geisteskranker mildere. Selbst der strenge Kirchenmann Thomas von Cabham billigte in seiner Einteilung der Spielmannskünste Ende des 13. Jahrhunderts die Gruppe derjenigen *joculatores*, welche „Lieder von den Taten der Fürsten und vom Leben der Heiligen singen und den Menschen in ihren Krankheiten oder in ihren Ängsten Trost bringen." Im 15. Jahrhundert konnte der Musiktheoretiker Johannes Tinctoris bereits 20 Wirkungsweisen der Musik auflisten, die vom Verbannen der Traurigkeit über die Erzeugung fröhlicher Stimmung bis zur Heilung von Krankheiten reichten. Im Laufe des Mittelalters lieferten die Erkenntnisse über den Zusammenhang zwischen dem Takt der Musik und dem natürlichen Pulsschlag dann sogar einen wichtigen Grund für die Ausbildung der Ärzte in der Proportionslehre der quadrivialen Musiktheorie.

Arabische Heilkünste

Unter den arabischen Schriften zur Medizin war das »Tacuinum Sanitatis« des Ibn Butlan aus dem 11. Jahrhundert das bekannteste und verbreitetste Werk. Zahlreiche deutsche Übersetzungen wurden während des Mittelalters veröffentlicht. In einigen illustrierten Handschriften des Tacuinum Sanitatis musizieren Spielleute vor im Bett liegenden Kranken. Zur therapeutischen Wirkung der Musik schrieb Ibn Butlan: »Instrumenten und Seytenspil der Musica helffen auch die gesuntheit erhalten/ und die verloren wider zubringen. Dan die tön seind eben den schwachen gemüteren vergleicht/ wie sich die artzneyen den schwachen leiben vergleichen.«

Der Musiker als Therapeut

Folgerichtig konnte Ibn Hindu in seinem späteren medizinischen Werk den Musiker unter die ärztlichen Hilfsberufe zählen: »Wir verordnen bei der Therapie von Melancholikern häufig die ihnen entsprechenden und für sie nützlichen Tonarten. Das heißt jedoch nicht, daß der Arzt selber trommeln, blasen, springen und tanzen müsse, vielmehr hat die Heilkunst viele Helfer, wie den Apotheker, den Aderlasser, den Schröpfer, und sie bedient sich ihrer und betraut sie mit allen diesen Arbeiten, und ebenso [bedient sie sich] des Musikers für die diesbezüglichen Zwecke.«

Den Spielleuten wurde damit die große Macht zugeschrieben, das kör-

Im Kapitel »Sonare et balare« des »Tacuinum sanitatis« wird auch das Tanzen als heilsam beschrieben. Die Anweisung lautet: »Musizieren und Tanzen: Ihre Natur besteht darin, die Füße und die ganze Person im Verhältnis zum Klang zu bewegen. Vorzuziehen: das rechte Verhältnis zwischen der Musik und den Bewegungen der Person. Nutzen: die Teilnahme des Sehens und Hörens am Vergnügen des Wohlklangs. Schaden: Es verursacht Abscheu, wenn man vom Zusammenklingen der Noten abweicht. Verhütung des Schadens: die Rückkehr zum Wohlklang. Zuträglich für die meisten Komplexionen, für alle Lebensalter außer für Kinder, zu allen Jahreszeiten und in allen Gegenden.«

perliche und seelische Befinden der Menschen mit ihren Künsten beeinflussen zu können. Man kann jedoch nicht immer klar entscheiden, ob die Musik im Einzelfall als medizinisches oder magisches Mittel eingesetzt wurde. Letzteres ist wohl anzunehmen, wenn uns von Spontanheilungen berichtet wird. Es finden sich auch immer wieder Anweisungen, das Musikinstrument über eine bestimmte Körperstelle zu halten oder dem Instrumentenspiel Zauberformeln beizugeben. Nicht selten wird berichtet, daß ansonsten unheilbare Krankheiten mittels Amuletten und Zaubergesängen den kranken Körper verlassen hätten.

Im Krankenhaus

Musiker förderten die Genesung auf ärztliche Anweisung hin sowohl in höfischen Krankenzimmern als auch in städtischen Hospitälern. Ziel dieser mittelalterlichen Krankenhäuser war es weniger, die Kranken zu operieren, als vielmehr für ihr leibliches und seelisches Wohlbefinden zu sorgen. In zahlreichen Krankenhäusern waren deshalb Musiker angestellt, um den Kranken Schlaf zu bringen, bei Alpträumen zu beruhigen, den Appetit anzuregen sowie je nach Krankheitsbild beruhigend oder anregend zu wirken. Ein Musiktraktat aus dem 10. Jahrhundert erläutert die stationäre Musikpraxis: »Eine andere Weise brauchten sie in den Krankenhäusern zur Morgenzeit, den Schmerz der Krankheiten bei den Leidenden zu lindern, ihre Gewalt zu brechen und sie von vielen Übeln zu heilen.«

Allgemein war man sich sehr früh über die gegensätzliche Wirkung der Musik im klaren, sie konnte Ängste einflößen oder beschwichtigen, Schlaf fördern oder verhindern, Zorn auslösen oder besänftigen. Johannes von Affligem zählte folgende unterschiedlichen Wirkungen auf: »Musik schmeichelt dem Ohr, sie richtet den Geist auf, treibt die Soldaten zum Kampf an, ermutigt die Niedergedrückten und Verzweifelnden, stärkt die Wanderer, entwaffnet die Räuber, besänftigt die Zornigen, macht die Traurigen und Angstvollen fröhlich, versöhnt die Streitenden, beseitigt grundlose Gedanken und mäßigt die Wut von Geisteskranken.«

Man teilte diesen Wirkungen entsprechend auch die Krankheitsbilder in solche ein, die durch anregende oder beruhigende Klänge gelindert werden konnten. Leise Musik, gespielt auf der Fidel, der Leier oder Drehleiher, dem Psalterium und anderen Saiteninstrumenten, empfahl man vorzugsweise bei Schlafstörungen, Tobsucht sowie manischen Zuständen. Auch bei »Lepra jeder Art« solle man zu heftige Gefühle meiden und »die beruhigende Harmonie von allen möglichen Singstimmen und Instrumentenklängen« zu Hilfe nehmen. Ebenso war bei Trunkenheit besänftigende Musik angebracht.

Der Pest mit Musik vorbeugen

Fröhliche Klänge halfen dagegen bei melancholischen Verstimmungen, Depressionen und vorbeugend sogar gegen die Pest. Die Ärzte bauten auf ihre Erfahrungswerte, wonach Menschen mit frohem Mut seltener an der Pest erkrankten. In Pestzeiten sollten deshalb »Harfe, Laute, Schalmeien und andere Musikinstrumente gespielt und wohlklingende Lieder gesungen werden«, denn die Musik sei nichts anderes »als Zuversicht, Freude und Heiterkeit, wodurch man er-

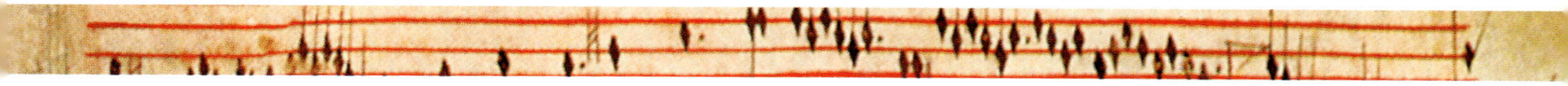

reicht, daß Geist und Körper kräftiger gegen die Krankheit der Pest ankämpfen.«

Lärm gegen Schlafsucht

Eine besondere Behandlung ließ man apathischen und lethargischen Patienten angedeihen. Bereits der römische Autor Celsus bemerkte, daß sich das »Getön von Becken und Lärm« als nützlich erwiesen habe. Bei diesen Krankheitsbildern wie auch bei Fieber versuchte man in erster Linie, die Kranken wachzuhalten. Man befürchtete, ein zu tiefer Schlaf könnte den Tod herbeiführen. Mit Lärm, Pauken und Trompeten gingen die Spielleute deshalb nach Gilbertus Anglicus im 13. Jahrhundert gegen das Versinken in den Schlaf vor. Bernard de Gordon, der um 1300 Medizinprofessor in Montpellier war, erläuterte: »Neben dem Kopf des Patienten sollen Schweine mit Ferkeln sein, und sie sollen gezwungen werden, kräftig zu quieken; und es sollen Trompeten, große Glocken, eine Pauke und große Metallstücke vorhanden sein, auf die man mit einem Hammer schlägt, und eherne Gefäße, die schreckenerregend klingen, und es soll größter Lärm herrschen, sonst sterben die Kranken im Schlaf.«

Beruhigung für Herrscher

Nach Meinung der Ärzte wirkte sich die Musik besonders bei Königen, Fürsten, Gelehrten und Künstlern positiv aus. Die geistigen Anstrengungen sowie schwere politische Entscheidungen führten zur völligen Erschöpfung, deshalb »wird die Musik für die Könige notwendiger sein als für die übrigen Menschen«. Die An-

Fröhliche Klänge halfen bei melancholischen Verstimmungen, Depressionen und vorbeugend sogar gegen die Pest. Lärm in hohen Dosen wurde Phlegmatikern verabreicht, und Könige durften sich bei sanfter Musik von großen Taten erholen

Psalterillustration zu Psalm 42,4 – 5, St. Germain-des-Prés?, um 830; Landesbibliothek, Stuttgart, Cod. Bibl. 223

An Fürstenhöfen wurde der kirchliche Bann über Spielleute mitunter auf ärztliche Anweisung hin umgangen, indem man sich auf die medizinische Notwendigkeit musikalischer Darbietungen für den Herrscher berief

Hans Wertinger, Temperamalerei, 1517; Národní Galerie, Prag, Inv.-Nr. o-492.

wesenheit von Spielleuten an Fürstenhöfen, von der Kirche meist nicht gebilligt, wurde mitunter durch medizinische Notwendigkeiten solcher Art gerechtfertigt. Zahlreiche Anweisungen sollten die Gesundheit der Herrschenden erhalten helfen. Um 1200 besagte eine Vorschrift für die Unterhaltung des Adeligen am Abend: »Dann lade man den Sänger ein, der ihn mit Liedern bis zu zwei Stunden nach dem Essen unterhalte. Dann lege sich [Hoheit] zur Ruhe, indem man dem Sänger [vorher] die Anweisung gegeben hat, sein Spiel und seinen Vortrag allmählich zu dämpfen, bis [Hoheit] fest eingeschlafen sind.« Den Schlaf direkt nach der Mahlzeit hielt man hingegen für äußerst schädlich.

Fest besoldete Spielleute und fahrende Musiker fanden sich wohl an jedem höfischen Krankenbett, um Schmerzen zu lindern und die Gesundung zu unterstützen. Im Jahr 1304 erkrankte Jeanne, die älteste Tochter des Pfalzgrafen von Burgund so schwer, daß ihre Mutter neben der ärztlichen Behandlung zusätzlich Pilger ausschickte, Kerzen segnen ließ und das Volk zum Gebet aufrief. Des weiteren entlohnte sie einen Spielmann mit »16 sous«, der acht Tage am Krankenbett die Harfe spielte. Auch im Jahr 1494 musizierte ein *joculator* mehrmals mit Einhandflöte und Trommel am burgundischen Hofe, diesmal vor dem erkrankten Herzog. Auch er erhielt eine erkleckliche Summe Geldes für seine Dienste.

Trost für Kriegsverwundete

Noch im ausgehenden Mittelalter scheint es durchaus üblich gewesen zu sein, bei Verwundungen verschiedene Musikinstrumente zur Linderung erklingen zu lassen. Im 14. Jahrhundert zählte der Chirurg Henri de Mondeville zu den Aufgaben in seinem Beruf, daß »... er für einen Spielmann sorgt, der ihm [dem Verwundeten] durch sein Spiel auf der Fidel oder auf der zehnsaitigen Harfe Trost bringt«.

Der Chirurg Ambroise Paré versorgte einst eine eiternde Schußwunde am Knie des Marquis d'Auret, der aufgrund des Wundfiebers dem Tod bereits nahe war. Nachdem verschiedenste medizinische Maßnahmen eine erste Linderung brachten, nahm er zusätzlich die therapeutischen Wirkungen der Musik zu Hilfe: »Als ich sah, daß er anfing sich gut zu fühlen, sagte ich ihm, es brauche jetzt Violen und Violinen und einen Possenreißer, um ihn aufzuheitern. Das besorgte er sich dann auch. Nach einem Monat waren wir so weit, daß er auf einem Stuhl sitzen konnte, und er ließ sich in seinem Garten herumtragen ...«

Musikalische Animation im Bade

Nicht allein in den öffentlichen Badstuben fanden Spielleute ein reiches Betätigungsfeld, sondern auch in den zahlreichen großen Mineralbädern im Freien. Hier förderte die ausgelassene Stimmung nicht nur allerlei Tändeleien, sondern im Zusammenklang mit der Musik auch die medizinische Wirkung der Heilbäder, die Linderung bei zahlreichen Beschwerden versprachen.

Die Ärzte sahen in der Anwendung von Musik eine Möglichkeit, den Körper noch mehr zu entspannen und auf diese Weise die wohltuenden Wirkungen des Bades noch zu verstärken. Es wird sogar berichtet, daß »die Bader im Bad nach bestimmter Musik frottieren und die Barbiere die Haare kämmen, nicht nur, um Vergnügen zu bereiten, sondern auch, um die Säfte durch solche einschmeichelnden Bewegungen leichter austreten zu lassen.«

Die extrem langen Badezeiten, zwei bis drei Stunden mehrmals täglich, wurden unterbrochen durch Mußestunden. Die Musik spielte hierbei eine so große Rolle, daß es mitunter sogar Beschwerden von seiten der Anwohner darüber gab, daß die Badenden »wol die gantze durchgehende Nacht biß an den hellen liechten Morgen Spiel-Leuth bey sich« hätten.

Konnten die Spielleute mit ihrer Musik wohltuend auf die Menschen einwirken, so fürchtete man natürlich, daß sie im gleichen Maße fähig seien, Schaden zu verursachen. Manche Äußerungen der Ärzte legten diese Annahme durchaus nahe.

Mahnende Worte

Der Chirurg Henri de Mondeville schrieb beispielsweise: »Die Natur ist nämlich wie ein Fidelspieler, der mit seinem Klang die Tänzer führt und lenkt. Wir Ärzte und Chirurgen sind wie die Tänzer, und genauso, wie die Natur musiziert, müssen wir tanzen.« Noch deutlicher brachte der Arzt und

Berichtet wird, daß Bader die Kurenden sogar im Rhythmus der Musik frottierten, »... um die Säfte durch solche einschmeichelnden Bewegungen leichter austreten zu lassen«

Hans Bock der Ältere, um 1550–1624, Das Bad zu Leuk; Öffentliche Kunstsammlung, Basel

Fest glaubte man daran, die Kranken durch oft stundenlange ekstatische Tänze von ihren Krankheitsdämonen erlösen zu können. Häufig fanden diese »Veitstänze« am St. Johannistag statt

Gehöhte Federzeichnung nach Pieter Bruegel d. Ä., 1564; Graphische Sammlung, Albertina, Wien, Inv.-Nr. 7868

Philosoph Ibn Hindu die Macht und Einflußnahme der Spielleute auf Körper und Seele der Menschen zum Ausdruck: »Wer die Musik ausübt, spielt nämlich geradezu mit den Seelen und Körpern, denn wenn er will, gebraucht er sein Instrument so, daß es lachen macht, wenn er will, gebraucht er es auf eine Weise, die weinen macht, will er, so erregt er Freude, will er, so erregt er Trauer.«

Hypnose und Ekstase

Die Angst der braven Bürger vor den hypnotischen Fähigkeiten der Spielleute war stets gegenwärtig. Besonders deutlich traten diese im Zusammenhang mit den mittelalterlichen Tanzepidemien in Erscheinung. Die Gemütsbewegungen wurden dabei nicht ausgeglichen, wie bei allen anderen medizinischen Anwendungen der Musik, sondern in Richtung auf rauschhafte und psychotische Zustände verstärkt. Die Tanzmanie, die man häufig als Veitstanz bezeichnete, verbreitete sich in Deutschland vom 11. bis zum 14. Jahrhundert auffallend rasch. Den Chroniken entsprechend sollen sich einst in Köln über 500 Personen im rauschhaften Tanz befunden haben, in Metz sogar 1100.

Insbesondere in Zeiten großer Nöte und Seuchen sammelten sich zahlreiche Tänzer, die sich oftmals über sieben bis acht Stunden in rasender Ekstase befanden. Das Tanzen und Springen war von Brüllen, Keuchen, Krämpfen und Halluzinationen begleitet. Die Tanzenden konnten so zumindest kurzweilig aus der Realität ausbrechen. Zumeist fielen sie nach mehreren Stunden völlig erschöpft in tiefen Schlaf. Die befreiende Wirkung dieser Tanzekstasen versuchte man schließlich auch zu nutzen, um vornehmlich psychische Erkrankungen zu heilen. So wurden mancherorts Springprozessionen durchgeführt, in deren Verlauf die Springenden und Tanzenden den Segen der heiligen

Willibrord oder Veit erbaten, um von ihrem Wahn befreit zu werden. Den St.-Veits-Tanz veranstaltete man bevorzugt, um Personen zu heilen, die unter Hysterie oder Epilepsie litten. Man glaubte, die Kranken durch stundenlange Ekstase von ihren Krankheitsdämonen erlösen zu können. Häufig fanden diese Heiltänze am St. Johannistag statt. Die von der Krankheit Besessenen wurden meist zum Tanz gezwungen, auf »... daß sie ein ganzes Jahr hindurch wenig oder nichts spüren bis zum nächsten Mai«. Ein ähnliches Phänomen läßt sich seit der ersten Hälfte des 15. Jahrhundert von Italien ausgehend feststellen, der sogenannte Tarantismus. Im Volk glaubte man, die tarentistische Krankheit würde durch einen Tarantelstich ausgelöst werden. Die Symptome, wie Melancholie, Blässe und Übelkeit, wurden ebenfalls durch erschöpfende Heiltänze und die Macht der Musik behandelt.

Spielleute als Hexer

Die der Musik innewohnende magische Gewalt und die Verführung zum Rauschhaften bezwang jedoch nicht nur die Dämonen der Besessenen, sondern erwies sich in den Augen vieler zugleich als Instrument Satans. Verbreiteter Volksaberglauben war es deshalb, daß verteufelte Spielleute oder gar Satan selbst zum Hexentanz aufspielten. Aussprüche wie »Spielleute sind des Teufels Lockvögel« oder »wo Tanz ist, da ist der Teufel« waren fester Bestandteil mittelalterlichen Denkens. Es verwundert also nicht, daß viele der Hexerei bezichtigte Angeklagte zu Protokoll gaben, daß Musiker an geheimen Orten nächtliche Hexentänze begleitet hätten. Nicht selten waren deshalb Spielleute in

Hexenprozesse verwickelt. Sie wurden von den Anklägern oftmals unter der Folter namhaft gemacht. Legenden rankten sich auch um die Vorstellung, daß verstorbene Hexen, von Musikanten begleitet, in die Hölle tanzten.

Auftakt zum Totentanz

Gleichzeitig entstand auch die Vorstellung vom Tod als betörendem Spielmann. Wie es in Bußpredigten hieß, geleite der Tod alle Sünder, egal welchen Standes, tanzend in die Hölle. Nur die wenigen seligen und heiligen Menschen würden von Engeln in den Himmel geführt. Die besondere Angst galt dem überraschenden Tod. Plötzlich, so der Volksglaube, stehe

Aufgrund der weit verbreiteten Vorstellung, daß Spielleute an geheimen Orten während des Hexensabbats zum Tanz aufspielten, waren Musikanten nicht selten in Hexenprozesse verwickelt

Aquarellierte Federzeichnung in der Chroniksammlung des Züricher Chorherrn Johann Jakob Wick, gestorben 1588; Zentralbibliothek, Zürich, Ms. F. 18,145–146a

Der Tod als Spielmann holte seine sündigen Opfer, egal welchen Standes, tanzend in die Hölle. Kennzeichen aller Totentänze war die nach links gerichtete Tanzbewegung, sozusagen verkehrt herum

Die verschiedenen Stände und ihre Behandlung im Tod; Knoblochtzer-Druck, um 1485

der Tod in Person eines Reigenführers vor dem unvorbereiteten Sünder, um ihn aus der Welt der Lebenden in sein Reich zu holen. Niemand schien besser dazu geeignet, die Menschen zu verführen, dem Tod in die Unterwelt zu folgen, als der Spielmann mit seiner berauschenden Musik.

Der Totentanz war ein bitterböser und mächtiger Zwang auf dem Weg in die Verdammnis, dem man sich nicht entziehen konnte. Der Tod holte seine Opfer eben nicht nur einzeln, sondern auch paarweise oder in Gruppen. Auf den Darstellungen bilden Tod und Opfer mitunter in ständigem Wechsel einen Kettenreigen, bei dem sich alle Beteiligten an den Händen fassen. Häufig begegnen jedoch auch reine Paartänze zwischen Tod und Opfer. Im sogenannten Frauentotentanz übernimmt der Tod stets die männliche und das Opfer die weiblich Rolle.

Nicht selten vollzog sich der bezwingende Tanz gemessenen Schrittes zur damals üblichen *Basse danse.* Seit dem 14. Jahrhundert wurden Totentänze, die ursprünglich französischen *danses macabres*, naturalistisch aufgeführt. Bevorzugte Instrumente des Spielmannes Tod waren dabei Einhandflöte und Trommel, Sackpfeife, Drehleier und Pfeifen. Allen Totentänzen gemeinsam war die nach links gerichtete Tanzbewegung. Tod und Teufel tanzten nach altem Volksglauben sozusagen verkehrt herum.

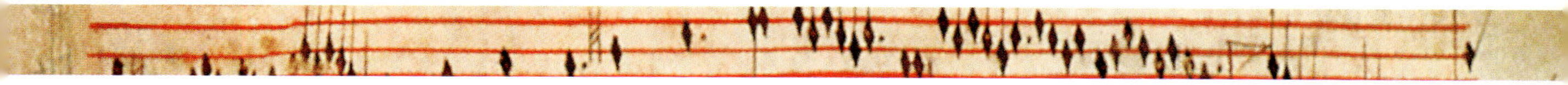

Die Rolle der Spielleute im kirchlichen Leben

Die offizielle Haltung der Kirche den Spielleuten gegenüber

Die Kirche sah sich weniger aufgrund des Rechtsstatus der Ehrlosigkeit von Spielleuten genötigt, gegen sie Partei zu ergreifen als vielmehr wegen der Art der von ihnen praktizierten Musik und ihrer anrüchigen Lebensweise. Die Musik war in den Augen der Kirchenmänner als Geschenk Gottes anzusehen und sollte deshalb allein dem Lobpreis Gottes dienen. Auch war die Musik als »Wissenschaft« eingebunden in die Hierarchie der Sieben Freien Künste, deren Beherrschung als Bedingung jeder höheren Bildung galt. Der in diesem Sinne tätige, akademische »musicus« stand als Gelehrter und Forscher an der Seite der Theologen. Nicht selten verbanden sich im Mittelalter »musicus« und Geistlicher in einer Person. Noch heute betrachtet man den im 14. Jahrhundert wirkenden Philippe de Vitry, Bischof von Meaux, als bedeutenden Musiktheoretiker und Komponisten.

Werkzeuge des Teufels

Demgegenüber sahen Theologen und Kleriker im fahrenden Musiker, dem *histrio* oder *joculator*, ein Werkzeug des Teufels. Mit seiner sinnenfreudigen und lasziven Musik verführe der Spielmann das Volk und bringe es von einem anständigen christlichen Lebenswandel ab. Insbesondere die Tanzmusik, die Domäne der Spielleute also, war dem Klerus ein Dorn im Auge. Niedere Triebe würden durch sie hervorbrechen und unsittliches Verhalten geradezu herausfordern. Die Furcht war groß, daß die Sinnenfreude an der profanen Musik die Menge stärker in ihren Bann ziehen könnte als das Wort Gottes und seine Befolgung.

Heidnische Laster

Eng verbunden mit den Vorwürfen vermeintlicher Unzucht und Verführung zur Abkehr von einem gottgefälligen Leben war der Verweis auf die Pflege heidnischer Traditionen durch die Spielleute. Die Musik war in Theater und Kult eng mit der heidnischen Welt verbunden. Im Umfeld von Schauspiel und Theater würde es zu Exzessen und Unzucht, Verführung zu Ehebruch und Schamlosigkeit kommen. Den »Patronatsgöttern« Venus und Bacchus bringe man hier, laut Tertullian, Opfer dar. Die Musik würde in unziemlicher Weise eingesetzt, um die Menschen zu allerlei Lastern, wie Völlerei, Wollust, Neid und Eifersucht, zu verführen. Das Publikum werde bei diesen sündhaften

Vergnügungen durch die Musiker und Schauspieler dem Bösen zugeführt und von Gott entfernt. Ohne höhere Zielsetzung oder Zweckbestimmung diene das musikalische Vergnügen nur dazu, den Menschen vom Heilsweg zu Gott abzulenken. Der wahre Christ habe also die Spielleute, diese Freunde des Teufels, ebenso zu meiden wie ihre Veranstaltungen, die einen Rückfall in den Götzendienst darstellten.

Stigmatisierung von Beginn an

Die schon im Frühchristentum gegen römische Schauspieler und Musiker erhobenen Anklagen wurden später auf die Spielleute im allgemeinen übertragen. Die ablehnende Haltung der Kirchenväter wurde in den Konzilsbeschlüssen der folgenden Jahrhunderte fortgeschrieben. Diese moralische und gesellschaftliche Stigmatisierung der Berufsmusikanten von seiten des Klerus hatte maßgebliche Auswirkungen auf das Verhalten der mittelalterlichen Bevölkerung den Spielleuten gegenüber.

Bereits im 3. Jahrhundert erhob sich die Frage, ob Schauspieler und Musiker Mitglieder der christlichen Kirche werden könnten. Cyprianus, der Bischof von Karthago, lehnte eine Aufnahme von Mitgliedern dieser Berufsgruppen in die Glaubensgemeinschaft grundsätzlich ab, selbst wenn der Betreffende seinen Beruf gar nicht mehr ausübte. Ebenfalls aus dem 3. Jahrhundert sind Zeugnisse des kirchlichen Kampfes gegen die Instrumentalmusik überliefert. Vom Gottesdienst sei das Spielen auf Musikinstrumenten gar gänzlich auszuschließen, erklärte der christliche Gelehrte Clemens von Alexandrien. Unverantwortlichkeiten wie das Flöten- oder das Psalterspiel, auch Tänze und das Auftreten von Chören seien zumindest an religiösen Feiertagen nicht zu dulden. Die Flöten solle man im Prinzip gänzlich den heidnischen, abgöttischen Menschen überlassen. Der lateinische Kirchenlehrer Hieronymus ging im 4. Jahrhundert sogar noch einen Schritt weiter, indem er forderte, daß junge Mädchen erst gar nicht erfahren sollten, wofür Instrumente wie Flöten, Harfen und Leiern überhaupt vorhanden seien.

Noch über Jahrhunderte wirkte die Anweisung des Konzils von Laodicaea aus dem Jahre 315 weiter, derzufolge Kleriker aufgefordert waren, bei Hochzeiten und anderen Festlichkeiten das Haus zu verlassen, sobald Spielleute und Gaukler anfingen, ihre Unterhaltungskünste darzubieten. Die Tatsache, daß derartige Anweisungen auf zahlreichen Konzilien und Synoden immer wieder erneuert werden mußten, zeigt ihre offensichtliche Unwirksamkeit. Geistliches und weltliches Publikum scheinen viel zu begeistert von den Spielmannskünsten gewesen zu sein, als daß man sie so leicht davon hätte fernhalten können.

Augustinus der Unerbittliche …

Von noch größerem Einfluß sollte dann der Kirchenlehrer Augustinus sein. Bis ins 13. Jahrhundert waren die Meinungen und Weisungen des von 354 bis 430 lebenden Bischofs von Hippo von nachhaltiger Wirkung. So stellte er die später oft wiederholte Forderung auf, Spielleute nicht zu entlohnen. Die Belohnung, die man Schauspielern und Musikern zukommen lasse, sei eine gewaltige Sünde. Schließlich würde man damit Unholde für ihre unmoralischen und

Das Frühchristentum zeichnete sich durch eine fest verankerte eheliche Moral und die Enthaltsamkeit seiner Priester aus. Nur so konnte es zum ernstzunehmenden Widersacher des dekadenten römischen Imperiums der Spätzeit werden

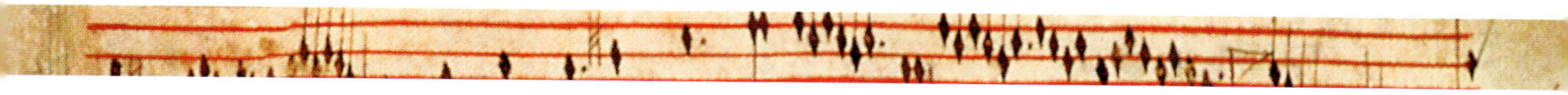

gotteslästerlichen Darbietungen beschenken. Dies sei ein abscheuliches Laster und keineswegs eine Tugend. Augustinus wollte den Spielleuten zusammen mit den Dirnen sogar den Zugang zur Kommunion verwehren. Im *Corpus juris canonici*, einem Gesetzeswerk aus dem Jahr 534, wurde ein entsprechendes Verbot für die Gruppe der Fahrenden schließlich ausgesprochen.

... und seine Nachfolger

Ausführlich zitiert Alkuin ungefähr 400 Jahre nach Augustinus dessen Lehrmeinungen. Er war Abt von St. Martin in Tours und zählte zum gelehrten Hofkreis von Karl dem Großen. Zu dieser Zeit war es durchaus üblich, bei unterschiedlichsten Festlichkeiten fahrende Spielleute zu engagieren. Diese ließ man zur Unterhaltung der Gäste wie zur besonderen Ausschmückung des Festes auftreten. In einem Brief an den Erzbischof von York schrieb er einmal, daß ihn die lautstarken Stimmen der Mönche beim Singen der Choräle während einer Visitation des Klosters St. Gallen am meisten gestört hätten. Er habe dies als eitlen Prunk empfunden.

Folgerichtig warnte Alkuin in Anlehnung an Augustinus vehement davor, den Schauspielern, Gauklern und Tänzern das Haus zu öffnen. Man könne kaum erahnen, welch große Schar unreiner Geister ihnen folgen und sich im Haus versündigen würden. Auch betonte er, daß es besser sei, den Armen Almosen zu geben als Spielleute zu entlohnen. Im gleichen Sinne lamentierte im Jahr 836 der Erzbischof Agobard von Lyon: »Betrunken macht man die Histrionen, die schnödesten Mimen und nichtsnutzigsten Spielleute, während die Kranken der Kirche Hungers sterben.«

Aus dieser Argumentation ergab sich ein nicht geringes scholastisches Problem: Diese Leute des Lasters, die sogar Gläubige von Gott zu entfremden vermochten, waren doch zumeist ebenso Arme und Hilfsbedürftige. Es war also die Pflicht eines jeden Christen, ihnen Almosen und milde Gaben zu spenden. Der Reiche hatte dem Armen etwas abzugeben, nicht zuletzt, damit dieser bei Gott für ihn bitte. Es bestand für den Reichen sonst keine Chance, dem Fegefeuer zu entkommen.

Man konnte das Dilemma letztlich nur lösen, indem man milde Gaben und notwendige Nahrungsspenden an Spielleute zuließ. Jedoch durften diese Zuwendungen nur aus christlicher Motivation heraus, eben als Almosen für Bedürftige, gegeben werden. Sie durften kein Lohn für dargebrachte Künste, für geleistete Arbeit sein, der sich an der Qualität der Unterhaltung, der Ablenkung und des Trostes ausgerichtet hätte. In diesem Sinne wurde beispielsweise der heilige Bardo, der im 11. Jahrhundert Erzbischof von Mainz war, gerade deshalb gerühmt, weil er Spielleute nicht aufgrund ihrer Künste unterstützte, sondern allein, um ihre Not zu lindern.

Des Teufels Vagabunden

Besonders streng mußte die Kirche gegen Kleriker vorgehen, die als Spielleute umherzogen, wie auch gegen den verbreiteten Brauch, Spielleute und Gaukler in Klöstern und Kirchen auftreten zu lassen. Zahlreiche kirchliche Verordnungen zielten auf das Vagantenunwesen. Geistliche,

Aus dem Gottesdienst sei das Spielen auf Musikinstrumenten gänzlich auszuschließen, erklärte der christliche Gelehrte Clemens von Alexandrien. Rauschhaftes Flötenspiel, auch betörender Tanz und bacchantischer Chorgesang seien zumindest an religiösen Feiertagen nicht zu dulden

Die Anschuldigung, Spielleute seien vom Teufel ausgesandt, um die braven Bürger vom Gottesdienst abzuhalten, gehörte in die Sonntagspredigt eines jeden glaubensfesten Kirchenmannes. Die lasterhaften Apostel des Teufels würden die armen Menschen zuerst mit ihrem Spiel betören, um deren Seelen dann scharenweise dem Satan zuzuführen

Hieronymus Bosch, aus dem Triptychon »Garten der Lüste«, um 1500; Prado, Madrid

die auf der Suche nach einer Pfründe waren oder von einer Universität zur anderen zogen, und sich dabei als Spielleute, durch den Vortrag von Musikstücken, Versen und Geschichten ihren Lebensunterhalt verdienten, sollten ihren Status als Kleriker verlieren.

Spieler- und Säufermessen

Diese umherziehenden Kleriker verfaßten nicht selten Parodien auf Hymnen, Litaneien, Evangelientexte und sogar auf die Meßfeier, sogenannte Spieler- und Säufermessen. Bei diesen Meßparodien wurden die Geldgier und das unheilige Leben vieler Kleriker angeprangert. Solche Werke wurden mitunter dann auch innerhalb des Kirchenraumes aufgeführt, wie beispielsweise beim Eselsoder Bakelsfest, das meist um den Jahreswechsel stattfand. Niedere Kleriker und Chorsänger hatten um diese Zeit besondere Freiheiten. Die offizielle Liturgie wurde dabei mit neuen, satirischen Texten versehen und Tanzmelodien erklangen zu außerliturgischen Prozessionen.

Weiterhin sind hier die Mysterien- und Mirakelspiele zu nennen, die sich immer mehr von ihrem christlichen Kern entfernten. Bereits im 6. Jahrhundert scheinen die Kirchen weltlichen Festlichkeiten gedient zu haben. Das zu dieser Zeit stattfindende Konzil von Auxerre hätte sonst wohl keine Veranlassung gehabt, Gesänge junger Mädchen, weltliche Chorwerke oder Gastmahle im Kirchenraum zu untersagen. Auch mußte Hincmar, der Erzbischof von Reims, in einem Kapitular aus dem Jahre 852 seine Geistlichen darauf aufmerksam machen, daß sie doch beim Leichenschmaus weder Gelächter noch Gesang zulassen sollten. Ebenso seien der Vortrag von Geschichten, Auftritte von Bärenführern und Gauklerinnen wie auch das Zeigen von Teufelsmasken zu verbieten.

Eva, die ewige Sünderin

War die Musik gar mit Tanz verbunden, so sah sich die Kirche zu den allerheftigsten Protesten veranlaßt. Bereits im 4. Jahrhundert zeigte sich Ambrosius schockiert darüber, daß Mädchen in nur leichter Bekleidung vor jungen Männern singend und klatschend umhersprangen und diesen »das Blut in Wallung brachten«. Heidnischer Kult und frühes Christentum standen noch in engem Zusammenhang. Gerade die Tanzmusik erinnerte an Kultisches und so erstaunt es wenig, daß die Kirche Tanzverbote erließ. Im 6. Jahrhundert mußte etwa Caesarius, der Bischof von Arles, profane Gesänge und allerhand Tänze bei Heiligenfeiern unterbinden.

Eng mit alten heidnischen Bräuchen hingen auch die sogenannten Märtyrervigilien zusammen. Am Vortag der Märtyrerfeste veranstalteten die frühen Christen Feierlichkeiten, bei denen getanzt, gesungen, ausgiebig gespeist und getrunken wurde. Aus altüberlieferten Ahnenkulten und heidnischen Hochzeitsriten entstammten wohl auch die während des gesamten Mittelalters verbreiteten Friedhofs- und Kirchhofstänze. Bis ins 15. Jahrhundert hinein war es nötig, derart heidnische Bräuche im christlichen Gewand zu verurteilen. »Schamlose Bewegungen, Tänze oder Chorreigen« sollten von geweihten Orten ferngehalten werden.

Scharfe und pauschale Ablehnungsurteile fällten die Männer der

Kirche auch noch im 12. Jahrhundert. Die Spielleute seien nicht einmal der menschlichen Gattung zuzurechnen, entschied Petrus Cantor. Alle menschlichen Wesen seien nicht nur lasterhaft, sondern verfügten auch über Tugenden. Lediglich die Spielleute hätten ihren Sünden nichts entgegenzusetzen. Sie seien also fürwahr Ungeheuer. In die gleiche Richtung argumentierte der um 1141 gestorbene, französische Scholastiker und Mystiker Hugo von St. Victor, der die Klosterschule St. Victor in Paris leitete. Die Spielleute seien wie alle Fahrenden nicht in die Gesellschaft zu integrieren. Es ermangele ihnen nicht nur an einem dauerhaften Wohnort, sondern auch an einem festen Charakter. Jeder Bekehrungsversuch würde durch diese Charakterlosigkeit und Unstetigkeit zunichte gemacht werden.

Konkurrenz für die Kirche

Sehr richtig erkannte der nur ein Jahr später verstorbene Theologe und Philosoph Petrus Abaelard eine bedrohliche Konkurrenz zwischen den kirchlichen und den von Spielleuten initiierten profanen Veranstaltungen. Nicht selten spielten Musikanten zeitgleich zur Meßfeier auf. Der alte Vorwurf wiederholte sich in diesem Zusammenhang, die Spielleute seien vom Teufel ausgesandt, um die Leute vom Gottesdienst abzuhalten. Diese Apostel des Teufels würden die armen Menschen derart mit ihrem Spiel betören, daß deren Seelen scharenweise dem Satan zugeführt würden.

Auch mit den Klerikern ging Abaelard scharf ins Gericht. Sie würden sich nicht nur rund um die Uhr mit Spielleuten und Gauklern umgeben, sondern diese selbst für kirchliche

Hieronymus Bosch, *Versuchung des heiligen Antonius, um 1500; Museu Nacional de Arte Antiga, Lissabon*

Feiern engagieren. Anschließend würden sie die Unterhaltungskünstler von den Gütern und Geldern entlohnen, die eigentlich für die Armen bestimmt seien.

Das IV. Laterankonzil unter Papst Innozenz III. griff im Jahre 1215 den problematischen Umgang der Kleriker mit den fahrenden Musikanten intensiv auf. Die Zustände in Klöstern und an den Höfen von Weltgeistlichen wurden umfassend angeprangert: Nächtliche Gelage, Vergnügungen und Spiele sowie die Begeisterung für die Darbietungen der *mimi, histriones* und *joculatores* würden die Geistlichen sogar davon abhalten, den Tagespflichten ihres Amtes nachzukommen. Gefährlich erschien also wiederum die Konkurrenz zwischen christlichen Pflichten und weltlichen Vergnügungen. Die Spielleute waren es, die mit ihren Erzählungen, Kunststückchen und Musikvorführungen so großen Anklang bei ihrem weltlichen und geistlichen Publikum fanden. Ausdrücklich mußte darauf hingewiesen werden, daß Mönche nicht saufen, fressen und dabei auch noch Lieder und Geschichten von Fahrenden anhören sollten.

Die Spielleute vermochten in ihren Zuhörern Begeisterung auszulösen oder soweit zum Mitleiden zu bewegen, daß das Publikum zu Tränen gerührt war. Die starken Gefühlsre-

gungen, die durch Geschichten und Lieder weltlichen, höfischen oder ganz alltäglichen Inhalts hervorgerufen wurden, konnten die Geistlichen nicht einmal mit der Leidensgeschichte Jesu erzielen. Schon aufgrund dieser Tatsache mußte die Kirche den Spielleuten als ihrer Konkurrenz den Kampf ansagen.

Reaktionen der Kirche

Das Konzil von Ravenna, das im Jahr 1286 abgehalten wurde, wies auf den Brauch des Klerus hin, den *histriones* und *joculatores*, die zu verschiedensten Ereignissen, wie Hochzeiten oder Ritterweihen unterwegs waren, Herberge zu gewähren – und verbot diese »Unsitte« ganz offiziell.

Interessant ist auch, daß den Äbten und Mönchen in England Mitte des 13. Jahrhunderts gestattet wurde, Spielleute mit Nahrung zu versorgen, da sie eben arm seien, es aber gleichzeitig verboten war, Aufführungen in Gegenwart von Geistlichen zu erlauben oder etwa doch stattfindende anzusehen und anzuhören.

Nach Meinung des 1306 verstorbenen Straßburger Bischofs Friedrich sollten Geistliche generell keine Kleidung an Spielleute verschenken. Seine Nachfolger erneuerten diese Bestimmung in den Jahren 1310 und 1345.

Äußerst weit ging auch Guillelmus Peraldus. Der um 1270 Verstorbene hielt jegliches Hören von Musik, egal ob vokal oder instrumental, für besorgniserregend. Schließlich würde das menschliche Gemüt dadurch verweichlicht.

Aus dem Lager der wandernden und predigenden Mönche, also ebenfalls Fahrende, war nichts anderes als eine pauschale Aburteilung der Spielleute zu erwarten. Darauf angewiesen, die Menge durch ihre Wortgewalt, eine möglichst bilderreiche Sprache und drastische Vergleiche zu faszinieren, mußten sie selbst befürchten, an den Rand der Gesellschaft abgedrängt zu werden.

Stellvertretend sei auf die Predigten des Berthold von Regensburg aus der zweiten Hälfte des 13. Jahrhunderts hingewiesen. Der gesamten Gruppe der »gumpelute, gyger und tamburer« stand nach seiner Meinung keinerlei Errettung oder gar Heilserlangung zu. Bereits aufgrund ihres Daseins würden sie die Taufe und das Christentum schänden.

Besonders symbolträchtig und wohl auch wirksam war seine bereits erwähnte Predigt von den zehn Chören der Engel und der Christen, in der es heißt: »Alle, die Gut, das heißt Geldwert für Ehre nehmen, die gewissenlos den Leuten nach dem Munde singen, zu jeder Intrige und üblen Nachrede bereit sind, wenn nur klingender Lohn ihre Taschen daraufhin genügend füllt, stehen auf Erden außerhalb der zehn Chöre der Christen, die ein Abbild der zehn Engelschöre im Jenseits sind. Sie sind dem Teufel gleich, träge und nur der Verführung wegen im Diesseits«. Denn schließlich seien genügend Spielleute ja sogar nach den Teufeln benannt, »lasterbalk« und »hagedorn«, »schandolf«, »hellefuwer« und »hagelstein«. Allein daran könne man erkennen, daß sie des Teufels seien, von Gott abgefallen.

Langsame Liberalisierung

Neben diesen blinden, grundsätzlichen Verdammungsurteilen setzt sich im Hochmittelalter langsam eine differenziertere Beurteilung der Spielleu-

Die Kirche hatte Grund genug, die Verwahrlosung der Sitten in den Klöstern anzuprangern und ihren Geistlichen das leuchtende Vorbild des hl. Antonius vor Augen zu führen, der aller weltlichen Versuchung widerstanden hatte

Demut, die Glaubensstärke im Leiden, wie sie Jesus Christus vorgelebt hatte, war die zentrale Tugend, die die Kirche ihren Gläubigen abverlangte. Protest gegen die Lebensbedingungen in der ständischen Gesellschaft des Mittelalters, wie er in vielen Spielmannsliedern artikuliert wurde, war deshalb eine nicht zu duldende Provokation der von Gott gewollten Ordnung

te in den Abhandlungen der führenden Theologen durch. Die Positionen des Thomas von Aquin und des Thomas Cabham sollen im folgenden etwas näher betrachtet werden.

Thomas von Aquin

Da die Schriften des Thomas von Aquin (1225-1274) weltanschaulich von großer Bedeutung waren, sind seine die Spielleute betreffenden Äußerungen von nicht zu unterschätzendem Einfluß gewesen. Das vormals einheitlich negative Urteil zerbrach. Für Thomas von Aquin war es durchaus denkbar, daß auch Musiker, insbesondere die Sänger von Helden- und Heiligenliedern, ein sittlich und religiös einwandfreies Leben führen konnten. Spielleute seien nicht allein aufgrund ihrer speziellen beruflichen Tätigkeit zu verurteilen. Auch die Verwendung von Musikinstrumenten durfte seiner Meinung nach nicht grundsätzlich abgelehnt werden. Es sei zu unterscheiden zwischen Musikanten, die bei Gelagen zum Tanz aufspielten und solchen, die sich dem Besingen von Helden- und Heiligenleben widmeten. Letztere könnten mit ihrer Kunst den Menschen in ihren Sorgen und Nöten Trost spenden. Damit würden die Spielleute eine sinnvolle Aufgabe erfüllen. Es stehe ihnen also auch ein angemessener Platz zu in der von Gott vorgegebenen Ordnung der Gesellschaft, im *ordo*. Ebenso müßten sie für ihre Darbietungen angemessen entlohnt werden.

Ausschlaggebend für diese veränderte Sichtweise der Spielleute und ihrer Künste war ein Umbruch in der allgemeinen Bewertung des Spiels. Verbot und Ablehnung von Spiel und Vergnügen seitens der Kirche hatten einfach nicht die beabsichtigte Wirkung gezeigt. Eine Integration der menschlichen Spielfreude in das christliche Leben war bei weitem erfolgversprechender. Bezeichnend hierfür ist der einleitende Grundsatz, den Thomas von Aquin in seiner *Summa theologiae* der *Quaestio* 168 voranstellte: Genauso wie der Körper benötige auch der menschliche Geist von Zeit zu Zeit Entspannung. Dafür könne man sich der verschiedensten Unterhaltungen bedienen, wie etwa der Musik oder des Theaters. Voraussetzung für die im christlichen Sinne positiv bewerteten Formen der Unterhaltung und des Spiels sei nur, daß sie keinesfalls gotteslästerlich, anrüchig oder unzüchtig sein dürften.

Auch sollte die Aufheiterung und Entspannung nicht zur unrechten Zeit oder zum falschen Zweck erfolgen und sich keiner unerlaubten Worte und Handlungen bedienen. Das Spiel wurde genehmigt, aber der kirchlichen Zensur unterstellt. Es sollte den Regeln der Vernunft entsprechen, geopfert werden mußten dafür die zwecklosen, spontanen und ursprünglichen Aspekte des Spieles. Sollten sich die Spielleute, so Thomas, an diese Vorgaben halten, auf ungehörige Schaustellungen verzichten, schändliche Worte und Handlungen vermeiden, so seien sie nicht länger unnütz und könnten in die christliche Gemeinschaft integriert werden.

Thomas Cabham

Der 1313 zum Erzbischof von Canterbury geweihte Thomas Cabham teilte in seinem Poenitentiale, seinem Strafgesetzbuch, um das Jahr 1300 die Spielleute aus kirchlicher Sicht in drei Klassen ein. Der verwerflichen Künste der Tänzer und Akrobaten, an

Matthias Grünewald, Verspottung Christi, 1503, Öl auf Holz; Alte Pinakothek, München, Inv.-Nr. 10352

Die sinnenfreudigen Verführungskünste der Spielleute paßten in keiner Weise zum christlichen Ideal der weltlichen Entsagung, das den Mönchen höchstes Ziel ihres Strebens zu sein hatte. Besonders streng mußte die Kirche deshalb gegen das Lotterleben in den Klöstern vorgehen, wo allzu gerne nach Spielmannsart gefeiert wurde

vorderster Stelle, blieben unentschuldbar. Die als heidnischer Brauch geltende Verwendung von Masken und Larven wie auch das Unzüchtige in Kleidung und Bewegung waren Vergehen, die diese Gruppe von Unterhaltungskünstlern vom Heil ausschlossen.

Die zweite Gruppe in der Schar der Spielleute bildeten jene *histriones*, die von Hof zu Hof zogen und ihren jeweiligen Dienstherrn umschmeichelten. Auch sie hatten keine Hoffnung auf Heil, da sie sich des Rufmordes, der Falschheit, Verleumdung und Lüge bedienten, um zu gefallen und dafür Lohn entgegennahmen. Cabham zog in diesem Zusammenhang den Apostel Paulus heran, der es untersagt hatte, mit fahrenden Possenreißern das Mahl zu teilen.

In die dritte Kategorie fielen alle *joculatores*, die mit Hilfe von Musikinstrumenten Freude bereiteten. Hier aber war eine weitere Feineinteilung nötig, um die moralisch besseren von den schlechteren zu trennen. Letztere waren schamlos und unzüchtig, sie spielten bei Gelagen und verführten die Zuhörer durch ihre lasterhaften und unanständigen Lieder. Natürlich hatten auch sie keine Aussichten auf Heil. Nur die moralisch »Besseren« unter ihnen, die sich all der genannten Fehler und Laster enthielten, konnten das Seelenheil erlangen. Ihr musikalisches Repertoire mußte sich ausschließlich auf Heldentaten, Heiligenviten und entsprechende Legenden beschränken.

Savonarolas Brandreden

Doch bis zur gesellschaftlichen Anerkennung der Spielleute war es noch ein weiter Weg. Besonders die Prediger bedienten sich weiterhin einer polemisch wirkungsvollen Sprache, um gegen fahrende Musiker ins Feld zu ziehen. Mit seinen fanatischen Predigten erreichte Savonarola sogar, daß die Menschenmenge, die ihm in Florenz zuhörte, neben anderen Luxusgegenständen auch die Harfen auf den errichteten Scheiterhaufen warf.

»was schaden tantzen bringt«

Ein anonymer Autor beschäftigte sich noch in seiner aus dem 15. Jahrhundert überlieferten Predigt vor allem mit dem Tanzen und der damit verbundenen Musik. Unter dem Motto »was schaden tantzen bringt« wird dargestellt, unter welchen Bedingungen das Tanzen als Todsünde zu werten sei. Dies war demnach der Fall bei unkeuschen Tänzen, wenn ein Kleriker öffentlich tanzte, zur Zeit der Meßfeier sowie an geweihten Orten. Generell erschien dem Autor das Tanzen als teuflische Angelegenheit, so notierte er: »got hat uns die füß nit dar umme geben, daß wir mit den tufeln springen: dann wo und wan man uff hupft, so freuwent sich die tufel …«. Äußerungen, wie der Tanz sei »ein ring oder circkel, des mittel der tufel ist«, verlieh er durch die Androhung grausamster Höllenstrafen Nachdruck, indem er etwa behauptete, eine Frau hätte 18 Tage im Fegefeuer leiden müssen, weil sie ein Tanzlied auch nur angehört habe.

Sanktion mittels Sakrament

Uneinheitlich handhabte man offensichtlich die Zulassung von Spielleuten zur Kommunion. Im Jahr 1287 erließ Bischof Johann von Lüttich beispielsweise ein Statut, wonach folgende Personengruppen von der Teilnahme an der Kommunion auszu-

Die kirchliche Beurteilung weltlicher Musik war äußerst widersprüchlich. Manchmal durften sogar Heilige die Fidel spielen. Den hier im Klostergarten abgebildeten Mönchen aus fünf verschiedenen Orden war das Musizieren auf Spielmannsinstrumenten allerdings meist strengstens verboten

Schmuckbuchstabe aus einem flämischen Psalmsingbuch, 1522; British Museum, London, Add. 15426

Der Vermischung von Heidnischem und Christlichem, wie sie sich im Verlauf des Mittelalters vollzog, sollte zwar entgegengewirkt werden, de facto aber wurde genau das Gegenteil erreicht. Heidnischer Wunderglauben wurde schließlich durch christlichen ersetzt, heidnisches Vergnügen bemäntelte sich fromm

schließen seien: Leute, die mit dem Interdikt oder der Exkommunikation belegt sind, sowie diejenigen, die einen dauerhaften Makel haben, wie öffentliche Dirnen, Wucherer und Spielleute. Ein Jahrhundert später werden in einer Stuttgarter Handschrift Zauberer, Unholde, Fallsüchtige und »spillüt« genannt. Und auch noch im 15. Jahrhundert verbot das Eichstädter Synodalstatut von 1435 den Menschen, die »ein verläumbt Leben führen« die Teilnahme an der Kommunion.

Die Tatsache, daß den Riegeler und Rappoltsteiner Bruderschaften (also organisierten Musikanten) während des Konzils in Basel das Privileg erteilt wurde, die Kommunion zu empfangen, spricht dafür, daß dies vorher anscheinend nicht üblich war. Und sogar nach Erteilung dieses Vorrechts wollte sich der Dechant von Binsdorf nicht in jedem Fall daran halten. Andernorts läßt sich der Ausschluß der Spielleute von der Kommunion jedoch meist nicht belegen. Es gab diesbezüglich keine allgemeingültige kirchliche Weisung. Lokal begrenzte klerikale Empfehlungen schlossen aber mitunter sogar noch bis ins 16. Jahrhundert hinein vereinzelt Spielleute von der Beteiligung am Abendmahl aus. Ähnlich lag der Fall bei der Verweigerung eines kirchlichen Begräbnisses.

Weit häufiger versuchte man, die Spielleute und Gaukler zumindest von geweihten Orten fernzuhalten. Sie sollten mit ihren Instrumenten nicht auf Friedhöfen und in Kirchen aufspielen dürfen oder dort gar Tänze zum besten geben und Maskenfeste veranstalten. Deshalb mißbilligte das Baseler Konzil im Jahre 1435 alle »Narrenfeste« energisch und untersagte Tanzveranstaltungen.

Im Bund mit dem Teufel

War es im frühen Mittelalter vornehmlich der Vorwurf des Heidnischen, der die Spielleute traf, so verfestigte sich in der Folgezeit zunehmend die Vorstellung von der teuflischen Natur des fahrenden Unterhaltungskünstlers. Die Kirche hat die Spielleute immer als ernste Bedrohung ihrer Autorität begriffen, weil sie sich stets größter Beliebtheit erfreuten. Die ihnen nachgesagten Fähigkeiten des Besprechens, Zauberns und Verwünschens von Mensch und Tier förderten den Aberglauben der mittelalterlichen Menschen jedoch stärker als sie ihn verhinderten. Die Existenz der Spielleute schien ja Beweis genug für die Existenz des Übernatürlichen und Unerklärlichen zu sein.

Der Vermischung von Heidnischem und Christlichem sollte zwar entgegengewirkt werden, de facto aber wurde genau das Gegenteil erreicht. Heidnischer Wunderglauben wurde schließlich durch christlichen ersetzt, heidnisches Vergnügen bemäntelte sich fromm. Spielleute und Kleriker traten dadurch in Konkurrenz zueinander und wetteiferten um ihre Zuhörer. Nicht selten fanden am Ende Predigt und Tanzvergnügen zur gleichen Stunde statt, wie etwa bei den bis in unsere Zeit hinein üblichen Kirchweihfesten.

Der Wunderglauben wurde also durchaus gefördert, aber eben nur zu christlichen Zwecken. Konnte er dazu nicht dienen, war er verwerflich und zu verdammen. So ist leicht zu verstehen, daß diejenigen Musiker, die keine im christlichen Sinne tugendhaften Ziele verfolgten, als »des Teufels Lockvögel« angesehen wurden. Die mittelalterlichen Theologen ak-

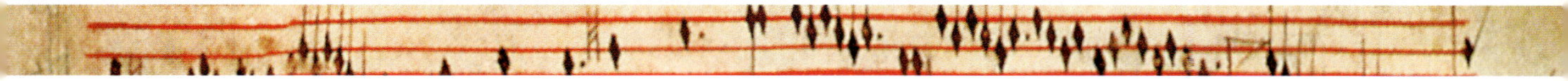

zeptierten die Musik nur als Dienerin Gottes. Es schien damit folgerichtig, alle weltliche Musik zu verdammen und die fahrenden Musiker als Handlanger des Bösen zu sehen. Mit ihrer profanen Musik, besonders der Tanz- und Instrumentalmusik, förderten die Spielleute nicht die tugendhafte, sondern die laster- und triebhafte Seite im Menschen.

Deshalb wurden mittelalterliche Spielleute, die »pfiffer und lutenslager« als des »tiufels messener«, als leibhaftige *ministri satanae*, als Diener des Teufels angesehen, nur dazu da, um das Volk von Gottesdienst, Gebet und moralisch einwandfreiem Lebenswandel abzuhalten. Musikinstrumente erklangen nach verbreiteter Meinung zur Freude der Teufel und zur Trauer der Engel. Diese Verbindung zwischen Spielmann und Teufel wirkte noch lange in der bildenden Kunst und im Volksglauben fort. Noch für Luther war solch ein Teufelsbund denkbar.

Kirchliche Widersprüche

Resümierend läßt sich sagen, daß die kirchliche Beurteilung der Spielleute äußerst kompliziert und widersprüchlich war. So konnte man sich Christus durchaus als weltlichen Fürsten vorstellen, in dessen Hofstaat zahlreiche jubilierende Engel mit profanen Musikinstrumenten dienten. Nicht selten durften auch Heilige die Fidel spielen. König David, der Vertreter der Kirchenmusik, versammelte als fürstlicher *joculator* mitunter Musikanten um sich, die Musikinstrumente anrüchiger Art bei sich hatten. Häufig begegnet uns selbst Christus in der mittelalterlichen Vorstellungswelt trommelnd, fidelnd, pfeifend oder als Tanzmeister. In diesem Sinne verstand die Mystikerin Hildegard von Bingen das himmlische Dasein als »fröudendantz« nach der »suszen pfifen Jesu Christi«.

Der Spielmann Gottes

In diesem Zusammenhang ist auch Franziskus von Assisi zu erwähnen. Er selbst soll sich als *joculator Dei*, als Spielmann Gottes bezeichnet haben. In der Folge nahmen deshalb Angehörige des Franziskanerordens im Gegensatz zur offiziellen Kirche eine durchaus wohlwollende Haltung gegenüber den Spielleuten ein. Ihre volkstümlichen Predigten verbanden sie mit gesungenen und auf Instrumenten begleiteten Vorführungen. Die Nachahmung der Spielmannskünste fand großen Anklang beim Publikum und war damit werbewirksam. Dennoch diente die Musik keineswegs niederen Zielen. Man konnte sich auf diese Weise die Beliebtheit der Spielleute zunutze machen und das Interesse der Zuhörer wecken. Hatte man das erst einmal erreicht, dann war die Seele für das Wort Gottes offen.

Vergeblicher Kampf

Die Ausdauer und Intensität, mit der die Kirche über Jahrhunderte glaubte, sich gegen Spielleute und Gaukler wehren zu müssen, zeigt die außerordentliche Beliebtheit von Akrobatik, Dressur, Tanz, Jongleurskünsten und Musik. Weder Kleriker noch Adelige noch Bürger konnten dieser Faszination widerstehen oder wollten gar auf die Dienste der Spielleute verzichten. Die kirchlichen Autoritäten scheinen in diesem Fall wenig Einfluß auf das Alltagsleben der Menschen ausgeübt zu haben.

Spielleute und fahrende Prediger traten zunehmend in Konkurrenz zueinander und wetteiferten um ihre Zuhörer. Nicht selten fanden am Ende Predigt und Tanzvergnügen zur gleichen Stunde statt, wie etwa bei den bis in unsere Zeit hinein üblichen Kirchweihfesten

Die Realität in den Klöstern und an den Höfen der Kirchenfürsten

Obwohl von seiten der Kirche, von den Volkspredigern, Gelehrten und Weltgeistlichen, die härtesten Urteile über Spielleute gefällt worden sind, unterstützte die Geistlichkeit vielerorts fahrendes Volk. Sogar höchste kirchliche Würdenträger beriefen Spielleute in ihre Dienste und schätzten ihre Kunst. Die offiziellen Warnungen vor den Gefahren durch Spielleute konnten den Klerus also nicht davon abhalten, Musikanten und Gaukler zwecks persönlicher Unterhaltung zu engagieren, womit schroffe Widersprüche zwischen synodalen Verlautbarungen und dem Alltagsleben der Geistlichen zutage treten.

Autoritäre Inkonsequenz

Am deutlichsten zeigt sich diese Inkonsequenz, wenn Fahrende von Äbten oder gar Bischöfen in Dienst genommen wurden. Zu berücksichtigen ist zwar, daß bis zum 15. Jahrhundert Bischöfe und Äbte der älteren Ordensgemeinschaften nicht selten dem Hochadel entstammten, aber die Anstellung von Musikern aus Prestigegründen, zur Repräsentation und Prunkentfaltung im Rahmen ihrer fürstlichen Abstammung, stand dennoch in krassem Widerspruch zur offiziellen Forderung nach enthaltsamer Lebensweise als Kleriker. Dies um so mehr, da Musikanten und Possenreißer keineswegs nur an Festtagen oder bei herrschaftlichen Besuchen auftraten, sondern gemeinhin auch für die ganz private Unterhaltung und Erbauung der Geistlichen zu sorgen hatten. Gerade die allzuoft ausgesprochenen Verbote zeigen sehr deutlich, daß Spielleute gern gesehene Gäste an Bischofssitzen und in den Klöstern waren. Sie fanden hier Unterkunft, Nahrung und Kleidung sowie ein aufmerksames Publikum.

Konkurrenz aus dem Volk

Besonders die fahrenden Kleriker hatten Grund zur Klage über die Konkurrenz aus dem Volk. Schließlich suchten Vaganten und Goliarden Lohn und Unterkunft bevorzugt an den geistlichen Höfen und in den Klöstern. Es traf sie also hart, wenn man ihnen ausgerechnet hier die ihrer Meinung nach ungebildeteren Gaukler und Musikanten vorzog. Der anonym gebliebene Archipoeta alterierte sich im 12. Jahrhundert ausgiebig über diese Unsitte. Geraume Zeit war er als Hofdichter des Kölner Erzbischofs und Reichskanzlers Rainald von Dassel tätig. Mit der folgenden Verunglimpfung erregte er sich einst über den angeblichen Verfall der Unterhaltung gehobener Art: »Während der Dichter vor euren Türen hungert, werden die Mimen in eure Kammer eingelassen, die doch nichts wissen als Tollheiten«. Seiner eigenen Zukunft sah er mit düsteren Gedanken entgegen. Er besang diese trüben Aussichten mit der Vorstellung, sein Leben dereinst als Fahrender an irgendeinem Wirtshaustisch beenden zu müssen – möglicherweise haben sich seine Prophezeiungen tatsächlich bewahrheitet.

Die Welt der Emporkömmlinge

Jedenfalls wissen wir, daß zeitgleich mit diesen neidischen Klagen fahrende Spielleute sogar mit geistlichen Lehen und Renten für ihre offenbar faszinierenden Darbietungen entlohnt wurden. Als Beispiel sei der Harfenspieler Jeffrey genannt, der durch das Benediktinerkloster in Wincester auf

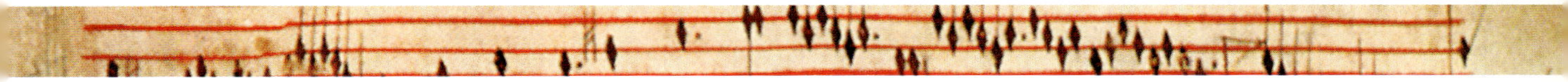

diese unstandesgemäße Weise beschenkt und geehrt wurde.

Eine Bestätigung für die üblicherweise begeisterte Aufnahme von fahrenden Spielleuten in Klöstern, ganz entgegen klerikaler Verlautbarungen und Verbote, ist folgende Begebenheit, die sich unter der Herrschaft von König Heinrich III. von England im Jahre 1224 ereignet haben soll: In einem großen Wald bei Oxford verirrten sich zwei Franziskanermönche. Ihr Orden war erst kurz zuvor gegründet worden und so zogen sie predigend durch England. Nun wurden sie in besagtem Forst von einem stürmischen Gewitter überrascht. Zu ihrer Freude tauchte vor ihren Augen ein Licht inmitten des finsteren Waldes auf. Überrascht stellten sie fest, daß es sich um eine Einsiedelei des Benediktinerordens handelte.

Des hl. Benedikt rauhe Gesellen

Eiligst pochten sie ans Tor. Der Pförtner, der ihnen öffnete, hielt sie aufgrund ihrer fremden Sprache und ihres ungepflegten, zerlumpten Aussehens sogleich für fahrende Spielleute. Nachdem er dem Prior die willkommenen Gäste gemeldet hatte, kam dieser hocherfreut in Begleitung des Kellermeisters, des Sakristans und zweier jüngerer Mönche herbei, um die beiden vermeintlichen Unterhaltungskünstler gebührend zu begrüßen.

Der Abend versprach sehr amüsant und vergnügt zu werden, bis die beiden Franziskaner mit bedeutungsvoller Miene erklärten, daß sie keine solchen Leute seien, sondern Missionare des heiligen Franziskus. Die Benediktiner zeigten sich durch dieses Geständnis so enttäuscht, daß sie die beiden armen Mönche kurzerhand mit Fußtritten und Faustschlägen wieder in den unwirtlichen Wald und das tobende Unwetter hinauswarfen. Nach manchen Varianten dieser Geschichte soll sich lediglich ein noch recht junger Benediktiner erbarmt haben. Durch seine Fürsprache habe man den beiden Verprügelten dann doch noch Zuflucht im Heustadel gewährt.

Doppelmoral der Kirchenfürsten

Aber nicht nur die Klöster in einsamen Gegenden und auf dem flachen Land waren reizvolle Wirkungsorte für Spielleute, sondern auch die Höfe der großen Weltgeistlichen. Die mächtigen Fürstbischöfe wiederum scheinen neben dem bloßen Vergnügen, das die Auftritte der Spielleute boten, besonders an den mitgebrachten Nachrichten interessiert gewesen zu sein. Fahrende Musikanten waren während des Mittelalters nicht zu unterschätzende Informationsquellen, da sie oft weite Reisen unternahmen und Neuigkeiten aus den entferntesten Regionen mitbrachten. Außerdem war man zu dieser Zeit auf möglichst viele persönliche Informanten angewiesen, da es vor Erfindung des Buchdrucks so gut wie keine anderen Medien gab.

Eine berechtigte Neugier mag für die freudige Aufnahme von Fahrenden also eine nicht geringe Rolle gespielt haben. Etliche Hinweise lassen es sogar als sehr wahrscheinlich erscheinen, daß einzelne Spielleute in Klöstern überwinterten, unter Umständen das Lesen erlernten und sogar mit dem Latein, der Sprache der Gebildeten und Mächtigen, in Berührung kamen. Aus der mittelalterlichen Geschichte ist uns jedoch die Vorliebe so zahlreicher hoher Geistlicher

Englische Benediktiner machten einst von sich reden, als sie zwei zerlumpte Franziskaner, die sie für fahrende Spielleute gehalten hatten, aus Enttäuschung über entgangene Unterhaltungskünste bei Regen und Sturm in den dunklen Wald jagten

für Spielmannskünste aller Art überliefert, daß der Informationsbedarf als Motivation für die Überschreitung kirchlicher Regeln nicht hinreichend erscheint.

Wie die genauen Rechnungsbücher des Wolfger von Passau nahelegen, scheint es wohl doch so gewesen zu sein, daß die mit Namen bekannten Spielleute auch die besten ihres Standes waren

Namentliche Beispiele zuhauf

Robert Grosseteste etwa, der in der ersten Hälfte des 13. Jahrhunderts das Amt des Bischofs von Lincoln innehatte, wurde nicht nur aufgrund seiner französischen Dichtungen bekannt. Er war zudem ein derart großer Liebhaber der Spielmannskunst, daß er einen Harfenspieler direkt neben seinem Arbeitszimmer einquartierte. Zu jeder Tages- und Nachtzeit sollte ihm dieser mit seinem Spiel Freude und Entspannung bringen, Ängste und Alpträume vertreiben.

Zur gleichen Zeit, in der die offiziellen kirchlichen Verlautbarungen die Spielleute verdammten, hatte sogar Papst Leo X. eigene Instrumentalisten in seinen Diensten. Über mehrere Spielleute verfügte auch Enguerrand de Crequi, der um 1322 Bischof von Terouanne war. Persönliche Spielleute hatten ebenso die Erzbischöfe von Köln und Mainz sowie die Bischöfe von Würzburg, Prag, Trient und Costritz. In weiteren Quellen taucht im Jahr 1302 ein Pfeifer des Bischofs von Brixen auf, und 1304 werden zwei Fidler des Bischofs von Freising genannt. Trotz wiederholter Mahnungen bestellte sich beispielsweise Bischof Leonhard von Passau Mitte des 15. Jahrhunderts »Schalks-Narren, Gaukler und dergleichen Possenreißer zu seiner Lust«. Die päpstliche Kurie bezahlte im Juni 1415 während des Konstanzer Konzils (1414 bis 1418) aus eigener Kasse 12 Gulden an königliche Herolde und Spielleute.

Die Freuden des frommen Wolfger

Zuletzt sei Wolfger, der Bischof von Passau und spätere Patriarch von Aquileja erwähnt. Berühmtheit erlangte er durch seine 1203 urkundlich erwähnte großzügige Gabe von fünf Goldstücken für einen Mantel an den Fahrenden Walther von der Vogelweide. Dem gleichen Jahr entstammt ein Nachweis, der belegt, daß sich Wolfger auch einen privaten *joculator* an seinem Bischofssitz hielt.

Dieser Kleriker beschenkte jedoch bei weitem nicht nur die Höherstehenden unter den Fahrenden, sondern nachweislich herumziehende Unterhaltungskünstler jedweder Art. Er selbst unternahm weite Reisen und begegnete dabei allerlei Musikanten und Gauklern, an deren Darbietungen er sich erfreute. Aus seinen Reiserechnungen lassen sich die Art der Unterhaltung und der jeweilige Umfang der Entlohnung ablesen. Wolfgers Schreiber nennt in seinen Rechnungen vor allem *histriones, mimi* und *joculatores*.

Der Bischof ließ nicht jedem dieser Künstler die gleiche Summe zukommen. Auffallend erscheint, daß Fahrende, die in den Rechnungen namentlich Erwähnung fanden, also anscheinend bekannter waren, meist auch höhere Beträge erhielten. Vielleicht waren diese Spielleute, die man mit Namen kannte, tatsächlich auch besser als die vielen unbekannten.

Nervenkitzel beim Messerwerfen

Besonders aufschlußreich ist die großzügige Bezahlung eines Messerwerfers. Der Bischof ließ ihm ungefähr doppelt so viel zukommen, wie er normalerweise für einen durchschnittlich entlohnten *joculator* ausgab. Diese schwierige und gefährliche Fertigkeit verstand er wohl nicht nur als gewöhnliche Gaukelkunst, sondern als gefährlichen Nervenkitzel.

Wolfgers Reiserechnungen aus der Zeit um 1200 scheinen jedoch auch die Vorwürfe der Kirchenlehrer zu bestätigen. Die Angst der Theologen, daß den Spielleuten zu viel gegeben werde, während die Armen leer ausgingen, kam nicht von ungefähr. Auf seiner italienischen Reise investierte der Passauer Bischof insgesamt lediglich drei Mark für Arme, Alte und Pilger, aber ungefähr acht Mark für fahrende Spielleute aller Art.

Der Zusammenschluß von Spielleuten unter dem Schutz der Kirche

Immer mehr Spielleute versuchten im Laufe des Mittelalters aus ihrem ehrlosen und rechtlosen Status zu entfliehen, zumeist indem sie sich seßhaft machten und sich damit unter die soziale Kontrolle ihrer Mitmenschen begaben. Neben dem Schutz durch die Mauern der Städte, zum Beispiel durch Anstellung als Stadtmusiker, suchten Sie auch die Gunst adeliger Dienstherren und besonders den Schutz durch die Kirche. Hierzu verwiesen sie sinniger Weise auf Wunder, die sich an Spielleuten angeblich vollzogen hätten. Den Legenden nach griffen Heilige oft selbst ein, um Gnadenakte an Spielleuten zu bewirken.

Spielmannsbruderschaften

Eines der wirksamsten Mittel, die Kirche gnädig zu stimmen, war sicher der Zusammenschluß zu Spielmannsbruderschaften, unter dem direkten Schutz eines geistlichen Herrn oder eines Heiligen. Offensichtlich war die Geistlichkeit durchaus bereit, Spielleute mit all ihren tatsächlichen und ihnen nachgesagten Lastern in die Gemeinschaft der Kirche zu integrieren. Nicht zuletzt deshalb, weil sie so vielleicht bekehrt und vor der ewigen Verdammnis gerettet werden konnten. Andererseits sah die Kirche in derartigen Zusammenschlüssen und Verbrüderungen wohl auch die Gefahr einer Konkurrenz. Leicht konnte man an Einfluß und Kontrolle über sich verselbständigende Organisationen verlieren. Es war also sicher vorteilhaft für die Bruderschaften der Spielleute, sich auf ein christliches Wunder berufen zu können.

Spielleute als Stifter

Daneben taten sich einzelne Spielleute auch durch besonders gute Taten hervor. Vorbildlich verhielt sich Rahier, der Spielmann am Hofe von König Heinrich I. von England. Um das Jahr 1102 gründete er aus seinem bis dahin angesammelten Vermögen das Londoner Hospital St. Bartholomäus. Ebenso taten sich in Paris einige Spiel-

Englische Miniatur, um 1400; Bodleian Library, Oxford, Ms. Bodley 264, fol. 235

leute zusammen, um im Jahr 1328 ein Spital zu stiften. Bezeichnenderweise weihten sie es nicht nur St. Julian, dem Schutzheiligen der Spitäler, sondern zusätzlich dem heiligen Genesius. Dieser war ein Märtyrer unter den Spielleuten gewesen. Als er einst während der Herrschaft des Diokletian in einem römischen Theater als *mimus* auftrat, mußte er in einer possenhaften Darstellung auf der Bühne den Empfang der Taufe parodieren. Bei dieser Verhöhnung Jesu wurde er jedoch vom heiligen Geist bekehrt und erlitt im Jahre 303 das Martyrium als standhaft bekennender Christ.

Nach Gründung des Pariser Spitals bauten die Spielleute noch eine Kirche an, deren Fassade den heiligen Genesius in Spielmannskleidung und die Fidel streichend zeigte, umgeben von musizierenden Engeln. Die Spielleute konnten neben Genesius aber noch auf weitere Märtyrer ihres Berufsstandes verweisen, wie zum Beispiel auf den Flötenspieler Philemon, der gemeinsam mit Apollonius den Opfertod erlitten hatte.

Unter dem Mantel des hl. Martin

Erste organisierte Zusammenschlüsse von Spielleuten, sogenannte »confréries« entstanden der heutigen Quellenlage zufolge erstmals im 11. Jahrhundert. Eine Bruderschaft in der Normandie stellte sich zu dieser Zeit unter den Schutz des dortigen Dreifaltigkeitsklosters und des hl. Martin. Die Mitglieder waren Spielleute, Kleriker und Ritter. Vornehmliches Ziel war die Gewinnung von Spielleuten für die Sache des Glaubens. Der gütige Samariter wurde nicht selten als Schutzpatron gewählt, war er doch symbolisch besonders den Mittellosen zugetan. Tatsächlich war auch die Überlassung eines Mantels eine häufige Form der Entlohnung von Spielleuten.

Standesbewußtsein bildet sich heraus

Seit dem 12. Jahrhundert bilden sich, vor allem in nordfranzösischen Städten, wiederholt Gruppen heraus, die man als solidarische Vereinigungen mit standespolitischen Zielen bezeichnen kann. Die berühmteste Bruderschaft zum Schutz der sozialen Interessen des Spielmannsberufes, die

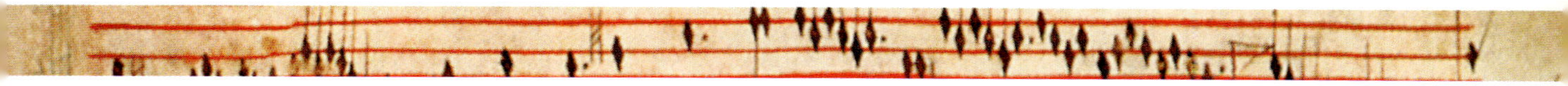

damals entstand, war die von Arras: Nach der Legende wurde die Stadt zu der Zeit, als der 1115 verstorbene Lambert Bischof von Arras war, von der Pest heimgesucht. Erwachsene und Kinder litten gleichermaßen an der tödlichen Seuche, die den ganzen Körper mit Wundmalen bedeckte. Kein Mittel wollte helfen und sogar das regelmäßige Aufsuchen der Kirche, um dort gemeinsam für begangene Sünden zu büßen und den Zorn Gottes zu besänftigen, blieb vergeblich.

Maria hilf!

Da erschien in derselben Nacht die hl. Maria zwei Spielleuten. Der eine hieß Itherius und lebte in Brabant, der andere ist als Northemannus überliefert und hielt sich gerade in Saint-Pol-en-Ternois auf. Beide sollten sich auf Anweisung Marias nach Arras begeben und dort zusammen mit Bischof Lambert im Chor der Kirche Notre-Dame-Sainte-Marie die Nacht von Samstag auf Sonntag durchwachen. Durch eine Frau, die an ihrer Kleidung als Maria selbst zu erkennen sei, so hieß es, werde den Spielleuten eine Kerze überreicht. Diese käme direkt vom himmlischen Feuer und werde mit ihrem Wachs die Seuchenkranken genesen lassen. Die Prophezeiung, so wird überliefert, hätte sich tatsächlich bewahrheitet. Man habe die Kranken Wasser mit einigen Wachstropfen der wundersamen Kerze trinken lassen und bereits in der ersten Nacht seien 144 Leidende wieder gesund geworden. Nach diesem Ereignis hätten die Spielleute Itherius und Northemannus eine *Charité* ins Leben gerufen, die den Ausgangspunkt der *Confrérie d'Arras* bildete.

Die Verwahrung und Anbetung der wundersamen Kerze blieb eine wesentliche Aufgabe der Bruderschaft von Arras. Spielleute pilgerten von weither zur Kirche Notre-Dame, um hier von ihren Krankheiten und Gebrechen geheilt zu werden. Gelang dies nicht, konnten sie sich damit trösten, wenigstens in Arras bestattet zu werden. So entwickelte sich die Stadt zu einem der wichtigsten Begräbnisorte für Spielleute.

Regelmäßiges Wettsingen in Amiens

Von den zahlreichen Bruderschaften, die sich im Laufe des Mittelalters bildeten, seien nur zwei typische Organisationen stellvertretend herausgegriffen. So sind die Statuten einer Bruderschaft der Spielleute in Amiens aus dem Jahre 1471 überliefert, die wahrscheinlich schon lange zuvor bestand. Neben allgemeinen Verpflichtungen im religiösen Bereich, speziell in puncto Begräbniskult, denen jedes Mitglied nachkommen mußte, schrieben die Statuten auch das Abhalten von Wettbewerben unter den Spielleute vor. Sie sollten dabei ihre Fähigkeiten in den Bereichen Gesang, Instrumentenspiel und Schauspiel untereinander messen.

Schweizer Spielleut' ohne Makel

Ähnliche Vorschriften sind uns von einer Bruderschaft der »farend Lüd, Giger und Pfiffer« bekannt, die sich in Uznach bei St. Gallen gründete. Der Stiftungsbrief aus dem Jahre 1407 wurde vom Grafen von Toggenburg besiegelt, der damit die Rolle eines Schutzherrn übernahm. Zugleich stellte sich die Vereinigung unter den Schutz der Kirche zum heiligen Kreuz, die als jährlicher Versamm-

Spielmannsbruderschaften unterstellten sich meist dem direkten Schutz eines geistlichen Herrn oder eines Heiligen, um Anerkennung durch die Kirche zu erlangen

lungsort diente. Hier sollten sich die Mitglieder einmal im Jahr treffen und der Toten gedenken. Die Statuten betonen ganz besonders die Verpflichtung jedes einzelnen Mitgliedes, ein ehrbares und moralisch makelloses Leben zu führen, wohl um den Klerus davon zu überzeugen, daß auch Spielleute ein Anrecht auf göttliches Heil haben.

Gnädige Jungfrau mit Bart

Musiker unterstellten sich in vielen Gebieten direkt dem Patronat eines Heiligen. So wählten sich die Spielleute in Flandern den heiligen Hiob und in Brabant zusätzlich Maria Magdalena. Im Hennegau erklärte man sich zu Schutzbefohlenen der heiligen Caecilia und in Lüttich des heiligen Ägidius. In Deutschland nahm sich oft Maria, die Mutter Jesu selbst, der Spielleute an.

Sehr beliebt war auch die heilige Wiltehortis oder Kümmernis als Schutzpatronin der Musikanten. Insbesondere in Bayern und der Schweiz begab man sich mit Vorliebe in ihre Obhut. Dargestellt wurde sie häufig als gekreuzigte Jungfrau mit Krone und Bart, der ihr zum Schutz ihrer Jungfräulichkeit gewachsen sein soll. In der entsprechenden Legende wird einem frommen Spielmann, der sich in seiner schlimmsten Not an die heilige Wiltehortis wandte und vor ihrem Bildnis betete, der Gnadenakt zuteil: Sein Flehen wurde erhört und die Heilige ließ einen ihrer goldenen Schuhe als Geschenk an den Spielmann herabfallen. Als dieser den Schuh zur Linderung seiner Not verkaufen wollte, wurde er dabei erwischt und natürlich für einen Kirchendieb gehalten. Vor Vollstreckung der über ihn verhängten Todesstrafe wurde ihm sein letzter Wunsch gewährt, noch einmal vor dem Bildnis der Heiligen beten zu dürfen. Aus Erbarmen mit dem armen Spielmann ließ Wiltehortis vor allen Anwesenden auch noch ihren zweiten Schuh in den Schoß des Musikers fallen. Der Fidler wurde nach diesem offensichtlichen Wunder freigesprochen und reich beschenkt.

Diese Legende ist mit vielen Abweichungen häufig überliefert und auch bildlich dargestellt. Manchmal läßt nicht Wiltehortis den Schuh herabfallen, sondern die Jungfrau Maria oder der gekreuzigte Jesus, teilweise erhält der Spielmann das Geschenk für sein wunderschönes Spiel, ein andermal fehlt das gerichtliche Nachspiel und das zweite Wunder, welches den Spielmann rechtfertigt. Die Kernaussage bleibt dennoch die gleiche: Dem guten und frommen Spielmann widerfährt ein besonderer Gnadenakt.

Wunder über Wunder

Die mittelalterliche Mirakelpoesie kennt zahlreiche Legenden, in denen sich Wunder an Spielleuten vollziehen. So rettete Maria einst einen Spielmann vor dem Ertrinken. Er war in einen Fluß gefallen und flehte im Todeskampf zur Heiligen, worauf er sicher an Land gelangte. Nicht selten wurden Spielleute auch von Gebrechen erlöst, von Stummheit befreit und ähnliches, jedoch nur unter der Voraussetzung, daß es sich auch wirklich um einen gläubigen Musikanten gehandelt hatte. Manchmal ließen Heilige Kerzen auf die Fidel niedersinken, nachdem ein Spielmann vor ihrem Gnadenbild musiziert hatte. Sehr gerne wurden auch vorbildliche Lebensgeschichten von

Mit Vorliebe begaben sich Spielleute in Bayern und der Schweiz in die Obhut der heiligen Wiltehortis, die auch St. Kümmernis genannt wurde. Dargestellt ist sie häufig als gekreuzigte Jungfrau mit Krone und Bart, der ihr zum Schutz ihrer Jungfräulichkeit gewachsen sein soll

Spielleuten verbreitet, wie die eines Eremiten mit dem bezeichnenden Namen Johannes Bonus, der bis zu seinem 40. Lebensjahr als *joculator* umhergezogen war, dann aber zum gläubigen Einsiedler wurde.

Eine besonders schöne Legende aus dem 13. Jahrhundert, die weite Verbreitung fand, sei als letztes Beispiel für einen göttlichen Gnadenakt angeführt. Es ist die Geschichte »Del Tumbeor Nostre-Dame«, die Legende vom »Gaukler unserer lieben Frau«: Nachdem ein Gaukler mehrere Jahre umhergezogen war, um mit seinen Tänzen und Künsten das Publikum zu begeistern, trat er als Laienbruder in ein Kloster in Clairvaux ein. Leider

St. Kümmernis; Fresko in der Dominikanerkirche zu Bozen

beherrschte er nur seine Gaukelkünste und kannte kein einziges Gebet. Von Trauer befallen bat er um einen erlösenden Einfall. Diesen hatte er schließlich, als er ein Gewölbe in der Krypta der Klosterkirche entdeckte.

Marias tanzender Verehrer

Dort stand ein Marienbild, und jedesmal, wenn die Messe gefeiert wurde, begab er sich in das Gewölbe, tanzte und sprang mit all seiner Kunstfertigkeit vor dem Bild der Heiligen, worauf er regelmäßig erschöpft auf die Knie sank. Nachdem er diesen, seinen ganz persönlichen Marienkult einige Zeit lang täglich vollbracht hatte, wurde er von einem Mönch dabei ertappt. Voller Entsetzen berichtete dieser den Vorfall dem Abt.

Am nächsten Tag beobachteten Mönch und Abt die Tänze des Gauklers, der am Schluß bewußtlos zu Boden ging. Da schwebte eine wunderschöne Frau, die Jungfrau Maria, aus dem Gewölbe herab, umgeben von Engeln und Erzengeln tröstete ihn, fächelte ihm mit einem Tuch kühle Luft zu und holte ihn ins Bewußtsein zurück. Der Gaukler aber hatte von alledem nichts bemerkt. Als er einige Zeit später zum Abt gerufen wurde, ahnte er, daß er entdeckt worden war. Unter Tränen gestand er sein eigenartiges Gotteslob und bat, im Kloster bleiben zu dürfen. Der Abt jedoch war so beeindruckt, daß er sogar um die Freundschaft des Gauklers warb.

Nicht lange dauerte es, und der Gaukler wurde schwer krank. Er nahm sein Leiden ohne Jammern hin, war nur sehr betrübt darüber, seine täglichen Tanzgebete nicht ausführen zu können. In dem Augenblick, so die Legende, in dem er starb, sei die Jungfrau Maria erneut herabgefahren und habe die Seele des Gauklers persönlich in den Himmel überführt.

Göttliche Abschreckungsstrategie

Natürlich gab es nicht nur fromme Spielleute, und so nimmt es nicht wunder, daß sich schließlich auch warnende göttliche Handlungen vollzogen. Die entsprechende Mirakelpoesie malt grausame Strafen, die charakterlosen Musikanten auferlegt worden seien. Als Beispiel sei die Legende vom böswilligen Harfenspieler erzählt: Dieser Musiker besang zwar einst das Leben des heiligen Eutropius in der Kirche, jedoch nicht aus gottgefälligen Gründen, sondern um mit der Schilderung des Martyriums Geld zu verdienen. Als er wieder einmal aus Profitsucht das Leben des Heiligen besang, fiel er vor den Versammelten zu Boden und bekam furchtbare Krämpfe. Um von diesen Schmerzen befreit zu werden, gelobte er Besserung. Ehrlos, wie er war, hielt er sich jedoch nicht an sein Versprechen und trieb es bald noch schlimmer als zuvor. Da wurde er von der Tobsucht befallen und zerfleischte sich mit den eigenen Zähnen selbst.

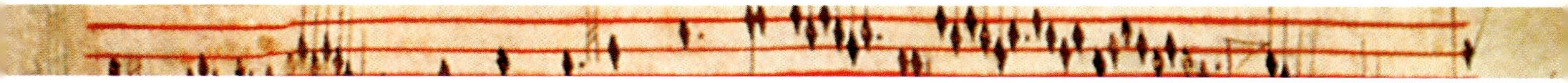

Spielmannskunst am kirchlichen Festtag

Höhepunkte des mittelalterlichen Lebens waren die kirchlichen Feste. Die Prozessionen, die Bittgänge und Kirchweihfeste, die Jahrestage der Schutzheiligen, die Errettungsfeiern und Wallfahrten boten dem gesamten Volk Gelegenheit zur aktiven Teilnahme. Nicht nur der Lauf des Kirchenjahres, sondern ebenso der Gang des privaten Lebens wurden von religiösen Festen bestimmt, von Taufen, Geburts-, Namens- und Todestagen, von Hochzeiten und Begräbnissen.

Das fidele Klosterleben

Nicht selten fanden auch in Klöstern Feste statt, bei denen die Stadt- und Dorfbevölkerung aus der Umgebung zusammenkam. Die alljährlichen Weinversteigerungen in den provenzalischen Klöstern des 13. Jahrhunderts etwa nahmen regelmäßig Volksfestcharakter an. Natürlich durften bei solchen Veranstaltungen Spielmänner und fahrende Frauen nicht fehlen. Gegen Bezahlung einer festgesetzten Gebühr wurden sie von den Mönchen zur großen Freude ihrer Gäste zugelassen. Manche Klöster sollen die Gläubigen sogar zusammen mit den noch zu Bekehrenden zur Teilnahme an ihren Festen animiert haben, indem sie mit den Künsten der Spielleute regelrecht Werbung betrieben.

Mehrmals im Jahr wurden englische Spielleute, die meist in Diensten fürstlicher Herren standen, in die Klöster gerufen, um bei geistlichen Festen aufzuspielen. So erhielten beispielsweise die Spielleute von Lord Clinton vier Schillinge, nachdem sie an einem Festtag im Jahr 1441 in der nahegelegenen Priorei Martoke musiziert hatten. Im schroffen Gegensatz dazu mußten sich die für das Seelenamt bestellten Priester mit nur zwei Schillingen zufriedengeben. Darüber hinaus waren die Musikanten am Abend eingeladen, im prachtvollen Gästezimmer des Klosters zusammen mit dem Subprior zu speisen.

Lotter-, Spieler- und Säufermessen

Es wurde jedoch nicht nur in den Klöstern gefeiert, sondern auch im Kirchenraum selbst. Oft war die Kirche der einzige große Versammlungsraum eines Ortes, weshalb man oft auch weltliche Festlichkeiten dort veranstaltete. Die dann zur Anwendung gelangenden kirchlichen Verbote der Aufführungen junger Tänzerinnen, des Spielens von profaner Musik und des Abhaltens von Gastmahlen, umrahmt von den Auftritten der Spielleute und Gaukler, zeigen, daß anscheinend eben solche Entgleisungen üblich waren. Auch war es gang und gäbe, sich während der Messe zu unterhalten und im Kirchenraum umherzugehen. Sogar die niederen Geistlichen und die Chorsänger hatten um die Zeit des Jahreswechsels, beim »Esels- oder Bakelsfest«, besondere Freiheiten.

Parodien auf die kirchliche Liturgie, sogenannte Spieler- und Säufermessen, mischten satirische Texte mit den offiziellen Melodien und Liedern. So sollten die Laster und Mißstände innerhalb der Kirche angeprangert werden. In einer fragmentarisch überlieferten Spielermesse aus der *Carmina burana* zum Beispiel wird deshalb ein »Abt von Schlaraffenland« scharf kritisiert.

In der zweiten Hälfte des 12. Jahrhunderts beklagt sich auch Herrad von Landsberg darüber, daß die Kirchenräume zu Orten der Zügellosig-

Im Mysterienspiel der heiligen Apollonia ließ die Kirche auf drastische Weise die erlittenen Qualen der Märtyrerin schildern. Solche Festspiele dauerten oft mehrere Tage, und es entwickelten sich meist Volksfeste enormen Ausmaßes im Umkreis der Aufführungen, wo dann auch die Spielleute und Gaukler auf ihre Kosten kamen

Miniatur von Jean Fouquet, Stundenbuch des Etienne Chevalier, um 1470; Musée Condé, Chantilly, Ms. 71, Einzelblatt

keit, ja der Orgien verkommen seien. Wie sie als Äbtissin des Klosters Hohenburg auf dem Odilienberg argumentiert, hätten die Kirchenväter zwar verfügt, daß man geistliche Spiele in den Kirchen veranstalten solle, um mit der Darstellung der Greuel des Herodes, des Wochenbettes der heiligen Jungfrau und der Geburt Jesu die Menschen im Glauben zu festigen und die Heiden zu ködern und zu bekehren. Durch die von Possenreißern und Spielleuten in den Kirchen veranstalteten schmutzigen Späße und Spiele würden die geheiligten Räume jedoch in schamloser Weise entweiht.

Kirchliche Pädagogik

Die von Herrad angeprangerten Verunglimpfungen der religiösen Rituale waren deshalb so populär, weil sie sich auf die allseits bekannten dramatischen Elemente der Liturgie bezogen. Weihnachts-, Passions-, Oster- und Fronleichnamsspiele veranschaulichten den Menschen damals die Heilsgeschichte szenisch. In bildhafter und damit besonders wirksamer und einprägsamer Weise dienten solche Darbietungen dem besseren Verständnis der Heiligen Schrift. In einer Zeit, in der schätzungsweise 90 Prozent der Bevölkerung auf dem Land lebten und Analphabeten waren, mußte man sich der Bildersprache bedienen, um die christlichen Lehren zu vermitteln. Bildende Kunst und Schauspiel waren die Medien der kirchlichen Pädagogik, und einen entsprechend wichtigen Platz nahmen die geistlichen Spiele im mittelalterlichen Leben ein.

Wurden die liturgischen Dramen vorwiegend innerhalb der Kirchenräume dargeboten, so führte man die noch beliebteren Mysterien- und Mirakelspiele meistens unter freiem Himmel, in den Straßen der Stadt oder des Dorfes auf.

Mirakel- und Mysterienspiele

Im Mittelpunkt dieser Darbietungen standen Szenen aus den wundersamen Heiligenlegenden oder allegorische Darstellungen vorbildlich christlicher Gestalten der Geschichte. Die Mirakelspiele dauerten häufig mehrere Tage, und es entwickelten sich meist Volksfeste enormen Ausmaßes im Umkreis der Aufführungen. Während man bei den sogenannten Standortspielen an einem bestimmten Platz des Ortes eine feste Bühne aufbaute, zog man bei den Umgangsspielen durch die Straßen und verteilte die Szenen auf mehrere Stationen mit meist kleineren Bühnen und Schauplätzen. Mitunter spielte man bei Prozessionsdramen außerdem auf mitgeführten Wagen, die durch den Ort gekarrt wurden.

Die verschiedensten Spielleute und Gaukler agierten währenddessen sowohl auf den Schauplätzen und Bühnen selbst als auch auf dem unvermeidlichen Volksfest ringsherum. Sie brachten auf diese Weise ihre oftmals profanen Possen in die Mysterienspiele mit ein, weshalb im Laufe der Zeit deren ursprünglich sakraler Charakter immer stärker in den Hintergrund trat, zugunsten weltlicher Szenen mit derben Liedern und animierenden Tänzen.

Heilsgeschichte ohne Ende

Bis ins Spätmittelalter hinein büßte indessen die Heilsgeschichte nichts von ihrer Faszination ein. Zwar wurde sie schließlich kaum mehr innerhalb

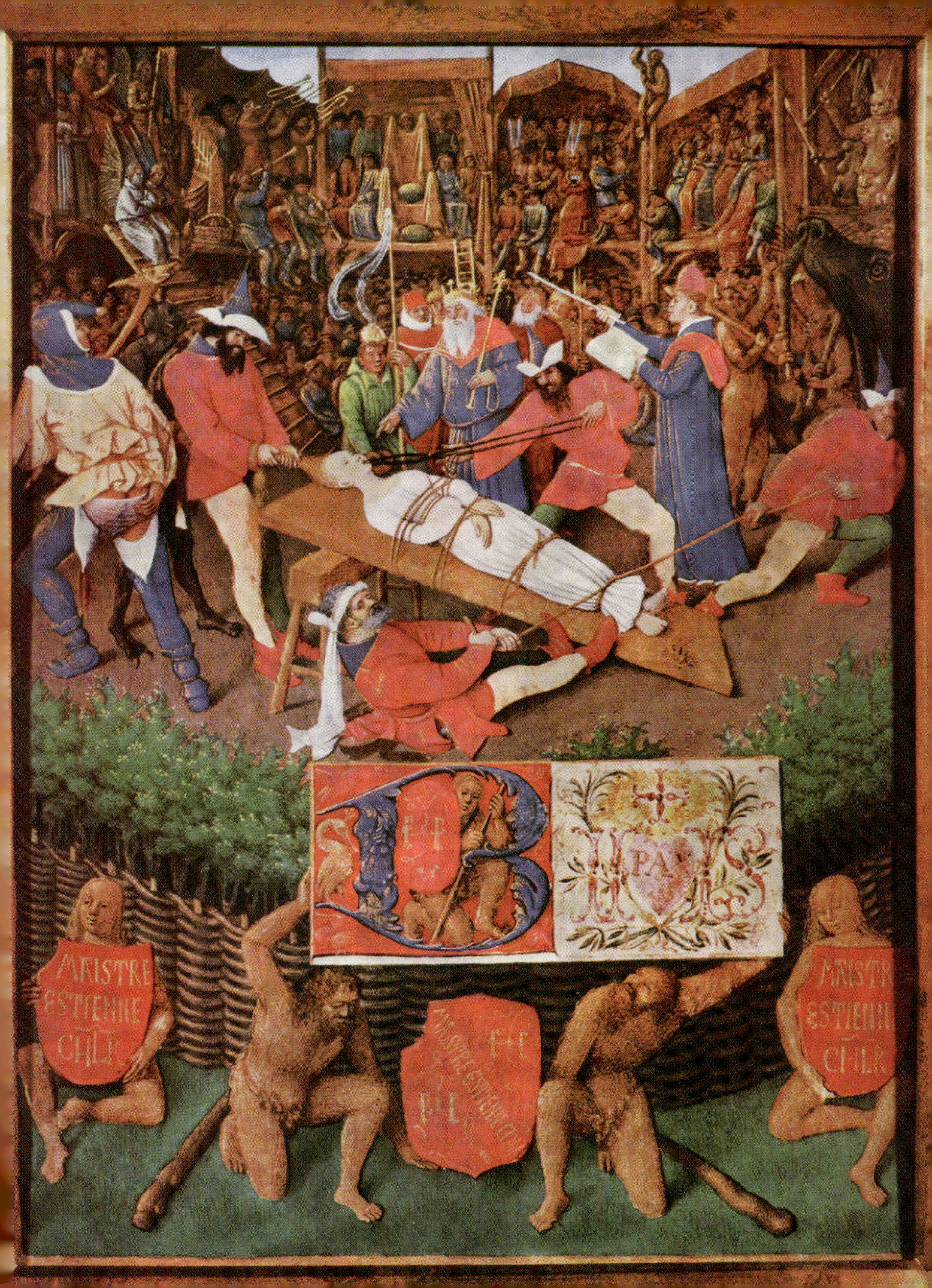
MAISTRE ESTIENNE CHLR
PA
MAISTRE ESTIENNE CHLR

Ein Alta-Ensemble aus »lauten Instrumenten«, wie geschaffenen zur akustischen Betonung des erhabenen Moments, zieht der Prozession beim Eintritt in die Kathedrale voran. Dem Trompeter und den beiden Schalmeienspielern folgen zwei Businebläser, die den Reliquienschrein begleiten. Deutlich zu erkennen ist, daß einer der Businebläser gleichzeitig die Trommel schlägt

Christine de Pisan, Œuvres poétiques; Bibliothèque Royale, Brüssel, Ms. 9231, fol. 51v

der Kirchen aufgeführt, dafür aber umso lebendiger auf dem Kirchplatz. Besonders in England und Frankreich bevorzugte man die zyklische Darstellungsweise, von der Erschaffung der Welt bis hin zum Jüngsten Gericht. Im Jahr 1411 dauerte solch ein Zyklus sieben Tage, und in Wien beanspruchte die umfassende Darstellung der Heilsgeschichte im Jahr 1510 sogar ganze neun Tage. Mancherorts entwickelten sich richtiggehende Festspieltraditionen, so das von weither besuchte Luzerner Osterspiel. Im Jahr 1571 kam auf dem Weinmarkt in Luzern aus diesem Anlaß die stattliche Zahl von 156 Spielleuten zusammen.

Die Parts der Spielleute

Zahlreiche Quellen bezeugen, daß die Musikanten eine wichtige Rolle bei der Aufführung von Mysterien spielten. Eine erste Aufgabe bestand bereits darin, mit Trompetensignalen, Trommeln und ähnlichen, möglichst lauten Instrumenten, den Beginn des Ereignisses anzukündigen. Fing man dann endlich mit dem Spiel an, begaben sich die Darsteller unter dem Klang von »«trompetes, clerons, bussines, orgues, harpes, tabourins et aultre bax et haulx instrumens« auf die Bühne des Geschehens. Teilweise übernahmen Spielleute dann die Parts der unverbesserlichen »Taugenichtse« oder stellten andere leichtfertige Charaktere dar. Weit häufiger benötigte man allerdings allein ihre musikalischen Fertigkeiten. In weltliche Szenen waren nicht selten Tanzmelodien, Liedweisen, Rondeaus und ähnliche Einlagen integriert. Anweisungen zum Weihnachtsmysterium von Rouen aus dem Jahr 1474 etwa verlangten sogar, daß Spielleute und Sänger in bestimmten Spielszenen auf fast opernartige Weise abwechselnd musizierten.

Symbolische Klangwelten

Sowohl in den Mysterien- wie auch in den heilsgeschichtlichen Spielen wurde den Musikinstrumenten ein bestimmter Symbolwert beigemessen. Sie unterstrichen den Charakter einer Person oder untermalten auf typische Weise einen bekannten Vorgang. Szenen aus vielen Mysterienspielen können dafür als Beispiele genannt werden: So verwendete man vorwiegend die Gruppe der leisen Instrumente, also Fidel, Harfe, Laute und Psalterium, um die Handlungen und Worte der Person Jesu zu begleiten. Die lauten Instrumente dagegen, wie Schalmei und Trompete, wurden bei Auferstehungsszenen und bei der Ankündigung des Jüngsten Gerichts eingesetzt. Auch begleiteten sie den Einzug auf die Bühne und den Umzug von einem Schauplatz zum anderen.

Alle Instrumente, die sich dazu eigneten, möglichst großen Lärm zu erzeugen, waren auch wie geschaffen für den Auftritt des Teufels und für Spielszenen in der Hölle. Die Phantasie reichte dabei von Trommeln, aneinandergeschlagenen Becken und Metallröhren über lautes Kreischen und Umherstoßen von Fässern, die mit Steinen gefüllt waren, bis hin zu Schüssen und Explosionen verschiedenster Art.

Prozessionen und Umzüge

Anläßlich zahlreicher kirchlicher Feiertage, zum Gedenken an Heilige und Märtyrer und zur Kirchenweihe, fanden Prozessionen statt. Beschränkten sich diese zuerst auf den Kirchen-

Du sage roy salomon et de la grant magnificence et du riche temple et du riche palais quil fist faire en la noble cite iherusalem.

Apres la mort du roy david salomon son filz fu roy de tout le peuple disrael. Advint a son commencement que adonias son frere aisne requist a bersabee la mere du roy quelle priast au roy son filz quil lui donnast a femme abisag la jone fille laquelle avoit couchie avec david en sa viellece comme dit est. Bersabee en parla au roy. Le roy fu tres mal content de celle requeste et lui sambla quelle estoit moult deshonneste Et iura que adonias en morroit et presentement il lenvoia occire par banaias son connestable Et puis il deffendi a abiathar le souverain prestre quil ne se trouvast plus devant lui Et que se neust este pource quil avoit este a son pere et porte larche du testament devant lui quil avoit bien desservi mort Et donna salomon la dignite de abiathar a sadoch. Quant ioab oy dire que le roy salomon pugnissoit ainsi les malfaitteurs il eut grant paour et sen fuy au tabernacle ou larche estoit pour soy sauver quant salomon le sceut il envoia banaias et lui comanda quil occist ioab en quelque lieu quil le trouvast Et banaias locist au cor

Gleich mehrere Musikergruppen beteiligten sich offensichtlich an einer Prozession, die 1496 auf dem Markusplatz in Venedig stattfand. Über den Zug verteilt waren Vokalensembles, eine Gruppe mit »leisen Instrumenten«, Fidel, Laute und Harfe also, sowie mehrere Bläser. Die Ausschnittsvergrößerung zeigt sechs Bläser mit langen, geraden Trompeten, die allerdings nicht immer gleichzeitig erklangen. Direkt dahinter schreitet ein typisches Alta-Ensemble einher, mit drei Schalmeien und zwei s-förmigen Trompeten

raum, so dehnten sie sich spätestens seit dem frühen 14. Jahrhundert auch auf die Straßen des Ortes und die nähere Umgebung aus. Umzüge und Bittgänge sollten das Ungeziefer vernichten, Mißernten verhüten oder wurden vom Papst angeordnet, um die Pest zu besiegen.

Aber auch der Besuch geistlicher oder weltlicher Würdenträger in einer Kirche konnte Anlaß für einen feierlichen Umzug sein. Flurbegehungen und Gelöbniswallfahrten fanden alljährlich zu festgelegten Zeiten statt. Man beging sie aus Dankbarkeit für eine erwiesene Gnade. Unter Beteiligung der gesamten Bevölkerung bot sich der Kirche bei solchen Prozessionen die Gelegenheit, ihren Reichtum und Einfluß zu demonstrieren. Selbstverständlich durfte die Musik bei feierlichen Umzügen nicht fehlen. Mitunter scheinen sogar so viele Instrumentalisten musiziert zu haben, daß nicht selten zu lesen ist, welch großer Lärm die Prozession begleitet habe. »Man vermißte kein einziges Instrument« schrieb ein italienischer Chronist über die Prozession zu Ehren des heiligen Andreas im Jahr 1462. Während des Umzuges unter Leitung des Papstes seien die Straßen erfüllt gewesen vom Schall der Instrumente. »Mit viel Musik« marschierten auch die einzelnen Zünfte von Beverley anläßlich des »Festes der Reinigung« würdevoll in ihre Kirche ein.

Kein Ritual ohne Musik

Die Geistlichen trugen zum Klang von Instrumenten und Gesang in feierlichem Zuge die Bildnisse von Heiligen, Reliquien oder die Monstranz durch die Straßen. Bildliche und schriftliche Quellen überliefern, daß bei Prozessionen eine Vielzahl von Musizierenden an verschiedenen Positionen des Zuges beteiligt war. Einzelne Sänger oder Spielleute, durchaus mit Einhandflöte und Trommel, sind genauso belegt wie ganze Vokalchöre und Instrumentalgruppen. Obwohl vermutlich in erster Linie die laut klingenden Blasinstrumente gespielt wurden, fällt doch die häufige Verwendung von Saiteninstrumenten auf. So sind auch Harfe, Psalterium, Fidel und Laute öfters abgebildet. Wenngleich die meisten bildlichen Zeugnisse der damaligen Prozessionen als symbolische Darstellungen der Überführung der Bundeslade durch den israelitischen König David und seine Musikanten betrachtet werden müssen, darf man davon ausgehen, daß die Künstler auch zeitgeschichtliche Ereignisse einfließen ließen.

Fronleichnamspomp

Zumeist war die Anzahl der mitwirkenden Spielleute weit größer, als es die entsprechenden Bildwerke erkennen lassen. Zu den teilweise fest besoldeten Stadt- und Hofmusikanten wurden oft zusätzlich fahrende Spielleute gegen eine entsprechende Bezahlung angeheuert. Von vielen Fronleichnamsprozessionen, die häufig mit besonderem Pomp begangen wurden, ist dieses Vorgehen überliefert. In langen Zügen wurde die Monstranz durch die Ortschaften getragen. Zahlreiche Sänger und Instrumentalensembles gingen voraus und kündigten die Prozession an, waren innerhalb des Zuges verteilt oder beschlossen diesen. Es wurde meist alles aufgeboten, was der Repräsentation und der besonders feierlichen Ausgestaltung diente, weshalb es sicher eine angesehene Tätigkeit war, als profaner Musiker zu kirchlichen Prozessionen herangezogen zu werden und vor aller Augen die Monstranz musizierend begleiten zu können.

Eine Stiftung für Klosterneuburg aus dem Jahr 1391 bestimmte, daß stets zwei Fidler direkt vor dem heiligen Sakrament einhergehen und spielen sollten. Genauso bestellte man Mitte des 15. Jahrhunderts in Nürnberg regelmäßig Spielleute mit Lauten, Portativen und Gitarren für die musikalische Ausgestaltung der Fronleichnamsprozessionen. Spielleute, die mit Harfen und Lauten bei diesen festlichen Umzügen aufspielten, sind auch in englischen Quellen mehrfach genannt. In Nördlingen, Salzburg und bayerischen Ortschaften scheint der Klang von Lauten zur Untermalung der Prozessionen besonders beliebt gewesen zu sein. In Antwerpen schätzte man dagegen den klanglichen Wechsel zwischen einem Lautenisten und einem Ensemble, bestehend aus mehreren Chorsängern und Stadtpfeifern. Ein abwechselndes Spiel wird auch aus Viterbo berichtet. Im Beisein von Papst Pius II. sangen hier während einer Prozession im Jahr 1462 beinahe zwanzig Chorknaben, wenn die Trompeten, Orgeln und andere lautstarke Instrumente pausierten.

Gemälde von Gentile Bellini, Vendig 1496; Gallerie dell'Accademia, Venedig, Nr. 567

Trompeter voraus

Umfang und Ausgestaltung der Fronleichnamsprozessionen wiesen große örtliche Unterschiede auf. Die Wahl der Instrumentalisten, die in Nähe der Monstranz spielten oder vorausgingen, war zwar unterschiedlich, nirgends jedoch durften die Spielleute bei diesen feierlichen Umzügen fehlen. In Oudenarde entsprach es den Bestimmungen, daß die Trompeter dem Zug immer vorausgingen, um die Prozession anzukündigen, während um die Monstranz herum Schalmeibläser, Harfenspieler und Pfeifer, wohl einander abwechselnd, musizierten. In Leiden dagegen umgaben nur Trompeter die Monstranz. In Middelburg standen Spielleute mit Fidel, Gitarre und Rebec an entscheidender Stelle. Ähnlich war die Besetzung aus jeweils zwei Fideln, Lauten und Gitarren bei der 1404 abgehaltenen Fronleichnamsprozession in Valencia. Der Schall von Hörnern begleitete dagegen die alljährliche feierliche Übergabe von Prachtgewändern an die Kirchen, die von den flandrischen Grafen alter Tradition entsprechend gestiftet wurden.

Prozessionen und Umzüge nahemen im Laufe des Mittelalters immer größere Ausmaße an. Aus Termonde ist überliefert, daß beim sogenannten Ommegang im Jahr 1477 nicht weniger als 71 Bläser beteiligt waren. Die Prozession, die man alljährlich seit

Hans Burgkmair d. Ä., Holzschnitte aus dem Haller Heiltumbuch, Anfang 16. Jh.; Pfarrarchiv Hall (Tirol)

Umzüge, Bittgänge und Prozessionen sollten helfen, das Ungeziefer zu vernichten, Mißernten zu verhüten oder wurden vom Papst angeordnet, um die Pest zu besiegen

1270 zu Ehren der heiligen Jungfrau in Lille beging, nahm neun Tage in Anspruch. Fahrende, Spielleute und Pilger strömten von weither zusammen, um an den Feierlichkeiten teilzunehmen. Die Bildnisse der Schutzheiligen und die Reliquien wurden von den beteiligten Gilden, Pilgern, Ratsherren und Geistlichen getragen. Spielleute schlossen den Zug ab, da sie sich direkt hinter einer bedeutungsvollen Reliquie der Mutter Gottes befanden.

Bei einem ähnlichen Fest der heiligen Jungfrau in Löwen führte man eine Statue der Mutter Gottes mit. Es musizierten vier Spielleute mit Fidel, Laute und Harfe direkt vor der Statue. Immer am 8. September gedachte man dabei des Sieges über die Normannen. Zusammen mit der Prozession fanden auch gleich eine »Kermesse« und der *vrye jaermarkt* statt.

Auf Kirchweihtour

Jahrmärkte und Tanzveranstaltungen begleiteten auch die Kirchweihen. Diese waren über das ganze Jahr verteilt, da das Fest der Kirchenweihe immer am jeweiligen Patrozinium gefeiert wurde. Spielleute, Schausteller, Händler und Fahrende aller Art kamen mitunter in Scharen, da Kirchweihfeste für alle Beteiligten eine wichtige Einnahmequelle waren. Geleitet durch den Heiligenkalender für das ganze Jahr zogen fahrende Musikanten von Gemeinde zu Gemeinde, um zum Tanz aufzuspielen. Es bildeten sich richtiggehende Kirchweihtouren heraus, von einem Heiligenfest zum anderen und von einer Kirche zur nächsten, so daß das ganze Jahr über Beschäftigung geboten war.

In den Klöstern, die an den Wegstrecken lagen, fanden die fahrenden Spielleute insbesondere in Frankreich, Österreich und Bayern stets offene Türen und Gasträume. Ab und an musizierten sie auch bei den nach den Prozessionen stattfindenden Festessen in den Klöstern. Selbst die Kirchen blieben den Spielleuten nicht generell verschlossen. Mit Billigung durch die jeweilige klerikale Obrigkeit konnten die fahrenden Musiker mit ihren Instrumenten außerliturgische Musik während der Messe oder bei besonderen Feierlichkeiten spielen. Auch bei geistlichen Andachten gewährte man Spielleuten mit ihren profanen Instrumenten Zutritt. Zahl-

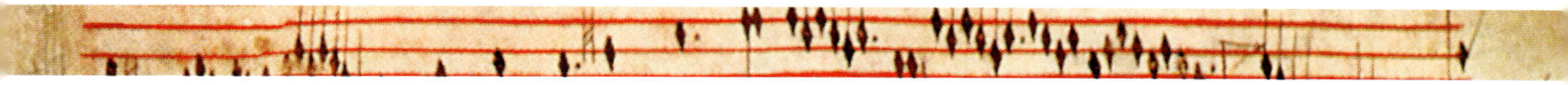

reiche Quellen belegen, daß man beispielsweise beim Gottesdienst im Rahmen von Königskrönungen keinesfalls auf den Klang von Blasinstrumenten verzichten wollte. Bei der Krönungsweihe kam dem geistlichen Zeremoniell eine wichtige Rolle zu. Ein Chronist der Krönung Ludwigs XI. zum König von Frankreich schildert, daß die Bläser unmittelbar nach dem Krönungsakt in der Kirche einen ohrenbetäubenden Schall entwickelt hätten.

In Breslau war den organisierten Musikern ab 1487 das Spielen während der Messe angeordnet: »vor alle Jar ein schöne Messe am Donnerstage vor Fastnacht daselbst zu St. Jakob zu spielen, iglicher mit seinem Instrument, als er aufs beste mag«. Reliquienzeigungen boten eine weitere Gelegenheit. Die Reliquien und Heiligtümer wurden meist zu festgelegten Zeiten oder aus ganz bestimmtem aktuellem Anlaß an erhöhter Stelle in der Kirche aufgestellt. So konnte das Volk die heiligen Gegenstände eine zeitlang bestaunen. Kurze Ansprachen und zahlreiche Gebete wurden dabei gesprochen, die von Vokal- oder auch Instrumentalmusik begleitet und umrahmt wurden.

Beim Konstanzer Konzil

Herausragende, aber nur gelegentlich stattfindende Festlichkeiten unter Beteiligung der Geistlichkeit waren Reichstage und Konzile. Dazu versammelten sich nicht nur Kaiser, Fürsten, Kardinäle und Bischöfe, sondern auch Fahrende in großen Scharen. Laut Richenthal, dem Chronisten des Konstanzer Konzils, das von 1414 bis 1418 tagte, sollen insgesamt etwa 1700 Spielleute in Konstanz gewesen sein. Die Angaben schwanken zwischen 146 und 516 Auftritten pro Tag. Die geistlichen und weltlichen Herren ritten für gewöhnlich in Begleitung von Pfeifern und Herolden ein. Wie auf den zahlreich erhaltenen Bildquellen zu erkennen ist, verstand man unter dem Namen Pfeifer zumeist die Spieler von Schalmeien und Pommern, ab und an auch von Sackpfeifen.

Einige der Herrschaften bedienten sich der Spielleute und Herolde auch, damit diese in der Konzilsstadt das jeweilige Wappen trugen und »ir lob uß saitend«, also Loblieder auf sie darboten. So sollen die Pfeifer, Trompeter und Posauner des Herzogs von Österreich-Tirol durch »stärkste Musik« überall in Konstanz auf sich aufmerksam gemacht haben. Natürlich gaben auch wichtige Entscheidungen des Konzils Anlaß zur Lärmentwicklung. Als etwa der Burggraf von Nürnberg im Jahr 1417 mit der Markgrafschaft Brandenburg belehnt wurde, »... fingen all pfiffer und prosoner an pfiffen und prosunen, so strencklich, das nieman sin aigen wort wol hören mocht«. Und gegen Ende der langjährigen Verhandlungen erlangte die gastgebende Stadt, auf entsprechendes Drängen hin, durch König Sigismund am 20. Oktober 1417 endlich das Recht, eigene Trompeter anzustellen.

Während all der Jahre, in denen das Konzil tagte, hatte man gewiß auch reichlich Bedarf an Spielleuten, die zum Tanz aufwarteten, in Wirtshäusern spielten, Festmähler begleiteten, Umzüge und Empfänge feierlich ausgestalteten und gegebenenfalls geistliche Veranstaltungen musikalisch ausschmückten. Aus der kurialen Kasse wurden während des Konzils teilweise sogar die königlichen Spielleute entlohnt.

Als im Jahr 1417, auf dem Konzil zu Konstanz, der Burggraf von Nürnberg mit der Markgrafschaft Brandenburg belehnt wurde, sollte alle Welt von dem ruhmreichen Ereignis in Kenntnis gesetzt werden und so »... fingen all pfiffer und prosoner an pfiffen und prosunen, so strencklich, das nieman sin aigen wort wol hören mocht«

Die Bedeutung der Musik für den Adel und die höfische Kultur

Das Verhältnis zwischen Spielleuten und Aristokratie

Die von der Kirche legitimierte ständische Ordnung des Mittelalters prägte auch das Verständnis des Adels von seiner eigenen, unangetasteten Stellung an der Spitze der gesellschaftlichen Hierarchie. Die Kirche konnte deshalb zumindest erwarten, daß sich Adelige und erst recht Fürsten und Könige gegenüber Spielleuten und Possenreißern distanziert verhielten. De facto allerdings war das Verhältnis zwischen Unterhaltungskünstlern und der weltlichen Obrigkeit in starkem Maße abhängig vom tatsächlichen Einfluß, den die Geistlichkeit auf die jeweilige Hofhaltung ausüben konnte.

Manche Herrscher folgten durchaus dem asketischen Ideal und erteilten Spielleuten aller Art stets schroffe Abfuhr. Häufig konnte die Kirche wenigstens damit rechnen, daß abstinente Zeiten, die als besonders geheiligt galten, wie die Fastenzeiten vor Weihnachten und Ostern, eingehalten wurden. Spielleuten und ganz besonders Tänzerinnen war es in diesen Wochen verboten aufzutreten. Aber auch unabhängig von kirchlichen Idealvorstellungen zeigte der Adel mitunter allgemeine Bedenken gegenüber den fahrenden Musikanten. Man beargwöhnte mancherorts ihre berufsbedingte Doppelzüngigkeit. Nicht selten brachten Spielleute zeitgenössische Kritik vor und zeichneten sich durch ihren bisweilen sehr polemischen Witz aus. Sie prangerten das in ihren Augen herzlose und ungerechte Vorgehen des herrschenden Standes an und verbreiteten ihre Meinung auch noch andernorts.

Insbesondere, wenn man Verärgerung und Enttäuschung in einem Spielmann provozierte – etwa durch geizige Entlohnung –, mußte man die entsprechende Rache befürchten. Manche Herrscher versuchten deshalb streng gegen fahrende Musikanten vorzugehen, die als unbequeme Querulanten ihre Kritik über das ganze Land verbreiteten, so Kaiser Ferdinand I. in seiner Polizeiordnung vom 15. Oktober 1552.

Law-and-order-Herrscher

Gelegentlich werden Fürsten in den kirchlichen Quellen als vorbildliche Vertreter ihres Standes ausdrücklich gelobt. Die Kaiser Ludwig I. und Heinrich II. sollen demnach Spielleute und Fahrende an ihren Höfen überhaupt nicht geduldet haben. Der englische König Alfred der Große wurde von der Kirche gerühmt, weil er die Künste der Spielleute für vollkommen überflüssig hielt. Ebenso soll der französische König Philipp II. Auguste bei seiner Amtsübernahme sämtliche Spielleute vom Hofe vertrieben haben. Sie sollten unter seiner Herrschaft keinerlei Unterstützung erhalten. Überliefert ist, daß er dem Ideal der *caritas* entsprechend den Armen äußerst mildtätig spendete, während er niemals auch nur ein einziges Kleidungsstück an einen Spielmann abgegeben habe, was damals ein willkommener Lohn war.

Folgenschwere Sanktionen

Die weltliche Obrigkeit konnte entschieden gegen Spielleute vorgehen, indem sie den Fahrenden durch gesetzgeberische Maßnahmen das Leben erschwerte. Zahlreiche Landfriedensordnungen schlossen Fahrende völlig vom Landfriedensrecht aus. Sie mußten ohne jede Rechtssicherheit leben. Im Jahr 1281 erließ beispielsweise König Rudolf I. von Habsburg eine derartig folgenschwere Verordnung. Fahrende durften danach nicht mehr als Kläger oder Zeugen vor Gericht erscheinen. Da die fahrenden Spielleute zumeist nicht einmal einen Schutzherrn hatten und in keinem Dienstverhältnis standen, konnten sie im Gegensatz zu Hörigen, ihre Wünsche und Anliegen nicht einmal an höherer Stelle vorbringen.

Es stellte jedoch bereits eine sehr wirksame Maßnahme gegen Spielleute dar, wenn sie auch nur von festen Dienstverhältnissen an den Höfen der Adligen ausgeschlossen blieben und keinerlei feste Unterhaltsleistung oder Entlohnung erhielten. Eine solch abweisende Haltung soll Ludwig der Fromme eingenommen haben. Laut schriftlicher Überlieferung hat er sogar jegliches Lachen vermieden, wenn er der Unterhaltung durch Spielleute beiwohnen mußte, die zur Belustigung des Volkes bei besonderen festlichen Gelegenheiten stattfanden. Derartige Berichte mögen eine idealisierende zeitgenössische Übertreibung gewesen sein, denn mit Sicherheit ergaben sich Widerspruche zwischen dem höfischen Repräsentationsbedürfnis der Epoche und dem von der Kirche geforderten asketischen, moralisch einwandfreien christlichen Herrscherdasein.

Zahlungskräftiges Publikum

Weit häufiger als Berichte über vorbildliche Herrscher sind deshalb die lobenden Erzählungen und Darstellungen von der großen Mildtätigkeit zahlreicher Mäzene. Spielleute stießen in den meisten Fällen bei Adeligen auf offene und aufmerksame Ohren. Das auf Prachtentfaltung bedachte Leben der Aristokratie konnte auf Spielmannskünste aller Art nicht verzichten.

Die vielen mittelalterlichen Feste wären ohne die Mitwirkung von Musikanten, Tänzern und Gauklern undenkbar gewesen. Die meisten Hofhaltungen engagierten deshalb nicht nur fahrende Unterhaltungskünstler zu besonderen Gelegenheiten, sondern verfügten darüber hinaus über fest angestellte Musiker. Sowohl für die seßhaften wie für die fahrenden Musikanten stellten Adelige das wichtigste und zahlungskräftigste Publikum dar.

Kaum erstaunlich ist es also, daß die Höfe mitunter scharenweise von Spielleuten aufgesucht wurden. Jeder versuchte schließlich auf seine Weise, einen Teil vom Wohlstand und Reichtum des herrschenden Standes abzubekommen.

Die Realität adeligen Lebens

In der Wirklichkeit des höfischen Alltags und ganz besonders der Festtage spielte die kirchliche Forderung nach permanenter ständischer Abgrenzung so gut wie keine Rolle. Die Hofhaltung wurde im Laufe des Mittelalters zunehmend zum Sinnbild von Rang und Ansehen eines Herrschers. Je mehr Prachtentfaltung und Pomp inszeniert wurde, und dazu gehörten Spielleute, Akrobaten und Tänzerinnen nun einmal unabdingbar, desto mächtiger und wohlhabender erschien der Regent seinen Untertanen.

Aber nicht nur die großen königlichen und fürstlichen Höfe versuchten sich darin gegenseitig zu überbieten, sondern auch die niederen Adeligen, also Ritter, Hofbeamte, Land- und Stadtadelige wollten es ihnen gleichtun. Möglichst lautstark sollten tatsächliche und in noch stärkerem Maß vermeintliche Macht verkündet werden. Kaum ein Adeliger reiste oder trat auch nur öffentlich in Erscheinung, ohne weithin hörbar auf sich aufmerksam zu machen, wozu man sich natürlich gerne der Kunst der Spielleute bediente.

Spielleute in festen Diensten

Nahmen Herrscher Spielleute in feste Dienste, war damit beiden Seiten gedient. Zusätzlich zu den verschiedensten fahrenden Unterhaltungskünstlern, die engagiert werden mußten, stand dem Zeremonienmeister dann stets eine bestimmte Zahl von Musikern zur Erfüllung spontaner Wünsche seiner Herrschaft parat. Die angestellten Spielleute wiederum waren zumindest eine Zeit lang vom Leben auf den Landstraßen mit all seinen Entbehrungen, Sorgen und Gefahren erlöst. Deshalb versuchten viele Spielleute, zumindest für einige Monate unter dem Schutz eines Adeligen seßhaft werden zu können. Und selbstverständlich erhöhte sich der Status eines fahrenden Musikers, sobald er einmal in festen, womöglich sogar in höfischen Diensten stand. Er konnte sich damit von seinen übrigen Berufsgenossen abheben und später, ins städtische Milieu zurückgekehrt oder erst recht bei der Landbevölkerung, Eindruck schinden.

Die Nachweise über fest angestellte Spielleute im Dienst von Adeligen finden sich bis ins 12. Jahrhundert hinein noch relativ spärlich. Bereits im Jahr 1050 hatten jedoch die Grafen von Kraiburg einen eigenen »joculator« beschäftigt. Auch Heinrich VI. wurde auf seinen Reisen im Jahr 1189 von seinem »Rupertus ioculator regis«, einem königlichen Spielmann, begleitet. In der Folgezeit tauchen Spielleute in höfischen Diensten dann zunehmend häufiger auf. So beschäftigte Friedrich II. während der ersten Hälfte des 13. Jahrhunderts mehrere Fahrende dauerhaft an seinem Hof in Sizilien. Die Herzöge von Bayern leisteten sich schon im 13. Jahrhundert den Luxus von vier Spielleuten. Vor allem aber waren es französische Fürsten, wie Gui von Dampierre, der Graf von Flandern, die zu dieser Zeit bereits großen Wert auf möglichst viele, ihnen ständig zur Verfügung stehende Spielleute legten.

König Jaime von Aragón sah sich im Jahre 1234 veranlaßt, den Adeligen anzuordnen, daß sich jeder von ihnen einen Spielmann in fester Besoldung halten, den anderen Spielleuten dafür aber nichts geben solle. Weit entfernt von derartigen Beschränkungen befanden sich unter den Spielleuten des Königs Manfred von Apulien nicht weniger als 17 In-

Miniatur zu den »Poésis« des Guillaume de Machaut, 15. Jh.; Bibliothèque Nationale, Paris, Ms. fr. 1586, fol. 55

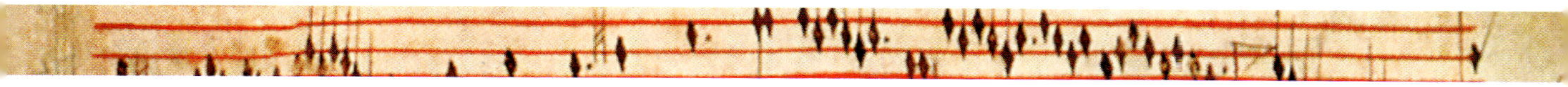

Pour cointoyer a liguier
Valles trenchans et eaulz parer
Et pour leur mestre pain parer
Faire taillours de maniere napes
Et de leur mais oster les rapes
Lun seoir mis lautre troter
Quant en ot chante tout a tant
Chascuns ala a son retrait
Qui dust son corset desvestir
Pour le sercot ouvert vestir
Comment lamant fu
Au disner sa dame.

strumentalisten. Sie sind in der Reimchronik des Ottokar namentlich genannt und als Meister bezeichnet.

Jacob II., der König von Mallorca, begründete die absolute Notwendigkeit von Spielleuten an Herrscherhöfen mit dem Argument, daß nur sie mit ihren Künsten in der Lage seien, den verantwortungsüberfrachteten Regenten von Traurigkeit, Mißgunst und Zorn zu befreien. Spielleute seien deshalb für die Ausgeglichenheit des Machthabers von geradezu medizinischer Bedeutung.

Auch Kaiser Karl IV. sowie die Könige Wenzel I. und Wenzel II. von Böhmen verdienen als Wohltäter der Spielleute erwähnt zu werden. Sie zeigten sich gegenüber den Darbietungen der Spielleute, egal ob in ihren festen Diensten oder fahrend, immer aufgeschlossen. Häufig werden sie auch für ihre äußerst großzügigen Geschenke lobend erwähnt. Die Manessische Liederhandschrift bringt die Rolle Wenzels II. als über Deutschland hinaus berühmter Schirmherr der Spielleute prägnant zum Ausdruck.

Des hl. Ludwig soziales Gewissen

Beispielhaft für eine humane Behandlung der Spielleute war auch das Verhalten von Ludwig dem Heiligen. Er sorgte für seine Musikanten nicht nur solange sie ihm als Unterhalter dienten, sondern auch, wenn sie aufgrund von Krankheit und Alter ihre Kunst nicht mehr ausüben konnten, indem er weiterhin für ihren Unterhalt aufkam. Oft schickte man ausgediente Spielleute nämlich einfach auf die Straße zurück, häufiger empfahl man sie allerdings an ein Kloster. Die Mönche erhielten dann den obrigkeitlichen Befehl, für die Versorgung der Spielleute zu sorgen, wodurch man sich Ausgaben ersparte.

Mittelalterliches Lohndumping

Wegen der oftmals ungenügenden Entlohnung durch adelige Dienstherren begaben sich viele Spielleute ohnehin meist nach kurzer Zeit erneut auf die Landstraßen. Wenigstens aber konnten sie aber manchmal die Wintermonate in fester Anstellung verbringen und mußten lediglich während des Sommers auf Wanderschaft gehen. Einen deutlichen Hinweis auf die mangelhafte Besoldung gibt der Beschluß der Reichsfürsten zu Heidelberg aus dem Jahr 1524. Die versammelten Fürsten verständigten sich damals endlich darauf, ihre diversen Spielleute, Trompeter, Sänger, Narren und Boten in Zukunft wenigstens so reichlich zu bezahlen, daß sie nicht mehr auf zusätzliches Anbetteln der fürstlichen Gäste angewiesen sein würden.

Offensichtlich hatte sich der Adel im Wettkampf des gegenseitigen Überbietens an Prachtentfaltung und Geltungssucht schon längst derart übernommen, daß die finanziellen Möglichkeiten überschritten waren. Bereits 1517 hatte der Fürstenorden versucht, den verschwenderischen Aufwand an »Trompetern, Schalksnarren, Sängern und Spielleuten« möglichst zu verringern.

Höfische Bestandsaufnahme

Die übliche Zahl zu besoldender Spielleute läßt sich gut anhand der französischen Hofhaltung nachzeichnen. König Ludwig X. hatte 1316 insgesamt sechs Instrumentalisten und Sänger unter Vertrag. Karl V. reduzierte 1360 die Anzahl um zwei Musiker.

Der Stauferkönig Manfred soll sich in seinem apulischen Kastell ganz dem Vergnügen und dem Spiel hingegeben haben. Aus diesem Grund, wie es heißt, verließen ihn seine Ritter vor der alles entscheidenden Schlacht gegen Karl von Anjou. Manfred hatte sie vergeblich zum Kämpfen aufgefordert.
Als ihn dann auch noch sein betagter Waffenmeister im Stich ließ, soll der seinem König den zynischen Rat gegeben haben, sich doch an seine Fidler zu halten. Der König fiel 1266 im 34. Lebensjahr, gänzlich allein gelassen, in der Nähe von Benevent

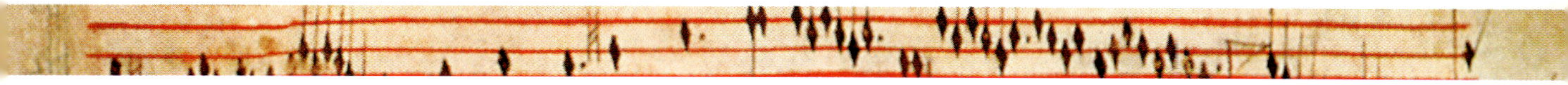

Sein Nachfolger wiederum, Karl VI., stellte fünf zusätzliche Spielleute an. Im Jahr 1385 waren damit neun Spielleute bei Hofe tätig: sechs spielten die lauten Blasinstrumente und drei die leisen Saiteninstrumente.

Näher bezeichnet werden die Spielleute, die Herzog Albrecht IV. 1398 an seinem Wiener Hof beschäftigte: Ein Lautenspieler, ein Fidler, ein Leierspieler, zwei Posaunisten, zwei Trompeter, drei Pauker, drei Pfeifer und drei Flötisten.

Insgesamt 15 Künstler unterhielt König Alfons V. von Aragón. Neben Dichtern und Sängern für die ernsthafte wie für die erbauliche Unterhaltung waren darunter auch Narren, Possen- und Zotenreißer sowie *joculatores*, die in erster Linie der Belustigung, der Zerstreuung und dem Zeitverteib dienten.

Auch die spanischen Höfe des 14. und 15. Jahrhunderts zeigten sich gegenüber den Fahrenden stets gastfreundlich und nahmen Musiker in feste Dienste. Ebenso war das Engagement von kunstfertigen Spielleuten für das Leben des italienischen Adels unabdingbar. Die italienischen Patrizierfamilien der Este, Visconti, Sforza, Medici und Gonzaga eiferten mit ihrer Kunstsinnigkeit sogar den Königshöfen nach.

Die Ludolfinger gingen als thüringische Landgrafen unter anderem durch ihre »milte«, die sie besonders zur Zeit des Walter von der Vogelweide den Spielleuten entgegenbrachten, in die Geschichte ein. Im späten 15. Jahrhundert konnte die Hofhaltung des Herzogs von Braunschweig mehrere fest besoldete *joculatores*, Spielleute, Pfeifer und Flötisten aufweisen, der kleine Hof von Weimar beschäftigte allein sechs Trompeter und der Hofstaat des Markgrafen von Ansbach benötigte sogar zehn Trompeter.

Zwei bedeutende Herrscher, die Spielleute und Künstler an ihre Höfe zogen und von weitreichendem Einfluß waren, dürfen bei dieser Aufzählung nicht vergessen werden: Herzog Philipp der Gute von Burgund und Herzog René II. von Anjou.

Philipp der Gute verfügte im Jahr 1449 über zwölf Musiker, die als *menestrels* bezeichnet wurden. Es handelte sich also um Spielleute, die höfische Bedienstete waren. Fünf der Musiker spielten »trompette de guerre« und einer die »trompette des menestrels«, zwei waren »joueurs des bas instruments« (Spieler der leisen Instrumente), drei weitere werden nicht näher mit einem bestimmten Intrument oder einer Instrumenten-

Die Manessische Liederhandschrift belegt die Rolle König Wenzels II. von Böhmen als weithin berühmter Schirmherr der Spielleute

Miniatur aus der Manesse-Handschrift, um 1320; Universitätsbibliothek, Heidelberg, Cod. Pal. Germ. 848, fol. 10r

Möglichst lautstark sollten tatsächliche und in noch stärkerem Maß vermeintliche Macht verkündet werden. Kaum ein Landesfürst reiste oder trat auch nur öffentlich in Erscheinung, ohne weithin hörbar auf sich aufmerksam zu machen, wozu man sich natürlich gerne der Kunst der Spielleute bediente.

gruppe in Zusammenhang gebracht, und einer war »roy des menestrels«, also der »König« dieser Spielleute.

Nicht nur an diesem Hof war es allgemein üblich, daß die Musiker sehr flexibel sein mußten. Je nach Gelegenheit und Aufführungsort mußten sie über mehrere musikalische Gattungen wie auch über die Fertigkeit im Spiel einiger Instrumente verfügen. Sie mußten sicherlich hinreichend gut singen sowie vor allem improvisieren können. Bei festlichen Anlässen sollten sie mit all ihrer Kunstfertigkeit die Macht des Dienstherrn zur Schau stellen, genauso aber sollten sie ihn, im häuslichen Rahmen, behutsam spielend in den Schlaf begleiten können. Lediglich die Trompeter waren zumeist etwas besser besoldet und nur auf ihr Instrument spezialisiert.

Der Glanz des René von Anjou

Über ganz Europa verbreitete sich im 15. Jahrhundert der Ruhm, den der Hof von René II. d'Anjou ausstrahlte. Er versammelte zahlreiche Gelehrte, Künstler und Musiker um sich, unterhielt einen Hofchor, in dem er nicht selten selbst mitwirkte, zudem beherrschte er das Spiel mehrerer Instrumente. Neben fünf Musikern der lauten Instrumentengruppe (Schalmei, Trompete, Posaune) hatte er weitere Spielleute in Dienst genommen, die auf dem Horn, der Trompete, der Posaune, dem Tamburin (einer kleinen Handtrommel), der Schalmei, der Flöte, der Harfe, der Laute, der Dulzaina, der Sackpfeife und der Orgel musizierten.

Eine Gruppe der Musiker am Hofe von René II. d'Anjou ist auf einer Miniatur seines Breviers aus der Mitte des 15. Jahrhunderts abgebildet. Die lauten und die leisen Instrumente sind getrennt angeordnet: auf der linken Seite krummer Zink und Buisinen (lange Trompeten), auf der rechten Seite Schnabelflöten, Harfe, Fidel und Hackbrett.

Kuriere Ihrer Majestät

Die in festen Diensten stehenden Spielleute waren nicht nur im musikalischen Bereich tätig, sondern hatten noch einige weitere Aufgaben zu erfüllen. Besonders häufig genannt sind Botendienste verschiedenster Art. In den Chroniken werden höfische Spielleute erwähnt, die man mit der Überbringung persönlicher Post genauso wie mit brisanten politischen Botschaften betraute. Der Spielmann wurde losgeschickt, um Kunde von anderen Höfen einzuholen oder um Vermißte zu suchen. Er informierte über die unbedeutenden kleinen Ereignisse des Alltags ebenso wie über fremde Länder und Sitten.

Bekannt ist die Geschichte des Dänenkönigs Magnus, der im Jahr 1131 seinen sächsischen Spielmann Sivard beauftragte, Kanut Laward, den Herzog von Schleswig, zu einer geheimen Verabredung in den Wald zu bestellen, mit der Absicht, ihn dort zu töten. Das Vertrauen, welches der Herzog dem Spielmann entgegenbrachte, bezahlte er anschließend allerdings mit dem eigenen Leben. Nur allzu gerne überließ man heikle Aufträge und Botengänge den Spielleuten, da man ihnen ohnehin zumeist unterstellte, daß sie gegen entsprechende Entlohnung jederzeit auch zum Schaden anderer tätig werden würden.

Boten in der Verkleidung von Spielleuten waren in den Sagen und Dichtungen des Mittelalters deshalb

Abgebildet ist hier eine Gruppe der Musiker am Hofe von René II. d'Anjou, dessen Ruhm Mitte des 15. Jahrhunderts auf ganz Europa ausstrahlte. Die lauten Blas- und die leisen Saiteninstrumente sind getrennt voneinander angeordnet

Brevier des René II. d' Anjou, Frankreich, 15. Jahrhundert; Bibliothèque de l'Arsenal, Paris, MS 601, fol. 44

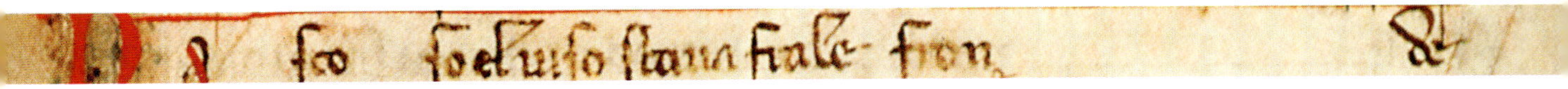

König Knut von Dänemark soll einem seiner Sänger wie überliefert folgendermaßen gedroht haben:

»Wie kannst du dich erdreisten, was bislang kein anderer gewagt hat, ein kurzes Lied auf mich zu dichten? Bringst du mir bis zum morgigen Mittagsmahl nicht wenigstens 30 Strophen, so lasse ich dir deinen Kopf vor die Füße legen!«

ein beliebtes Motiv. Unbemerkt sollte man so überall ein- und ausgehen dürfen, oder sich gar in feindliche Lager einschleichen können, wie König Alfred, der sich einst als Harfenspieler verkleidet ins gegnerische Lager gewagt haben soll.

Bezeichnend ist auch die ausführliche Schilderung einer geheimnisvollen Frau, die beim Pfingstfest im Jahr 1316 in die große Halle zu Westminster Einlaß fand. Der englische König Edward II. saß zusammen mit seinen Gästen an einer langen Tafel, als diese Botin in Spielmannskleidung und rotem Umhang auf einem prächtig geschmückten Pferd bis zum erhöhten Sitz des Königs ritt, einen Brief ablegte und sich verneigend auf den Rückweg begab.

Lobet den (eigenen) Herrn!

Eine weitere wichtige Aufgabe höfischer Spielleute bestand darin, das Lob ihres Herrn zu verkünden. Neben dem hoch angesehenen *Chanteur de geste*, dem Heldenliedsänger, der christliche Märtyrer und Könige in den Himmel hob, hatten auch alle anderen Spielleute über die großen Taten ihres Herrscherhauses zu singen. Die Adeligen wünschten möglichst viel Lob über sich und ihre Vorfahren zu hören. Roland bereits, der Held des gleichnamigen Lieds, hatte seine Genossen dazu aufgefordert, sich tapfer und makellos zu verhalten, damit man keine schlechten Lieder über sie singen könne.

Gerade bei größeren Festen ließ sich der Herrscher gerne vor seinen Gästen hofieren. Nicht selten kam es zu Klagen über die Spielleute, wenn sie anscheinend zu kurz geratene Loblieder anstimmten. Im Gegensatz zu den Fahrenden mußten die bediensteten Spielleute mit Kritik hinterm Berg halten. Sie hatten in jedem Fall den Dienstherrn zu loben und über den jeweiligen Gegner zu spotten. Begaben sie sich aus ihrem Dienstverhältnis und gingen wieder auf Wanderschaft, so priesen sie meist die großzügigen Herren und verbreiteten Schlechtes über die Geizhälse. Ottokar berichtet vom Nürnberger Hoftag im Jahr 1298 ganz in diesem Sinne: »Das fahrende Volk sang mancherlei Lieder vom Hofe. Wem es wohl ergangen war, der lobte sehr den König und des Hofes Ehre; wer aber dabei zu kurz gekommen war, der fluchte und schalt.«

Mittelalterliche Propaganda

Leider wurden Spielleute auch für machtpolitische Zwecke mißbraucht. Die Gegner eines Herrschers, das eigene Volk wie auch fremde Nationen sollten durch entsprechende Propaganda manipuliert werden. Man ließ je nach Absicht Gutes oder Schlechtes durch Spielleute verbreiten, die ja meist weite Reisen unternahmen.

So benutzte beispielsweise Bischof Wilhelm von Ely, der zugleich Kanzler und Reichsverweser von England war, zahlreiche Spielleute für seine demagogischen Zwecke. In den Jahren 1190 und 1191 ließ er es sich einiges kosten, überall in den Straßen der Städte und auf den Wanderrouten der Fahrenden sein Lob singen und seine Güte preisen zu lassen. Auf diese perfide Art und Weise, gelang es ihm, seine tatsächlich grausame und tyrannische Herrschaft zu beschönigen.

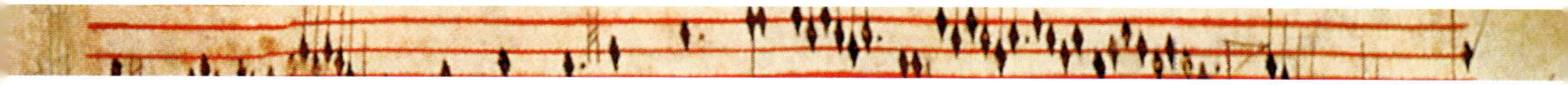

Das höfische Ritual des Beschenkens

Fahrende wie auch fest besoldete Spielleute wurden nach Darbietungen während höfischer Festlichkeiten zumeist reich beschenkt. In einigen Biographien adeliger Herren jedoch wird immer wieder lobend erwähnt, daß sie diese, von kirchlicher Seite stets beargwöhnte Sitte unterlassen hätten. Der deutsche Kaiser Heinrich III. habe die Spielleute nach seiner Hochzeit im Jahr 1043 ohne Geschenke, ja sogar ohne Essen ihres Weges ziehen lassen. Stattdessen habe er – ganz im Sinne geistlicher Vorstellungen – den Armen Almosen zukommen lassen.

Weit häufiger allerdings wird in Dichtungen, Erzählungen und Chroniken ausführlich das höfische Ritual des Beschenkens der Spielleute dargestellt. Die nach den Vorführungen gegen Ende des Festes stattfindende Belohnungsszene bildet meist den Abschluß solcher Schilderungen. Genauestens werden Wert und Prächtigkeit der Geschenke beschrieben, die der höfischen Hierarchie folgend überreicht wurden. Der König, Fürst oder eben jeweils Ranghöchste gab zuerst, nach ihm folgten die Rangniedrigeren in abfallender Reihenfolge.

Miniatur aus der Manesse-Handschrift, um 1320; Universitätsbibliothek, Heidelberg, Cod. Pal. Germ. 848, fol. 410ʳ

Von großer Bedeutung für seinen eigenen Status war vor allem der Wert des Geschenks, das jemand machte. Zahlreiche Beispiele zeigen, daß die Geschenke nicht selten kostspieliger waren, als es sich der Schenkende eigentlich erlauben konnte. Es ging also beim Ritual des Beschenkens vornehmlich um die Demonstration von Macht und Reichtum. Das von großem Pomp begleitete Beschenken der Spielleute nach detailliertem Reglement erhöhte den Glanz und die Bedeutung des jeweiligen Festes. Ob das Geschenk für den Spielmann auch sinnvoll war, spielte dabei eine geringe Rolle. Auch richtete sich der Wert des Geschenks nicht so sehr danach, wie gut die Vorführungen und Kunstfertigkeiten gefallen hatten oder geschätzt wurden, sondern weit stärker nach dem jeweiligen Status und Reichtum des Schenkenden.

Die Angaben der Dichter werden durch die Chronisten bestätigt und scheinen tatsächlich der Wirklichkeit entsprochen zu haben. Es wird insgesamt von unermeßlicher Pracht und Fülle berichtet, mit der manche Spielleute und Fahrende beschenkt wurden. Kleider, Pferde, auch Gold und Silber sind in den Quellen bevorzugt genannte Gaben. Auch wertvollste Gewänder aus Samt und Seide, versehen mit aufwendigsten Verzierungen werden beschrieben. Es scheint sogar üblich gewesen zu sein, daß der König oder Fürst sein eigenes Prachtgewand ablegte und dem besten Spielmann übergab. Von einem Markgraf Rüdeger wird berichtet, daß er, nachdem eine Spielfrau vor ihm liebreizend

Für die Großzügigkeit eines Fürsten sprach es besonders, wenn er den auf Mobilität angewiesenen Spielleuten ein Reittier überließ. Szenen, in denen zu Fuß angereiste Fahrende und Spielleute auf Maultieren oder Pferden die Festlichkeit wieder verließen, erfreuten sich deshalb großer Beliebtheit. Beim Hoftag, den Kaiser Karl IV. im Jahr 1356 in Metz abhielt, kamen die Kurfürsten an die kaiserliche Tafel herangeritten, und die Spielleute durften nach feierlicher Übergabe auf den herrlichen Rossen ihrer Wege ziehen

Miniatur aus der Manesse-Handschrift, um 1320; Universitätsbibliothek, Heidelberg, Cod. Pal. Germ. 848, fol. 413ʳ

musiziert hatte, dergleichen tat. Der Dichter des Rosengartens schrieb zu dieser Schenkungsszene: »... der Markgraf zog ab das Gewand / Und gab es der Spielmännin mit seiner milden Hand«. Deutsche Dichtungen erwähnen mit Vorliebe, daß die Adeligen nach Überreichung ihrer Kleider an Spielleute »aus Milde der Kleider ledig« dagestanden seien.

Des Königs neue Kleider

Im Jahr 1300 feierte Galeazzo Visconti in Mailand seine Vermählung mit Beatrice d'Este. Wie die Chronik von Asti hervorhebt, wurden mindestens 7000 kostbare Tücher an die Spielleute verteilt, die zum prachtvollen Rahmen der Hochzeit beigetragen hatten. Ein paar Jahrzehnte später erhielten anläßlich einer fürstlichen Hochzeit, die wiederum in Mailand stattfand, angeblich 500 Musikanten und Spielleute prächtige Gewänder. Sicherlich eignete sich dergleichen nicht sonderlich für das Umherziehen auf Wanderwegen, und wahrscheinlich mußten die Spielleute die fürstliche Gabe bald gegen das Lebensnotwendigste eintauschen.

Rigord, der Chronist des französischen Königs Philipp II. Auguste verurteilte das in seiner Zeit übliche Beschenken der Spielleute. Er bezeugt, daß er selbst mit angesehen habe, wie die Adeligen ihre kostbaren und reichlich verzierten Gewänder an Spielleute weggegeben hätten. Die Fürsten würden die Kleider oftmals nur ein paar Tage tragen, und sobald irgendein Spielmann auch nur anfangen würde, seine Künste darzubringen, würden ihm diese noch ganz neuwertigen Gewänder zum Geschenk gemacht, und das, obwohl die Fürsten selbst hohe Summen für ihre Kleidung aufwenden mußten. Vom Wert eines solchen Gewandes hätte man 20 bis 30 Armen ein ganzes Jahr lang Unterhalt gewähren können.

Vom Sinn der Gage

Eine durchaus sinnvolle Art der Beschenkung war das Auslösen von Pfändern. Nicht selten hinterlegten Spielleute in den Herbergen Pfänder, die sogenannten »gages«, da sie für die Gewährung von Obdach und die Bewirtung oft nicht genügend Zahlungsmittel zur Verfügung hatten. Ziemlich häufig wurden sie deshalb belohnt, indem man ihre Pfänder auslöste. Noch der heutige Begriff »Gage« rührt von dieser Form des Honorars her.

Der Zorn Gottes

Daß man auch in den Kreisen der weltlichen Obrigkeit nicht immer ein ganz gutes Gefühl dabei hatte, den nach kirchlicher Ansicht sündigen Vergnügungen nachzugehen, und die Spielleute, diese angeblichen Diener des Teufels, derart großzügig zu beschenken, mag am Beispiel Kaiser Barbarossas zumindest angedeutet werden. Wie den Chroniken zu entnehmen ist, veranstaltete Barbarossa im Jahr 1184 ein weithin berühmtes, aber auch vehement kritisiertes Pfingstfest. Detailliert werden die luxuriösen Geschenke an die Spielleute und Fahrenden aufgezählt und als übermäßige Prachtentfaltung gegeißelt.

Ebenso intensiv beschäftigte man sich mit dem Unwetter, das zum abrupten Abbruch der Veranstaltung führte und sogar Menschenleben forderte. Das als Zeichen Gottes aufgefaßte Unwetter führte dazu, daß alle

weiteren für die darauffolgenden Tage geplanten Vergnügungen und Turniere abgesagt wurden, und tatsächlich hielt Barbarossa kein vergleichbares Fest mehr ab. Auf seinem vier Jahre später stattfindenden Hoftag Jesu Christi unterließ man alle aus kirchlicher Sicht verwerflichen Unterhaltungen, um sich stattdessen zu einem Kreuzzug gegen die Heiden zu entschließen.

Auf Empfehlung Ihrer Majestät

Ebenso sinn- wie wertvoll für die Spielleute war die Ausstellung eines Empfehlungsschreibens durch einen weltlichen Herren. Ausgestattet mit einer solchen Empfehlung erleichterte sich die Stellensuche erheblich. Meist erhielt der Spielmann damit auch anderswo mehr Lohn und wurde seinen Konkurrenten vorgezogen. Dies war wichtig, da die meisten Festlichkeiten scharenweise Musikanten und Gaukler anzogen. Ein Empfehlungsschreiben verschaffte also diesbezüglich Vorteile und wirkte darüber hinaus der Willkür durch staatliche und kirchliche Mächte entgegen.

Als des »Herzog Ludwigs Pfeiffer« oder des »Kaiser Rudolphs joculator« erhielt der Spielmann schon aus Rücksicht auf den dahinter stehenden mächtigen Herrscher Kost und Unterkunft, häufig auch einen sogenannten Wanderpfennig mit auf den Weg. Konnte sich der Fahrende durch solch einen wertvollen Brief legitimieren – er war damit ja kein Namenloser mehr –, wurde er zumindest nicht, wie manch anderer, daran gehindert, seine Künste an Höfen und in Städten darzubieten.

Die Empfehlungs- beziehungsweise Beglaubigungsschreiben hießen allgemein »Instrument«. In Formelbüchern ist der Wortlaut solcher Schreiben überliefert. Buoncompagni stellte in seiner Formelsammlung Briefmuster zusammen, die sogar typische Formulierungen für die Imitatoren von Tierstimmen enthalten.

Zahlreiche Spielleute, die im Besitz eines »Instruments« waren, finden sich im Rechnungsbuch von Herzog Albrecht in München. Unter der Kategorie »farend Leuten 1392« wurden diejenigen Spielleute aufgelistet, denen man einen Wanderpfennig zukommen ließ. Es waren also Fahrende, die im Laufe eines Jahres den Hof regelmäßig aufsuchten. Das waren beispielsweise »des Romischen kunigs Bruder lauttenslaher«, »zwain fidlern des Bischof von Prag knecht« oder »zwain fidlern, einer was Hertzogen Klementen knecht, der ander des Bischof von Trient«. Wie zu ersehen, stellten auch Weltgeistliche Empfehlungen aus.

Da die Spielleute weiterhin Fahrende blieben, also ein unstetes und beargwöhntes Leben führten, konnten sie ihren Status und ihre dementsprechende Behandlung nur aufgrund eines solchen Schutzbriefes verbessern. Sie begaben sich schließlich de facto in eine Art Schutzverhältnis mit einem Vertreter der weltlichen Obrigkeit. Nicht immer ist klar zu erkennen, inwieweit der jeweilige Musiker direkt in höfischen Diensten stand oder ausschließlich Fahrender mit einem nur indirekten Schutz in Form des Empfehlungsschreibens war.

Spielmannslehen

Der höfische Spielmann war immerhin zumindest zeitweilig seßhaft und konnte einem bestimmten Herren zugeordnet werden. Beides scheint Voraussetzung dafür gewesen zu sein,

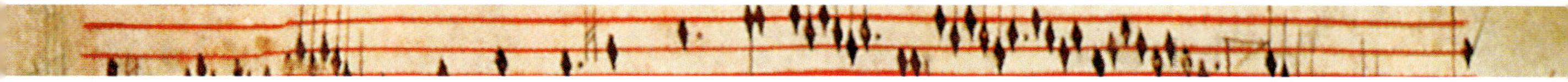

mit einem Spielmannslehen ausgestattet werden zu können. Durch Grundbesitz wurde der Spielmann tatsächlich seßhaft. Er konnte eine gewisse gesellschaftliche Anerkennung erlangen und legte seine Außenseiterrolle ab.

Weltliche Spielmannsorganisationen

Für die große Zahl der fahrenden Spielleute bestand die Möglichkeit zur wenigstens teilweisen gesellschaftlichen Besserstellung nur in Form der Mitgliedschaft in einer Spielmannsorganisation. Diese Zusammenschlüsse standen unter dem Schutz eines weltlichen Schirmherrn. Häufig wählte man sich darüber hinaus einen speziellen Schutzheiligen sowie eine bestimmte Kirche für die jährlichen Treffen. Gemeinsam konnten auch die Spielleute ihre Interessen weit effektiver vertreten und durchsetzen. Die weltliche Obrigkeit schätzte es sogar meist sehr, wenn die fahrenden Musikanten und Gaukler durch diese hierarchisch strukturierten Organisationen kontrollierbarer und überschaubarer wurden.

Regionale Spielmannsorganisationen können seit dem 12. Jahrhundert nachgewiesen werden. Meist hatten sie einen Wortführer, den sogenannten Spielmannskönig. Aus den Statuten der sehr bekannten Organisation in Paris wird ersichtlich, daß im Jahr 1321 »29 menestreuz, jongleurs et 8 jongleuresses« die leitenden Funktionen ausübten.

Besonders beeindruckend war mit Sicherheit das Fest der 31 Spielmannskönige. Wie die Chronik der Stadt Tournai berichtet, trafen sich hier im Jahr 1330 über dreißig Bruderschaften mit ihrem jeweiligen König an der Spitze. Bereits 1306 musizierten sieben Könige der Spielleute vor König Edward I. von England.

Erst aus dem Jahre 1355 datiert der früheste Nachweis eines Spielmannskönigs im deutschsprachigen Raum, obwohl es wohl auch schon vorher Zusammenschlüsse gegeben hat. Als Karl IV. in Mainz Hoflager hielt, waren zahlreiche Spielleute angereist, um mit ihren Unterhaltungskünsten aufzuwarten. Der festliche Höhepunkt dürfte für die Schar der fahrenden Musiker bestimmt mit der Verleihung des Titels »rex omnium histrionum« (König aller Spielleute) gekommen sein. Im gesamten Reich sollten ihm die Spielleute unterstehen und Gehorsam leisten.

Der deutsche Spielmannskönig

Der Kaiser ernannte den Fidler Johannes zum »König fahrender Leute« und schenkte den Spielleuten ein neues Wappen. Anscheinend gab es bereits ein älteres. Der Fidler sollte – was natürlich unmöglich war – für Recht und Ordnung unter allen Spielleuten dieses riesigen Gebietes sorgen. Die Bestimmung eines einzigen Spielleutekönigs für das gesamte Deutsche Reich bewährte sich anscheinend nicht, da es keinen Nachfolger des Johannes gab. Stattdessen werden bis zum 15. Jahrhundert zahlreiche Pfeiferkönige und Spielgrafen mit regional begrenztem Einflußbereich und überschaubaren Territorien erwähnt. 1385 wurde beispielsweise der Pfeifer Brachte »in Anerkennung seines ehrenhaften Verhaltens bei der Belagerung von Salza« durch seinen Dienstherrn Adolf, Erzbischof von Mainz, zum »künige fahrender lüte« bestimmt. Er erhielt die gleichen Rechte, die auch seine Amtsvorgänger innehatten.

Strenges Regiment

Graf Ulrich von Württemberg besiegelte 1458 die Statuten einer »Bruderschaft zur heiligen Mutter Maria«, deren Vogt er war. Die Satzung beinhaltet die für alle Bruderschaften typischen Anordnungen: Jedes Mitglied mußte der Bruderschaft Gehorsam schwören. Die Brüder hatten einen Meister oder Oberen zu wählen, immer zu Zeiten »so sich das gepürt«. Auch sollten sie die »Zwölfer« wählen, wohl eine Art Richtergremium, »umb sachen der irrung zwischent den brüdern« zu schlichten.

Jeder Bruder mußte zum Jahrestag nach Stuttgart kommen und die heilige Messe besuchen. Um diese Zeit sollten die Brüder nicht Karten spielen oder andere »Bübereien« begehen. Dafür konnten sie sich gegenseitig vor dem Meister und den »Zwölfern« verklagen. Jeder, der nicht zum Jahrestag kommen konnte, hatte sich beim Meister zu entschuldigen. Jeder, der kam, mußte sich beim Meister in der Herberge melden und durfte den Jahrestag ohne dessen ausdrückliche Erlaubnis nicht vorzeitig wieder verlassen. Jeder, der sein Instrument nicht zum Jahrestag mitbrachte, mußte eine Strafe von drei Schilling-Heller zahlen. Jeder mußte ein silbernes Erkennungszeichen tragen, das er nicht veräußern durfte und das nach dem Tod an die Bruderschaft zurückfiel.

Jeder sollte die Versprechen halten, die er einem Mitbruder gegeben hatte, ansonsten wurde er vor den »Zwölfer« gestellt. Keiner sollte die Kunst der anderen schlechtmachen und verspotten. Keiner sollte Frauen bei sich haben, die Geld oder Unterhalt durch sündiges Tun verdienten. Keiner sollte sich verschulden, würfeln oder wuchern. Keiner durfte auf jüdischen Hochzeiten spielen. Jeder, der mit Frauen unehelich verkehrte, wurde von der Bruderschaft bestraft. Alle Musiker, die nicht der Bruderschaft angehörten, mußten jährlich vier Schilling-Heller an die Bruderschaft entrichten – ausgenommen nur die beim Grafen angestellten Spielleute. Schließlich bezahlte die Bruderschaft nach dem Vogtrecht jährlich fünf Pfund-Heller an den Grafen von Württemberg.

Endlich gleichberechtigte Christen

Weithin bekannt war die Rappoltsteiner Bruderschaft, deren längst bestehendes »Pfeiferlehen« 1481 von Kaiser Friedrich III. erneut bestätigt wurde. Die Herren von Rappoltstein setzten sich in ihrer Funktion als Vögte dieser elsässischen Bruderschaft wiederholt energisch für die Rechte der Spielleute ein. Graf Schmassmann von Rappoltstein tat sich besonders hervor, indem er über den Präsidenten des Basler Konzils, den Kardinallegaten Julianus Caesarini, eine Bulle Papst Eugens IV. durchsetzte. Darin wurden die Rechte der Spielleute endlich schriftlich bestätigt, zum Beispiel die Zulassung zum Abendmahl.

Graf Wilhelm von Rappoltstein erwähnt in einem Schreiben an den Bischof von Basel aus dem Jahr 1461 diese Bulle, in der den Spielleuten »bestetigt worden, das man inen ir kristliche rechte und daz heylige sacrament geben und tuon solle alse andern kristenn tuen …«. Auf diese Bulle, die unter anderem von Bischof Johann IV. von Basel und Bischof Heinrich IV. von Konstanz bestätigt wurde, konnten sich zukünftige Organisationen bei Verweigerung des Abendmahls durch den Klerus berufen.

Erst Mitte des 15. Jahrhunderts erhielten die Spielleute das Geschenk, das sie am allernötigsten hatten: die rechtliche Gleichstellung als Christenmenschen durch den Papst

Wie der Adel Feste feierte

Zu den großen Festen des Adels strömten Fahrende und Spielleute aller Art. Mitunter kamen sie von weither, wegen des hochrangigen und zahlreichen Publikums und natürlich auch wegen der zu erwartenden reichlichen Entlohnung. Anlaß für höfische Feierlichkeiten konnte ein kirchliches Hochfest ebenso sein wie ein besonderes politisches oder ein außergewöhnliches perönliches Ereignis. Hof- und Reichstage, der Ritterschlag, Thronerhebungen, Taufen, Hochzeiten und Begräbnisse, aber auch einfach die glückliche Rückkehr von einem Feldzug oder einer Reise boten Gelegenheit für mehr oder minder aufwendig gestaltete Festivitäten. So nahmen Geselligkeit und Repräsentation einen breiten Raum im Leben der Adeligen ein. Das Bankett mit seinem förmlichen Zeremoniell stand im Mittelpunkt der meisten Festlichkeiten. Es wurde umrahmt und begleitet von den Darbietungen der Tänzer, Musiker, Spaßmacher und Schauspieler.

Ohne Mitwirkung von Spielleuten waren diese mittelalterlichen Festlichkeiten nicht denkbar, sie verliehen den Veranstaltungen erst den Festcharakter und erfreuten sich deshalb großer Beliebtheit. Man benötigte

Ein Spielmann stellt sich an der fürstlichen Tafel vor, flämische Minatur von Loyset Liédet, Mitte 15. Jh.; Bibliothèque Nationale, Paris, Ms. fr. 24378, fol. 78'

Wer keine eigenen Spielleute in Diensten hatte, heuerte Musiker an, um bei öffentlichen und festlichen Anlässen, von Fanfaren angekündigt, gebührend vorfahren zu können

ihre Fähigkeiten und Kenntnisse. Sie waren in der Lage das Publikum zu unterhalten, in festliche Stimmung zu versetzen und so aus dem Alltag herauszuführen. Sie waren die Meister des Besonderen, Außergewöhnlichen, von Spiel, Vergnügen und Tanz. Man brauchte sie also unbedingt für die Inszenierung höfischer Feste. Die Spielleute waren hier sozusagen in ihrem Element. Sie konnten die Festgesellschaft in eine außergewöhnliche Stimmung versetzen, indem sie berauschend und erregend vortru-

gen, sie konnten aber auch beruhigend und ordnend auf die Gäste einwirken. Daneben spielte die Demonstration von Macht und Reichtum die zentrale Rolle im höfischen Leben. Anzahl und Bekanntheitsgrad der Spielleute sagten zugleich etwas über Macht und Reichtum des Dienstherrn aus. Man lud die Fahrenden und Spielleute deshalb ausdrücklich zu höfischen Feierlichkeiten ein. Boten ließen verlauten, daß sich jeder, der »Gut« erhalten möchte, zu den Festlichkeiten einfinden solle. Bei größe-

Darstellung eines durch die Stadt fahrenden Reisewagens aus der »Theseïde« des Giovanni Boccaccio, um 1455/60; Nationalbibliothek, Wien, MS 2617, fol. 39

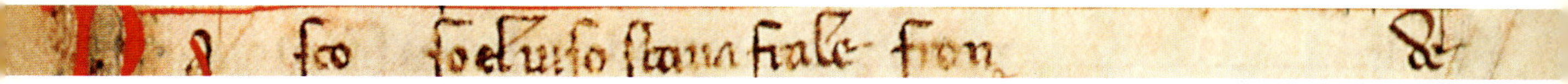

Mit schallendem Trompetenklang wurde auch Königin Isabella von Spanien bei ihrem Einzug in Paris im Jahr 1389 durch den Erzbischof und die weltlichen Herren der Stadt empfangen

Froissart, Empfang der Königin Isabella in Paris 1389, Miniatur aus den Chroniques d'Angleterre, Frankreich und Spanien, um 1400; British Library, London, Ms. Harley 4379, fol. 3v

ren Veranstaltungen zogen die Boten durch das ganze Land, um zum Beispiel eine fürstliche Hochzeit anzukündigen.

Obwohl die meisten Höfe über fest besoldete Instrumentalisten verfügten, insbesondere Bläser, fanden aber auch fahrende Musiker für die Dauer von Festlichkeiten Lohn und Unterkunft. Vornehme Herren halfen einander gelegentlich auch gegenseitig mit ihren Spielleuten aus. Diese wurden dann, oftmals mit einem Empfehlungsschreiben versehen, freundlich aufgenommen und großzügig entlohnt. Und selbstverständlich zogen die fürstlichen Gäste unter Begleitung von Spielleuten zum Festort, egal ob zum Reichstag, zum Turnier oder zur Hochzeit.

»Süeze Reisenoten«

Bereits die Reise zu einem festlichen Anlaß verlangte nach Mitwirkung von Spielleuten. Wer keine eigenen Spielleute hatte, stellte sich Musiker für die Dauer der Reise an. Auch auf all ihren sonstigen, mitunter beschwerlichen Reisen waren die Adeligen von einem ansehnlichen Gefolge umgeben, bei dem Musiker nicht fehlen durften. Sie hatten ihrem Herrn die Reise durch Unterhaltung und Kurzweil zu erleichtern und zugleich dienten sie als Beweis für Macht und Reichtum. Häufig erwähnen mittelalterliche Quellen, daß die Musikanten den Reisezug begleiteten und dabei eine »uzreise« oder »Reisenote« spielten. In seiner Selbstbiographie berichtet Ulrich von Liechtenstein ausführlich von den Begebenheiten auf seinen Reisen, unter anderem von zwei Fidlern, »die mich hochgemut machten, denn sie fidelten eine fröhliche Reisenote«.

Sogar auf Kriegszügen erfüllten sie diese Aufgabe. In die Schlacht selbst nahm man sie natürlich nicht mit, denn der Kampf Mann gegen Mann war Ehrensache und die Ehre sprach man den Spielleuten ab. Neben den Fidlern verfügten viele Reisezüge über mehrere Gruppen mit verschiedenen Instrumenten wie Trommeln und Holzblasinstrumenten, die über den gesamten Zug verteilt wurden. Die Musik der Spielleute erfrischte und ermunterte laut Überlieferung sowohl die Reiter wie auch die Rosse und wirkte so der Übermüdung durch die oft tagelangen Reisestrapazen entgegen.

Je lauter desto wichtiger

Um das Nahen eines ranghohen Mitgliedes der Gesellschaft anzukündigen, schritten dem Zug meist Bläser mit Schalmeien, Trompeten und Businen sowie Pauker voran. In die Städte oder Höfe marschierte man stets unter Trompetenklang ein. Die Gastgeber wiederum schickten dem Zug ihrerseits Musiker zum Empfang der Gäste entgegen. Während des Konstanzer Konzils scheint es üblich gewesen zu sein, daß mindestens vier Spielleute den Herzögen und Grafen beim Einzug in die Stadt musizierend vorausgingen oder -ritten. Die lauten Instrumente dienten mit ihrer enormen Lärmentwicklung der Repräsentation und der Erregung von Aufmerksamkeit.

Als Philipp der Gute im Jahr 1456 in Utrecht einzog, »erschallten Trompeten vor ihm, daß die Straßen von den Toren bis zur Stadtmitte widerhallten und die Aufmerksamkeit aller Ohren und Augen geweckt wurde«. Der Herzog befand sich häufig auf Reisen und wurde dabei von durch-

A La requeste con
templation z plai
sance de tres hault
et noble prince
mon treschier seigneur z maistre
Guy de chastillon conte de blois
seigneur dauesnes de chymay
et de beaumont de sconnehone
et de la gode. Je iehan frois
sart prebstre et chappelain a mon
treschier seigneur dessus nomme
Et pour le tamps de lors tresorier
et chanonne de chimay et de lille
en flandres Me suis de nouvel
resueillie et entre dedens ma for
ge pour ouurer et forgier en la
haulte et noble matiere de la
quelle du tamps passe ie me
suis ensonnie. Laquelle traitte
et propose les fais et aduenues

Miniatur aus der Chronik Jean Froissarts, Handschrift aus Brügge, 1468/69; Staatsbibliothek Preußischer Kulturbesitz, Berlin, Depot Breslau 1, Ms. Rehd. 2, fol. 215

Als Karl VI. im Jahr 1380 mit großem Prunk zum König von Frankreich gekrönt wurde, schritten dem Krönungszug zur Kathedrale von Reims bereits 30 Trompeter voran

schnittlich 12 bis 15 Musikern begleitet. Zu den ausdrücklichen Aufgaben seiner Trompeter zählte es, bei sämtlichen Einzügen in Städte und Herrscherhöfe aufzuspielen.

Wie wichtig man die Beteiligung von Spielleuten auf Reisen empfand, führt eine Unternehmung des Galeazzo Sforza aus dem Herzogsgeschlecht der Sforza beispielhaft vor Augen. Im Jahr 1471 plante er, von Mailand nach Florenz zu reisen. Leider befanden sich seine eigenen Posaunisten, Schalmeibläser und Querpfeifer zu dieser Zeit aufgrund einer Straftat im Gefängnis. Da er nun keine standesgemäße Reisebegleitung hatte, zögerte er den Reisebeginn so lange hinaus, bis ihm der Marquis von Mantua seine 40 Lautenspieler als Ersatz zur Verfügung gestellt hatte.

Spitzenereignisse

Bei besonders herausragenden Festlichkeiten, wie Krönungen und fürstlichen Hochzeiten, hielt man meist nur den hellen und lauten Klang von Trompeten für angemessen.

Am 8. Januar 1430 etwa kam Prinzessin Isabella von Portugal nach Brügge, um hier die Ehe mit Herzog Philipp von Burgund einzugehen. In einer Sänfte, der 76 Trompeter voranschritten, wurde die Prinzessin unter dem Jubel des Volkes durch die Straßen getragen. Diese waren mit Teppichen ausgelegt, die 15 Wagenladungen beansprucht hatten. Von weither kamen mehr als 120 Spielleute, die in der ganzen Stadt so viel Lärm entwickelten, daß die Straßen geradezu von Instrumentalmusik widerhallten.

Äußerst abwechslungsreich gestaltete sich das eigentliche Festgelage, nachdem Spielleute, Gaukler und mitunter Narren, Braut und Bräutigam

Spielleute mit Businen begleiteten die Tochter des Königs Olivier von Kastilien anläßlich ihrer Vermählung mit Artus von Algarve. Die Brautleute werden vor dem Kirchenportal gerade durch die Geistlichkeit begrüßt

wieder zurück an den Hof geleitet hatten. Egal, ob aus privatem oder politischem Anlaß gefeiert wurde, stets wechselten Festmahl, Tanz, Gesang, Spiel und Darbietungen verschiedenster Art einander ab. Lediglich der betriebene Aufwand und der jeweilige Anteil dieser Vergnügungen im Verhältnis zueinander wiesen Unterschiede auf. Die Feste dauerten oftmals einige Tage und mehrstündige Banketts stellten den Normalfall dar. Man feierte meist innerhalb größerer Säle, oft nahmen die Feierlichkeiten aber solche Ausmaße an, daß Tanz, Darbietungen und Bankett im Freien stattfinden mußten. Die Gäste wurden dann in eigens aufgestellten Zel-

Miniatur aus »L'histoire de Olivier ...«, Handschrift für Philipp den Guten, 15. Jh.; Bibliothèque Nationale, Paris, MS. fr. 12574, fol. 113

toutes ces choses. soy tournant a
ordonner lestat de la chose publi-
que. Ordonna que lan selon le
cours du soleil feust de iij.^c et lxv.
iours. et suppléa le Senat. Il
esleut hommes Patrices. Il acrut
le nombre des preteurs des ediles
Questeurs et des mendres officiers.
Il restitua aussi les Censeurs con-
dempnez par la sentence des iuges
Il fit le Cens du peuple non pas
selon la coustume ne le lieu acous-
tumé. a vais par les contrées et
maysons. Et le nombre de iij.^c. vj.^m
hommes qui prenoyent du public
que reduisit a C.l.^m Et parce il
avoit distribue iiij.^{xx}.viij^m hommes
es colonies oultre marines. Il decreta
afin que la cite de Romme qui es-
toit vuidee feust remplie. que aulcun
citoien plus aagie de vingt ans et
mendre de .l. qui ne feust tenu par
serment. ne se tenist plus de trois
ans hors ditalie. Et que aulcun

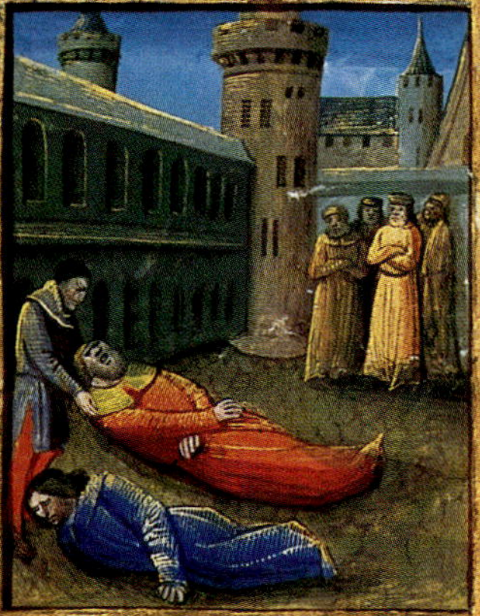

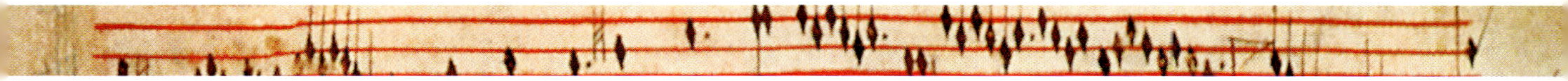

ten und Hütten vor der Burg oder dem Schloß untergebracht. Bei derart zahlreichen Festgästen wurden die Mahlzeiten dann nicht selten zu Pferde aufgetragen, um die Wegstrecken noch bewältigen zu können. Leider war die festliche Gesellschaft dadurch mitunter schlechten Witterungsbedingungen ausgesetzt. So mußte Kaiser Barbarossa 1184 ein prächtiges Festgelage nach einem Unwetter gänzlich abbrechen, und auch im Dezember 1356 im winterlichen Metz dürfte nicht nur der Gastgeber Karl IV. bei den im Freien abgehaltenen Feierlichkeiten gefroren haben.

Festliche Tafelfreuden

Im Zentrum mittelalterlicher Festlichkeiten stand das Tafeln, das einem festgelegten Zeremoniell zu folgen hatte. Ein Höchstmaß an leiblichen Genüssen wurde in zahlreichen Gängen aufgeboten und durch Tanz, Musikdarbietungen, Auftritte verschiedener Possenreißer und Schauspieler aufs vergnüglichste unterbrochen. Der Gastgeber hatte damit Gelegenheit seinen ganzen Reichtum und seine unbedingt bedeutende gesellschaftliche Position zur Schau zu stellen.

Bereits das Eintreffen der Gäste beim Festmahl wurde von den Klängen der lauten Trompeteninstrumente begleitet. Teilweise erfolgte die Begrüßung der Gäste durch einen ordentlichen Tusch. Beim Festessen anläßlich der Königskrönung von 1442 in Aachen, das im Rathaus aufgetragen wurde, empfand ein Chronist den Trompetenklang so laut, »als ob der Saal um welt fallen« (als ob der Saal einfallen wollte). Ein Alta-Ensemble aus lauttönenden Blasinstrumenten begleitete meist das Hereintragen und Servieren der einzelnen Gänge, wobei die Gäste immer in der Reihenfolge ihrer gesellschaftlichen Stellung bedient wurden. Bei der Hochzeit Roberts von Frankreich mit Mathilde von Brabant, die 1237 begangen wurde, ritten zwei Spielleute in die Halle, um die einzelnen Gänge mit ihren Trompeten anzukündigen. Sie saßen dabei auf Ochsen, die ganz mit scharlachroten Tüchern bedeckt waren. Dieses paarweise, jedem Gang voranschreitende Blasen der Instrumente war in herrschaftlichen Kreisen allgemein üblich.

Niemals ohne Musik

Auch während der Mahlzeit war bei mittelalterlichen Festen der Klang von Musik unerläßlich. Selbst der strenge Musiktheoretiker Johannes Tinctoris rechtfertigte in der zweiten Hälfte des 15. Jahrhunderts die Tafelmusik, da der Gesang und das Spiel aller Instrumentenarten dazu geeignet seien, den Genuß und die Freude zu erhöhen, und dem Festessen einen prächtigen Rahmen zu verleihen. Zahlreiche Berichte und Chroniken bezeugen die stete Anwesenheit von Musikanten während des Essens.

Nicht selten stellten sich die Spielleute im Saal auf, um in unmittelbarer Nähe der Tafelnden aufzuwarten. Das Hin- und Herlaufen der singenden und auf ihren Instrumenten musizierenden Spielleute im Raum ist sogar für ein königliches Festessen überliefert. Besonders häufig plazierte man die Musiker jedoch auf Holzpodesten oder Emporen. Von diesen auch als »Pfeiferstuhl« bezeichneten Emporen aus spielten die Musiker vor allem zum Tanz auf, aber auch während des Festessens. Um das festliche Gesamtbild nicht zu stören, kleidete man die Musikanten vielerorts in eine farblich

Unter dem Schall lauter Trompeten und den leisen Klängen von Portativ und Laute huldigt die Stadtbevölkerung dem prunkvoll Einzug haltenden Herrscher

Roberto della Porta, Le Romuléon, spätes 15. Jh.; Bibliothèque Nationale, Paris, Ms. fr. 364, fol. 313

Festliche Tafelmusik erklingt von der Musikempore aus, die auch »Pfeiferstuhl« genannt wurde

abgestimmte Livrée. Von Hof zu Hof gab es allerdings Unterschiede im Erscheinungsbild der Musikanten. Die Kleidung war ja ein wichtiges Kennzeichen der sozialen Einordnung, so spielten sie teilweise in langen oder aber nur in kurzen Gewändern, mit oder ohne Kopfbedeckung.

Die Musik durfte aber auf keinen Fall stören. War der Klang der Alta-Ensembles auf Dauer zu laut, musizierte man dazwischen auf den Bassa-Instrumenten, auf den leisen Fideln, Harfen, Lauten, Flöten und kleinen Trommeln. Diese ruhigeren Klänge beschrieb man häufig als »süeze kunst« im Gegensatz zu den prunkvollen und lauten Trompeten, Posaunen und Schalmeien. Bis um 1600 läßt sich diese Vorliebe für wechselnde Bassa- und Alta-Ensembles nachweisen. Gerne postierte man die Spielleute dieser Instrumentengruppen voneinander getrennt auf verschiedenen Emporen und Balkonen. So erklangen während des Festmahles, wie mehrfach bezeugt, sowohl kleine Pauken, auf Wunsch Kaiser Maximilians Ende des 15. Jahrhunderts sogar 10 Trompeten und zwei Kesselpauken, als auch mehrere Fideln oder Lauten. Die jeweilige Vorliebe des Gastgebers wie der vorherrschende Zeitgeschmack führten zu variierenden Besetzungen.

33 Gänge für Karl d. Kühnen

Karl der Kühne veranstaltete in Trier zu Ehren des deutschen Kaisers Friedrich III. im Jahr 1473 ein Festmahl mit 33 Gängen. Anschließend musizierten 10 Trompeter, gefolgt von einem Alta-Ensemble aus drei Trompetern, vier Pfeifern und zwei Posaunisten. Als Ausgleich traten daraufhin zuerst drei Lautenspieler und dann drei Fidler auf. Den krönenden Schlußpunkt setzte ein Schwerttänzer mit seinen Künsten.

Aus zahlreichen Abbildungen läßt sich entnehmen, daß auch Kombinationen von Schalmei, Pommer und Sackpfeife sehr geschätzt wurden. Besonders bevorzugt wurde in höfischen wie in bürgerlichen Kreisen bis ins 16. Jahrhundert hinein die Koppelung von Einhandflöte und Trommel oder kleiner Pauke.

Das Bankett wurde nach den einzelnen Gängen immer wieder von

Miniatur aus der »Histoire de Charles Martel«, Flandern, um 1460; Bibliothèque Royale Albert 1er, Brüssel, MS 8, fol. 33v

Zwischenspielen unterbrochen, das heißt, durch Einlagen und Vorführungen von Tänzern, Schauspielern, Gauklern und Musikanten. So zog sich die große Hauptmahlzeit mitunter vom Abend bis in die frühen Morgenstunden hin.

Das Fasanenfest

Als Beispiel seien die Zwischenspiele genannt, die während der Tafel des berühmten Fasanenfestes dargeboten wurden. Herzog Philipp der Gute veranstaltete dieses prächtige Fest im Februar 1454, nachdem Konstantinopel gefallen war. Der Adel war geladen, um für einen erneuten Kreuzzug gewonnen zu werden. Tatsächlich leisteten die Gäste einen Eid auf ihre Teilnahme, vergaßen ihr Versprechen nach dem Fest jedoch schnell wieder.

Speziell für den Anlaß war eine Festhalle gebaut worden, geschmückt mit Wandteppichen hinter riesigen Tischen. Der Herzog tafelte in der Mitte unter einem Baldachin aus Samt und Gold. Die zahlreichen Gänge des Mahles wurden immer wieder durch folgende Darbietungen unterbrochen: In der Nachbildung einer Kirche inmitten der Festhalle musizierten vier Sänger im Wechsel mit einem Portativspieler. In einem riesigen Backwerk in Form einer Pastete spielten und sangen 28 fest angestellte

Bläser begleiten das Auftragen der einzelnen Gänge des festlichen Mahles lautstark

Das Hochzeitsmahl des Guerin von Metz, Miniatur aus der »Histoire de Charles Martel«, Flandern, um 1460; Bibliothèque Royale Albert 1er, Brüssel, Ms 8, fol. 326

Besonders prachtvolle oder politisch bedeutsame Bankette wurden stets in Wort und Bild festgehalten. Keiner sollte schließlich später behaupten können, er sei nicht gebührend bewirtet worden

Links: Wilhelm von Orléans bedient den König von England, Federzeichnung aus der Handschrift »Wlileham von Orlens«, Elsaß 1419; Württembergische Landesbibliothek, Stuttgart

Rechts: Tischordnung am Hofe des Khan, Federzeichnung aus der Handschrift »Die Reise nach Jerusalem« von Maudeville, 15. Jh; Württembergische Landesbibliothek, Stuttgart

Spielleute des burgundischen Hofes, Flötisten, Streicher, Lautenisten, Bläser von Trompeten, Krummhörnern, Sackpfeifen und Zinken. Daraufhin wurde ein schönes Lied von mehreren Sängern zum Besten gegeben. Ein Musiker erschien mit seiner Sackpfeife in der Verkleidung eines Hirten. Zwei Trompeter spielten auf einem Pferd sitzend, das rückwärts in die Festhalle geritten kam. Die Orgel spielte erneut. Die Hofkapelle sang eine Motette und eine Chanson. Ein Ensemble aus Sängern, Fidlern und Lautenisten trat auf. Von einem Trompetensignal angekündigt, ritt ein junges Mädchen auf einem weißen Hirsch singend in die Halle. Ein Theaterstück, »Das Mysterium und die Abenteuer Jasons«, wurde aufgeführt. Wieder trat der Orgelspieler in Aktion. Vier Musiker spielten auf ihren Blockflöten. Die Hofkapelle sang eine weitere Chanson und eine Caccia. Ein Elefant wurde vorgeführt. Musikanten mit Handtrommel, Lauten und Harfen sowie Fackelträger führten eine nächtliche Prozession der Gäste an. Ein Fackeltanz zur Einhandflöte und Handtrommel beendete das Festmahl schließlich gegen drei Uhr morgens.

Akrobaten und Narren

Für Begeisterung bei höfischen Festen sorgten stets akrobatische Tanzvorführungen, Zauberkünste und Tierdressuren, die immer von Musik begleitet wurden. Beliebt waren Heldenlied- und Moritatensänger, die zumeist die Reihe der Einlagen eröffneten. Im späteren Mittelalter durfte nicht auf die Anwesenheit eines Hofnarren verzichtet werden. Er bot dem Publikum Gelegenheit zum Spotten, animierte aber am Ende seines Auftritts auch zum Tanz. In der Zeit, in der Hofnarren beliebt waren, konnten sich Musiker, die einen zwergenhaften Körperbau hatten, besonderer Aufmerksamkeit erfreuen. Diese sogenannten »kurzen Sänger«, »kurzen Fidler« oder »kurzen Pfeifer« vereinten die Rolle des Musikers und die des Narren in ihrer Person.

Tanzvergnügen

Stellte das Mahl den Mittelpunkt des Festes dar, war der Tanz unentbehrlich. Die Tänze dienten sowohl der Repräsentation wie dem Vergnügen. Man tanzte in Gruppen, Paartänze lassen sich erst seit dem 14. Jahrhundert verstärkt nachweisen. In höfischen Kreisen bestimmten Rang und Ansehen die Reihenfolge der Tänzer. Die Gäste ordneten sich jeweils nach den gesellschaftlich Höherstehenden in den Zug ein.

Allgemein unterschied man den langsamen, feierlichen Schreittanz, die *basse danse*, vom lebhafteren Sprungtanz, der *haute danse*. Die jeweiligen Schritte und Figuren der höfischen Tänze wurden meist bei einem Tanzmeister erlernt und unterlagen regionalen Unterschieden und ständigen modischen Neuerungen. Das Beherrschen der in den höfischen Kreisen üblichen Tänze erforderte ein hervorragendes Gedächtnis. Sie unterstützten in ihrem geregelten Zusammenspiel der einzelnen Teilnehmer das Gefühl von gesellschaftlicher Zusammengehörigkeit.

Reigentänze

Der Reigen oder Rundtanz, den die Tanzenden wie die Zuschauer häufig mit Gesang begleiteten, erfreute sich im Mittelalter besonderer Beliebtheit. Die Reigentänze, die mitunter als *Ballata* oder *Rondeau* bezeichnet wurden, konnten sowohl gesprungen als auch geschritten werden. Nicht selten wurden sie von einem Vortänzer angeführt, der mit einem Wedel oder durch Rufen Richtung und Rhythmus angab. Im Gegensatz zum bürgerlichen oder bäuerlichen Reigentanz bemühte man sich in höfischen Kreisen allerdings, die Schritte enger und dezenter zu setzen.

Tanzkapellen und Solisten

Die seit dem 14. Jahrhundert standardisierten, sogenannten Alta-Tanzkapellen, bestehend aus Schalmeien und Trompeten, wurden besonders gerne auf Podesten und Emporen plaziert. Dabei war es gleichgültig, ob die Veranstaltung nun im Freien oder in einem Raum abgehalten wurde. Im Jahre 1473 begleiteten »pfiffer und drommeter« selbst den Kaiser beim höfischen Tanz. Nicht minder gebräuchlich zur Tanzbegleitung waren Einhandflöte und Trommel, die häufig von einem einzigen Spielmann betätigt wurden. So nennt Sebastian Virdung in seinem instrumentenkundlichen Traktat aus dem Jahr 1511 »ein klein peucklin« und »schwegel« als übliche Kombination »sunderlich zu dantz/oder zu den hochzyten«. Nicht nur in bürgerlichen, sondern auch in höfischen Kreisen schätzte man bis ins 17. Jahr-

Auf einer Miniatur, die den im 13. Jahrhundert entstandenen Rosenroman illustriert, zeigen vier Paare aus aristokratischen Kreisen einen typischen Reigentanz zum Klang von drei Schalmeien

Buchmalerei, um 1460; Bibliothèque Nationale, Paris, Ms. Fr. 19153, fol. 7

Spielleute mit Einhandflöte und Trommel, der eine am französischen, der andere am englischen Hof, geben gerade den Auftakt zum Tanz

Oben: Hoftanz, Miniatur aus den »Histoires« des Valère-Maxime, Frankreich, 15. Jh.; Bibliothèque Nationale, Paris, MS fr. 288, fol. 181v

Rechts: Tanz am englischen Königshof, Miniatur aus der »Chronique d'Angleterre«, Vol. 1, des Jean de Wavrin, flämisch, um 1470; Österreichische Nationalbibliothek, Wien, Ms. 2534, fol. 331

hundert hinein dieses sehr einfache Instrumentarium.

Auf den zeitgenössischen Darstellungen befinden sich einzelne Spielleute während höfischer Tänze oftmals mitten im Bild. Ihre Aufgabe war es, das soll damit zum Ausdruck gebracht werden, die Gäste während der Tänze zu animieren, anzufeuern oder zu beruhigen. Ähnlich dem Vortänzer gab der Spielmann wohl Rhythmus, Bewegungsrichtung und eventuell Tanzschritte an. Die ursprüngliche Funktion des Spielmannes, selbst als Tänzer mitzuwirken, die sich beim Volkstanz noch über Jahrhunderte hielt, ist dabei nur noch zu erahnen. Neben Einhandflöte und Trommel bot sich vor allem die Fidel als Instrument für den gleichzeitig musizierenden und tanzenden Spielmann an. Dieses Musizieren und zugleich animierende Mitwirken am Tanzgeschehen wurde mitunter auch von den Musikern und Narren in Personalunion ausgeführt.

Europa ohne Grenzen

Die Spielleute und vor allem die fahrenden Musikanten hatten zudem die wichtige Aufgabe, für die Verbreitung von Tänzen und Liedern zu sorgen, die sich meist an ganz verschiedenen Orten Europas entwickelt hatten. Gerade die Tanzmusik war auf die mündliche Überlieferung angewiesen, denn die schriftliche Notation gab es für diesen Bereich während des Mittelalters nur äußerst selten.

Sicherlich hörten sich die Musiker bei internationalen Spielmannstreffen und auf den ebenso internationalen Spielmannschulen gegenseitig beliebte Melodien und neue Tanzweisen sowie unterschiedliche Spieltechniken ab, mit denen sie dann wiederum ihre Auftraggeber begeistern konnten. Lediglich der stete Wechsel von ruhigen und lebhaften Tänzen blieb ein über die Epochen gemeinsames Charakteristikum.

Wollte ein Spielmann bei Hofe tätig sein, mußte er Tänze wie den »Portigaler«, den »Saltarello«, den »Spanieler«, »ain niderlendisch runden dantz« oder einen »welschen dantz« gleichermaßen beherrschen – er mußte mit den Tänzen vieler Regionen vertraut sein. Schließlich gehörte zu einem repräsentativen und kultivierten Fest, daß die Gäste, egal ob an einem burgundischen, mailändischen oder englischen Hof, in gleicher Weise die momentan modischen Tänze schreiten oder springen konnten.

APres le trespas du bon roy Edouard regna sire edouard son filz lequel nasqui en carnarenan Cestui roy Edouard ala en france et espousa dame ysabel fille du roy

de france le xxv Jour de Jennier lan de grace mil trois cens et vuyt Et le xxviii Jour de feburier lan apres ensieuant Il fut solempnellement couronnés a Westmoustier par larcheuesque Robert de Wincestre et de cantorbie ou la presse fut sy grande que sire Jehan de

Oftmals dauerten die Tanzveranstaltungen vom Abend bis in die frühen Morgenstunden, und so war der Musiker auf sein gutes Gedächtnis und seine improvisatorischen Fähigkeiten angewiesen. Bekannte Tanzmelodien wurden vielfach variiert, in unterschiedlichem Metrum vorgetragen oder melodisch umspielt. Wiederholte sich ein Spielmann jedoch nicht abwechslungsreich genug, fand er sich wohl schnell auf der Straße wieder und mußte einem besseren Kollegen Platz machen.

Moriskentänze

Eine besondere Form des Tanzes, die in Schilderungen höfischer Feste Erwähnung finden, sind die Programm- und Schautänze. Meist wurden sie von berufsmäßigen Tänzern und Musikern ausgeführt, vor allem von musizierendem Spielmann und tanzender Spielfrau. Die sogenannten Moriskentänze, in denen maurische Sarazenenkämpfe nachgeahmt wurden, folgten keinen festen Schrittfolgen. In Gewändern, die mit Schellen und Glöckchen übersät waren, hüpfte man mit großen Sprüngen und lebhaften Gesten zum Rhythmus der Musik.

Maskentänze

Maskentänze in Kostümierungen aller Art wurden von Spielleuten, Tänzern und Gästen in der Regel sehr ausgelassen, stürmisch und mit enormem Geschrei vollführt. Die Schritte wurden »wild« hüpfend improvisiert. Musiziert wurde zu diesen Tänzen auf Trompeten und Schalmeien genauso wie auf Pfeifen, Einhandflöten und Trommeln. Ein Maskentanz während eines Festes am Hofe des französischen Königs Karl IV. im Jahr 1393 erlangte traurige Berühmtheit. Die Kostüme der tanzenden Gäste fingen Feuer und die Feier endete mit mehreren Verletzten.

Spannender Sprechgesang

Wurde nicht getanzt oder getafelt, konnte die höfische Gesellschaft zahlreichen anderen Vergnügungen und Zerstreuungen nachgehen. Man teilte sich in kleinere Gruppen auf. Verschiedenste Aktivitäten spielten sich dann nebeneinander ab. Einige Gäste zogen es vielleicht vor, einem Sprecher zuzuhören, der – wohl in Form von Fortsetzungsstunden – spannende Sagen und Erzählungen mit gelegentlich enormen Ausmaßen gesangsartig vortrug.

Der »Marner«, ein wandernder schwäbischer Liederdichter aus der Mitte des 13. Jahrhunderts, beschrieb diese, seine nicht einfache Aufgabe bei Burggesellschaften folgendermaßen: »Wenn ich den Leuten meine Lieder vorsinge, dann will der erste das hören, wie Dietrich Bern verließ, der zweite, wo König Rother saß; der dritte will vom Reußenkrieg hören, dagegen der vierte von Eckeharts tödlicher Bedrängnis, der fünfte, wen Kriemhild verriet, der sechste hätte lieber gehört, was mit den Wilzen passiert ist.«

Von dem um 1270 ermordeten Liederdichter hatte die gehobene Gesellschaft auch den huldigenden Minnesang erwartet, aber manche seiner eitlen Zuhörerinnen waren, wie seinen Klagen zu entnehmen ist, durch kein noch so artiges Lob ihrer Schönheit zufriedenzustellen gewesen.

Auch auf dem prunkvollsten Hoffest gab es Rückzugsmöglichkeiten: Man konnte die Gartenanlagen aufsuchen, um in aller Ruhe den neuesten Schreittanz zu proben …

Der Liebesgarten, Illustration zum Rosenroman, flämisch, um 1490; British Library, London, Ms. Harley 4425, fol. 12v

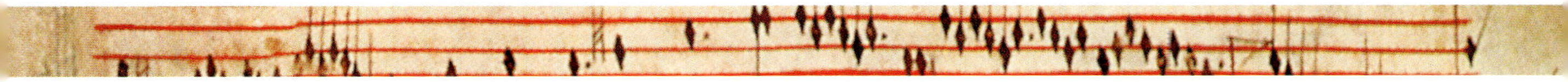

Asez y fery et
hurtay.
Et maintesfois
je escoutay
Se je orroye leans nulle ame
Le huichet qui estoit de charme
Me ouvrit une pucellette
Qui assez estoit gente et nette
Cheveulx eut blons come ung bassin
La char plus tendre que ung poussin
Front reluisant sourcilz voultis
Lentreoeil si nestoit pas petis
Ains fut assez mais y mesure
Le nez eut bien fait a droiture
Les yeulx eut vers come faulcone
Pour faire envie a tous hommes
Doulce alaine eut et savouree
La face blanche et colouree
La bouche petite et grossette
Et au menton une fossette

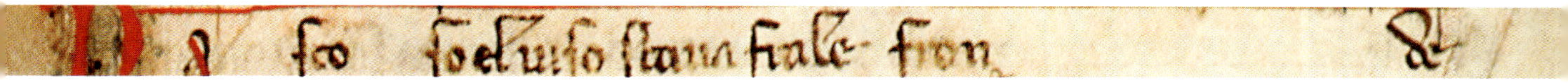

Ceste gent dont
Je vous parole
S'estoient pris
a la carole
Et une dame leur chantoit
Qui liesse appellee estoit
Bien scavoit chanter et plaisamment
Plus que nulle et mignotement
Son bel refrain mieulx bien lui sist
Car de chanter merveilles fist
Elle avoit la voix clere et saine
Laquelle n'estoit pas villaine
Tres bien se scavoit debriser
Ferir du pie et renvoiser
Les gens la tenoient mise chiere
Pource qu'elle estoit la premiere
De belle face et planiere
Courtoise estoit et non pas fiere
De joyeusete fut garnie
Et aussi de solas fournie

War die Erzählung abgeschlossen oder wurde eine Unterbrechung eingeschoben, legte man vielleicht erneut eine Tanzrunde ein. Andere Spielleute wiederum warteten nur darauf mit ihren Instrumenten endlich als Solisten brillieren zu können. So konnte man dem virtuosen Fidler lauschen oder sich den sanften Klängen des Lautenisten hingeben. In einer anderen Ecke begeisterten möglicherweise Gaukler und Akrobaten die Gäste mit ihren Jongleurskünsten und Zaubertricks. Wieder andere, um die man wohl einen Kreis bildete, stimmten dann ein Lied an, das die Gäste zum Mitsingen einlud.

Im Liebesgarten

Ließen Jahreszeit und Witterung es zu, spazierte man gerne im Freien. An die mittelalterlichen Hofanlagen grenzten meist wunderschöne, parkartige Gärten. Sie boten den geeigneten Rahmen für Spiel, Tanz und Tändelei. Der Rosenroman aus dem 13. Jahrhundert schildert einen solchen Garten des Frohsinns. Die nebenstehende Miniatur aus dem späten 15. Jahrhundert vermittelt einen Eindruck von seiner Schönheit, umgeben von schützenden Mauern und bepflanzt mit schattenspenden Bäumen. Spielleute mit Einhandflöte und Trommel, Harfe und Längsflöte musizieren für eine kleine Gruppe Adeliger, die inmitten des Gartens einen Schreittanz ausführen, der von einem Vortänzer mit einem Zweig in der Hand geleitet wird. Am Abend dann, bei Kerzenschein, begleitet von »allez saitenspil«, hörte man gern noch ein »Abendmärlein«, derweil ein anderer erschöpfter Aristokrat mithilfe der »süezen kunst« leiser Melodien in den Schlaf begleitet werden mußte.

Die Kunst der Inszenierung

Es gehörte also beides zum höfischen Fest: der laute und repräsentative Klang von Schalmeien, Trompeten, Pfeifen und Trommeln einerseits und die beruhigende, leise Kunst der Saiteninstrumente und Flöten andererseits. Entscheidend war, daß die Musik zum jeweiligen Anlaß passend gewählt war und den Geschmack der Gäste traf.

Bei einem prunkvollen Fest, das der Fürst Malatesta im Jahr 1324 in Rimini veranstaltete, sollen der Schilderung zufolge 1500 Spielleute beschäftigt gewesen sein. Sicherlich spielten sie nicht alle gemeinsam, sondern nacheinander zu unterschiedlichen Zwecken und, bei allerlei gleichzeitig stattfindenden Vergnügungen in kleine Ensembles aufgeteilt, auch nebeneinander. Zum Abschluß der Festlichkeit wurden dann in großem Rahmen und nach genauem Zeremoniell Belohnungen für die Spielleute verteilt – zur höheren Ehre des Gastgebers, versteht sich.

…, oder der Edelmann wählte ein stilles Kämmerlein, wo er bei dezenter musikalischer Untermalung dem königlichen Schachspiel mit einer ebenbürtigen Partnerin huldigen durfte

Linke Seite: Tanz in einem Garten, Illustration zum Rosenroman, flämisch, um 1490; British Library, London, Ms. Harley 4425, fol. 14v

Rechts unten: Miniatur aus der Manesse-Handschrift, um 1320; Universitätsbibliothek, Heidelberg, Cod. Pal. Germ. 848, fol. 13r

Das feierliche Umschnallen des Ritterschwertes und das Anschnallen der Sporen stellte den Höhepunkt im Leben adeliger Jünglinge dar. Die bedeutende Rolle, die den Spielleuten zukam, Würde und Erhabenheit eines solchen Augenblicks zu erhöhen, ist von den Chronisten überliefert, beispielsweise beim Ritterschlag der Söhne Barbarossas an Pfingsten 1184 oder des Prinzen Eduard von England im Jahr 1306

Wappnung eines Ritters, Miniatur, 14. Jh.; Bibliothèque Nationale, Paris Ms. franç. 782, fol. 161

Beim Turnier und auf dem Kriegszug

Neben höfischen Festen und Feierlichkeiten nahmen Turnier und Kriegshandwerk eine besondere Stellung im Leben adeliger Herren ein. Mit großem Aufwand wurde der Ritterschlag junger Aristokraten begangen. Spielleute hatten natürlich auch diesen wichtigen Anlaß musikalisch zu umrahmen. Bereits in der Nacht vor dem Ritterschlag walteten sie ihres Amtes und verkürzten dem Kandidaten die Zeit der obligatorischen Wache in der Kirche mit Fidelspiel. Der Ritterschlag diente der Hinführung zur eigentlichen Aufgabe des erwachsenen Adeli-

gen, zur tapferen Bewährung in der Schlacht. Ihre spielerische Variante, das Turnier, war ein besonders beliebter standesgemäßer Zeitvertreib. Ihren ursprünglichen Zweck, die Einübung von Kampftechniken und das Trainieren der Kampfbereitschaft, büßten die Turnierveranstaltungen im Lauf des Mittelalters allerdings zunehmend ein. Sie waren spätestens seit dem 15. Jahrhundert nur mehr besonders farbenprächtige und lautstarke Feste, die sich meist über mehrere Tage hinzogen. Wie auch in der tatsächlichen Schlacht übernahmen Musiker mit ihren Instrumenten die

Aufgabe, Kampfsignale zu geben sowie Roß und Reiter anzuspornen. Aufgrund ihres Klangcharakters eigneten sich dafür vorzugsweise Blechblas-, Holzblas- und Schlaginstrumente.

Eröffnung des Turniers

Ausführlich beschrieb René d'Anjou in seinem *Livre des tournois* Ablauf, Reglement und die Aufgaben der Bläser, Trommler und sonstigen Spielleute während des Turniers. Bereits im Vorfeld des Kampfes mußte die geplante Turnierveranstaltung auf den umliegenden Burgen angezeigt werden, wofür man bereits Spielleute aussandte. Unter allerlei Instrumentenklang – »wie es ihnen gefällt« – zogen die ritterlichen Turnierteilnehmer dann am festgesetzten Tag pünktlich auf den Turnierplatz ein. Unter Trompetenklang schritt beispielsweise Herzog Karl der Kühne auf den Marktplatz von Brügge, als hier anläßlich seiner Hochzeit mit Margarete von York im Jahr 1468 ein Turnier stattfand.

Noch vor Beginn des Kampfes kam es den Quellen zufolge bereits zu Getümmel und Handgemenge. Wie das *Livre des tournois* zeigt und beschreibt, fanden sich die herrschaftlichen Teilnehmer mit gezogenen Schwertern auf dem umgrenzten Kampfareal ein, präsentierten sich eng gedrängt den Zuschauern und begrüßten die Damen auf den Ehrentribünen. In Diensten der beteiligten Adelsgeschlechter stehende Musikanten, Spielleute aus den umliegenden Städten sowie angereiste Fahrende erzeugten die festliche Geräuschkulisse. Dieses Getümmel löste sich erst auf, nachdem ein Spielmann mit seiner Trompete das Turnier offiziell eröffnet hatte.

Erst jetzt fanden die jeweils einander zugeordneten Kontrahenten Einlaß auf die eigentliche Kampfbahn. Bevor man sie nun mit gerichteten Lanzen oder gezückten Schwertern aufeinander losließ, mußte ein Herold ihre Abstammung überprüfen, um sicherzugehen, daß sie überhaupt am Turnier teilnehmen duften. Die adelige Herkunft mußte dabei über das mitgeführte Wappen der Familie nachgewiesen werden.

In der Kampfbahn

Trompeten, Pauken und Trommeln zeigten jetzt den Beginn des Kampfes an. Lautstark verkündeten sie jeden Treffer mit der Lanze und jeden erfolgreichen Schwertstreich. Nicht selten begleiteten Spielleute die Kämpfenden bis hinter die Schranken und ermutigten die Streitenden aus nächster Nähe, indem sie die Herkunft ihres Ritters lobten, sein Wappen schwangen und sein Signal ertönen ließen. Der Lärm, den die Spielleute auf ihren Instrumenten erzeugten, zusammen mit der gewaltigen Geräuschkulisse, die das angereiste Publikum hervorbrachte, scheint so groß gewesen zu sein, daß zahlreiche Chronisten dies immer wieder hervorheben. Manchmal seien die Musikanten und Zuschauer auf dem Turnierplatz angeblich so laut gewesen, »daß Berg und Tal widerhallten«.

Siegreiche Recken

Für die Spielleute war der Höhepunkt des Turniers erst erreicht, wenn sie die siegreichen Ritter preisen durften, deren Erfolge dann aufgezählt wurden, während sich die Recken selber vor der Ehrentribüne der höfischen Damenwelt und deren reizenden

Wenn die Lanze brach, gab's Schimpf und Schande. Der Sieger dagegen durfte sich der Anerkennung holder Weiblichkeit sicher sein. Für ihn erklangen wohl nicht allein die Fanfaren, sondern auch »süeze« Worte

Links: Miniatur aus der Manesse-Handschrift, um 1320; Universitätsbibliothek, Heidelberg, Cod. Pal. Germ. 848, fol. 192^{v}

Oben: Miniatur aus der Manesse-Handschrift, um 1320; Universitätsbibliothek, Heidelberg, Cod. Pal. Germ. 848, fol. 146^{r}

Das Livre des tournois des René d'Anjou zeigt, wie sich die Teilnehmer mit gezogenen Schwertern auf dem umgrenzten Kampfareal einfinden, eng gedrängt den Zuschauern präsentieren und die Damen auf den Ehrentribünen begrüßen. In Diensten der beteiligten Adelsgeschlechter stehende Musikanten, Spielleute aus den umliegenden Städten sowie angereiste Fahrende erzeugen ganz offensichtlich die festliche Geräuschkulisse. Dieses Getümmel löste sich erst auf, nachdem ein Spielmann mit seiner Trompete das Turnier offiziell eröffnet hatte

Bibliothèque Nationale, Paris, Ms. fr. 2692, fol. 67v und 68

Die nebenstehende Illustration aus der privaten Chronik für Rudolf Erlach von Spiez zeigt den zum Kampf anspornenden Pfeifer und einen Trommler während der Eroberung von Landshut im Kanton Bern im Jahr 1332

Rechts: Schweizer Truppen beim Angriff auf Landshut, Miniatur von Diebold Schilling, 1484/85; Bürgerbibliothek, Bern, Ms. hist. helv. I, 16, S. 204

Töchtern präsentierten. Die anschließende Siegesfeier ging wohl nicht selten ins allgemeine Volksvergnügen über, und dann erst kamen die Gaukler und die anderen Unterhaltungskünstler auf ihre Kosten. War das Fest endlich beendet, verbreiteten die Fahrenden die Nachricht von einem glanzvollen Turnier und seinen Helden bis in die entferntesten Gegenden.

In der Schlacht

Im Ernstfall, wenn die Ritter samt Gefolge ins Feld zogen, fehlten die Spielleute ebensowenig. Sie wanderten dem Feldlager hinterher, manchmal ritten sie dem Heer auch voraus und erwarteten es vor Ort. Schon während des Zuges in die Schlacht hatten sie die Aufgabe, die Soldaten zu ermutigen. So begleiteten 15 englische Hofspielleute ihren König Heinrich V. im

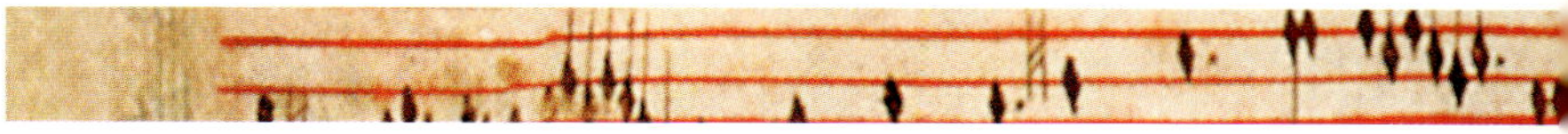

Jahr 1415 ins Schlachtfeld nach Frankreich.

Es erforderte durchaus unerschrockene Tapferkeit, selbst im blutigsten Kriegsgemetzel noch immer direkt vor Ort die Kämpfenden mit Musik anzufeuern. Sicher wirkte der enorme Angriffslärm nicht allein ermutigend auf die eigenen Kämpfer, sondern auch abschreckend auf den Gegner. Je mehr Lärm der Feind verbeiten konnte, desto mächtiger mußte er wohl auch sein. Dies wußten schon die weströmischen Christen, als sie 1203, beim Angriff auf Konstantinopel, von ihren Schiffen aus mit Hilfe von Trompeten, Trommeln und Becken ein Höllenspektakel entfachten.

Eine andere wichtige Rolle spielten diese Instrumente wegen ihrer Signalfunktion. Ertönten Trompeten, dann zeigte das in jedem Fall der eigenen wie der feindlichen Seite den Beginn

Bei der untenstehenden Abbildung handelt es sich um die kunstvoll bemalte Front einer florentinischen Truhe, die dem Besitzer auf seinen Reisen zu Turnieren oder auf dem Kriegszug gute Dienste geleistet haben dürfte. Dargestellt sind Spielleute mit Trompete, Fidel, Laute und Schalmei, die das Geschehen auf dem Turnierplatz musikalisch begleiten

Unten: Musée des Beaux-Arts, Tours, Inv.-Nr. D 53.2.1

des Kampfes an, bei dem bestimmte Formationen gebildet werden mußten. Neben der künstlerischen Fertigkeit im Instrumentenspiel war ein sicheres Beherrschen der verschiedenen Signale während der Schlacht unabdingbar.

Höret die Signale!

Zogen gar Könige in die Schlacht, so waren zusätzlich standesgemäße Businen, Trommeln und Tamburine nötig. Trompeter, Hornbläser und Posaunisten fehlten bereits seit dem 14. Jahrhundert in keinem französischen Heer mehr. Setzte sich der Streitzug in Bewegung, dann erklangen Posaunen. Das Fußvolk wurde im allgemeinen von Hörnern angetrieben, während die Reiterei unter dem Schall von großen Trompeten (clairons) zum Angriff überging. Später wurde es dann üblich, die Reiterei zusätzlich mit Pauken auszustatten, die Fußtruppen dagegen mit Pfeifern und Trommlern.

Aufgrund dieser ganz besonderen Bedeutung standen die Kriegsdienst leistenden Musiker in besserem Ansehen als ihre friedfertigen Kollegen. Es waren deshalb die Pauker, Pfeifer und Trompeter unter den Spielleuten, die man in Deutschland zuerst »ehrlich« sprach und vom Makel der »Echtlosigkeit« befreite.

Turnierszene mit Publikum und Spielleuten, Miniatur (Grisaille) von Jean Dreux für die »Composition de la Sainte Ecriture«, Abschrift von David Aubert, 1462; Bibliothèque Royale, Brüssel, Ms. 9017, fol. 240

Spielmannskunst und Bürgerstolz in der mittelalterlichen Stadt

Die grundsätzliche Haltung des städtischen Bürgertums wie auch der Dorfbevölkerung gegenüber Spielleuten war von demselben Widerspruch geprägt, der schon die Doppelmoral der kirchlichen und der weltlichen Obrigkeiten kennzeichnete: durch zeittypische Vorurteile einerseits und begeisterte Aufnahme ihrer Künste andererseits.

Die Unterstellungen des braven Bürgers zielten insbesondere auf das unstete, ungeregelte Umherziehen, die angebliche Falschheit und den vermeintlichen Müßiggang der Spielleute. Der Handwerker oder Händler, der hinter mehr oder weniger sicheren Stadtmauern ein gesellschaftlich geregeltes und kontrolliertes Leben verbrachte, mußte in der Schar der fahrenden Gaukler, Vaganten, Akrobaten, Musikanten und Schausteller »gebrochene bürgerliche Existenzen« erblicken. Spielleute waren im allgemeinen ehr- und rechtlos, nicht wehr- oder eidesfähig und entzogen sich jeglicher Kontrolle durch die Dorf- oder Stadtgemeinschaft. Für das aufstrebende, hart arbeitende städtischen Bürgertum waren die Besitzlosigkeit und das Leben von einem Tag auf den anderen, von der Hand in den Mund, die schiere Provokation. Denn Armut – und vor der mußte man im Mittelalter schließlich selber permanent Angst haben – bedeutete die sofortige Zuordnung zur untersten sozialen Randgruppe, man mußte dann vor den Türen der Wohlhabenden aufwarten oder betteln: es war eine Schande.

Bürgerliches Selbstverständnis

Die beruflich und sozial fest eingebundenen Bürger beargwöhnten natürlich aus ihren geordneten Lebensverhältnissen heraus die verlockenden Freiheiten und die Zwanglosigkeit des Lebens der Fahrenden. Mußte sich der Bürger, egal ob Städter oder Dörfler, tagtäglich Zwängen

Musikantenleben oder Bürgerfleiß

Sittliche Gefahr sollte vor allem von der Tanzmusik ausgehen, denn, so die Meinung der Obrigkeit, »was ist doch Tantzen anders, denn eine begebung zur geilheit«

aussetzen, so sah man in den Spielleuten vor allem Drückeberger. Nach bürgerlichen Vorstellungen leisteten Musikanten und Gaukler keine nützliche und reale Arbeit. Dennoch waren sie natürlich unentbehrlich, um den Alltag und die Festlichkeiten der Bevölkerung zu verschönern.

Verordnungen und Restriktionen

Geeignete Verordnungen und Verlautbarungen der städtischen Obrigkeiten dienten in erster Linie der Reglementierung von Spielleuten, die bei bürgerlichen und bäuerlichen Festen, zum Beispiel Hochzeiten, musizieren durften. Gelegentlich waren offensichtlich auch Anordnungen zum Schutz vor allzu aufdringlichen oder zu großen Scharen von Spielleuten nötig. Eine oft getroffene Maßnahme der Städte war es, fest besoldete Musikanten anzustellen. Diese Stadtmusikanten sollten natürlich den fahrenden Spielleuten stets vorgezogen werden.

Im Rahmen allgemeiner Luxusverordnungen legten die Städte das Strafmaß für Übertretungen der einschränkenden gesetzlichen Regelungen fest. So war es beispielsweise in Nürnberg bei einer Geldbuße von fünf Pfund-Heller verboten, sich gegenseitig Spielleute zu festlichen Gelegenheiten zuzusenden oder diese mitzubringen. In Konstanz kostete dieses Vergehen zehn Gulden. Andere Städte, wie Augsburg, ließen dagegen das Mitbringen eines Spielmannes zu.

Besonders begrenzen wollte man den bei bürgerlichen Hochzeiten betriebenen Aufwand. Durften in Lüneburg Mitte des 13. Jahrhunderts nur vier *joculatores* bei Hochzeiten aufspielen, so waren es in Mülhausen im Elsaß sechs Spielleute. In Zürich wurden ebenfalls sechs Spielleute genehmigt, jedoch weiter differenziert in je zwei Sänger, Bläser und Fidler. Ein Regensburger Statut von 1320 gestattete sogar zwölf Spielleute. Hier wurden allerdings die fahrenden Musikanten benachteiligt. Bezahlte man einem Regensburger Spielmann immerhin 24 Pfennige für die Hochzeit, hatte sich ein auswärtiger Musiker dagegen mit nur 12 Pfennigen zu begnügen. Benachteiligungen konnten auch in Restriktionen übergehen, so daß dann überhaupt keine fahrenden Musiker bei Hochzeiten mehr zugelassen waren. Frankfurt am Main erteilte im Jahr 1352 ein derartiges Verbot. Auch in Bamberg durften lediglich sechs einheimische Spielleute zum Hochzeitstanz aufwarten.

Keinesfalls an Weihnachten

Einschränkungen waren mitunter an gewisse Jahreszeiten gebunden. Zu Zeiten von Landestrauer, Kriegsgefahr, Türkeneinfällen, Seuchen und Feuersbrünsten durfte generell nicht zum Tanz aufgespielt werden – für die Spielleute mitunter über Monate hinweg eine bittere Einbuße. Eine kritische Zeit für sie stellten stets die Wochen um Weihnachten dar. Mancherorts waren zwischen dem ersten Advent und dem Dreikönigstag Hochzeiten, Musik- und Tanzveranstaltungen verboten. Noch im Jahr 1589 stellte das Lauterbacher Weistum dieses Verbot auf. In Saalfeld wiederum waren während des 13. Jahrhunderts lediglich das weihnachtliche Singen vor den Bürgerhäusern und das Tanzen gegen Entlohnung am ersten Januar nicht gestattet. Hielt man sich nicht an diese Regelungen hatte man immerhin eine Geldbuße an Richter und Stadt abzuführen und wurde zudem auch noch für einen Monat aus der Stadt verbannt.

»Nicht unter meinem Dach!«

Sehr unterschiedlich wurde Beherbergung und Bewirtung der Spielleute in den Land- und Stadtgemeinden gehandhabt. Sichtlich versuchte man, sich gegen eine zu große Flut von Spielleuten zur Wehr zu setzen. Mancherorts waren die Wirte sogar generell von einer Berherbergungspflicht gegenüber unehrlichen Personen, also auch Spielleuten, entbunden. Versuchte ein Spielmann dennoch, sich gegen den Willen anderer Gäste Einlaß zu verschaffen, so wurden die Wirte wie die Musikanten meist empfindlich bestraft. In Bayern mußte der Wirt in einem solchen Fall ein Pfund-Pfennige entrichten, der Spielmann verlor zumindest sein Musikinstrument, wenn man ihn nicht sogar noch ins Gefängnis abführte, damit »er Frieden halte und gebe«.

Nicht selten gewährten die Städte fahrenden Musikanten generell kein Gastrecht, so beispielsweise Worms und noch im 15. Jahrhundert Freiburg in Sachsen oder auch Jungingen in Württemberg. In Jungingen wie in manch anderen Dörfern und Städten gestattete man eine Ausnahme, sofern sich die Spielleute während der Sommermonate dafür als Erntehelfer einsetzen ließen. Städte wie St. Gallen oder Zürich zeigten sich dagegen etwas liberaler und erlaubten Fahrenden zwei beziehungsweise drei Übernachtungen im Ort.

Einen direkten Schutz gegen Übergriffe durch allzu lästige Spielleute bot die Stadt Marienburg ihren Bürgern, indem sie Musikanten und Gaukler mit Gefängnis und Halseisen bestrafte, die penetrant genug waren, ohne jegliche Einladung oder Erlaubnis in Bürgerhäuser einzudringen und sich als Schmarotzer am Mahl zu beteiligen.

Jugendschutz

In besonderem Maß lag den bürgerlichen Familien natürlich der Schutz der Jugend am Herzen, stets bemüht, ihre Nachkommen zu guten und gottgefälligen Menschen zu erziehen. Bezeichnend ist das Verbot jeglichen Instrumentenspiels in zahlreichen Studentenhäusern. Die Jugend sollte nicht durch »unzüchtige Lieder« und mitreißende Musik verführt werden.

In diesem Sinne hielt auch Johannes Kerer, der 1497 ein Studentenhaus in Freiburg im Breisgau gründete und finanzierte, Musikinstrumente von seinem »Haus zur Weisheit« fern. In den Satzungen werden zwei lasterhaft musizierende Studenten mit Blockflöte und Laute gezeigt, um den Text zu veranschaulichen. Ganz allgemein aber müsse man die Jugend

In der Satzung eines Studentenhauses heißt es unnachgiebig: »Da bisweilen unter dem Schein von Ehrbarkeit und Frohsinn viel Schlechtes und Schändliches in reine Jünglingsherzen gesenkt wird, wollen wir unser Haus ohne jedes Musikinstrument wissen ..., und zwar dergestalt, daß auch Fremde keine Erlaubnis haben sollen, im Haus zu spielen – bei Strafe des Weinentzugs auf einen vollen Tag.«

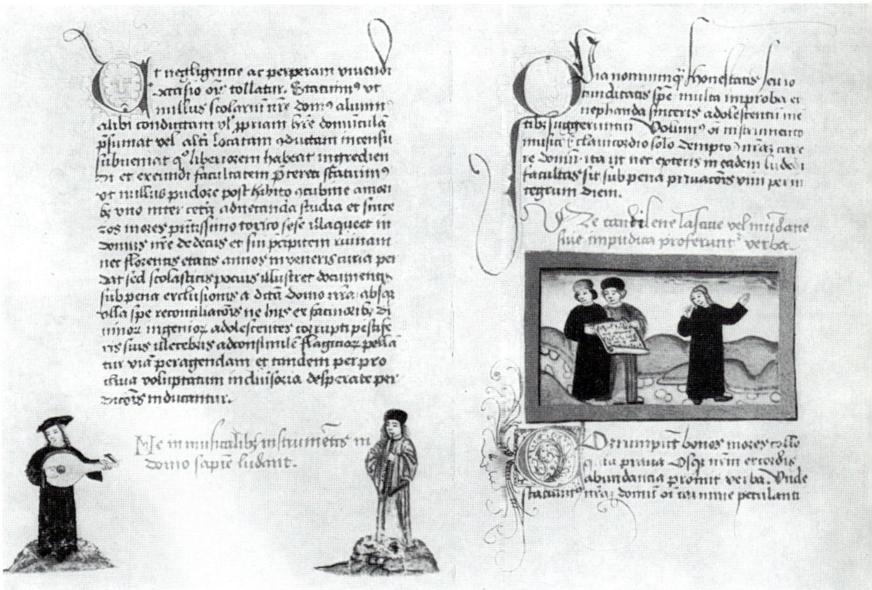

Johannes Kerer, Gesang und Instrumentenspiel der Studenten, Statuten des Collegium Sapientiae in Freiburg im Breisgau, 1497; Archiv der Universität, Freiburg im Breisgau, Coll. Sap. 2a, fol. 34ᵛ und 35

Die Stadt Amberg verzeichnet am 27. Dezember 1587 folgenden Vermerk gegen drei Spielleute der Familie Plettl:

»... die drej Plettl gebrudere an Sannd Johannstag Zu Nacht In den wiertsheusern gesungen vnd gehofiert, sind gestern in den Pfaffenhenslthurn gelegt ...«

dem schlechten Einfluß entziehen, und besonders mit Fidel und Sackpfeife sollten junge Menschen überhaupt nicht in Berührung kommen.

Der protestantische Pfarrer Mathesius aus Joachimstal brachte die verbreiteten Befürchtungen auf den Punkt, indem er feststellte, daß die kindlichen Gemüter von den Musikern insbesondere »sauffen« und »frech werden« lernten, »wie denn selten aus Pfeiffenden Schülern etwas tüchtiges wird.«

Nicht vor der Kirche

Aber auch den Erwachsenen drohten Gefahren durch die abenteuerlich fahrenden Musikanten, die bisweilen sogar der Kirche die Besucher entzogen. Vor allem in ländlichen Gebieten spielten die Musiker an Sonn- und Feiertagen im Wirtshaus oder auf dem Dorfplatz zum Tanz auf – und das bereits während des Gottesdienstes. Mancher entschied sich wohl, lieber Gasthaus oder Tanzplatz als die Kirche aufzusuchen. Vielerorts sah man sich deshalb gezwungen, den Spielleuten die Betätigung in der Nähe von Gotteshäusern zu verbieten.

Verbot und Strafe

Im Falle der Zuwiderhandlung konnten sich Spielleute durchaus Strafen einhandeln. Ein Lautenschläger hatte im Jahr 1473 in Meißen eine Geldbuße zu entrichten, da er »zu ungebührlicher Zeit um die Kirche herumgelaufen« sei. Nicht nur während des Gottesdienstes, sondern auch abends konnten einschränkende Maßnahmen den Spielmann an der Ausübung seiner Tätigkeit hindern. Vielerorts durften Musiker nach Ertönen der Abendglocke nicht mehr musizieren.

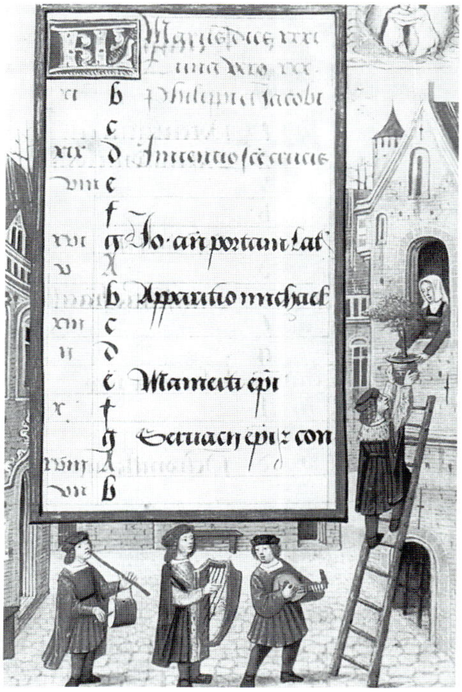

*Ständchen, Miniatur aus einem Stundenbuch, Brügge, um 1475–1500;
früher Malvera, Dyson Perrins Slg., Ms. 105, fol. 195,
jetziger Besitzer unbekannt*

Das sicherlich sehr einträgliche »hoffiren« vor den Häusern im Auftrag Verliebter, das Vortragen von Ständchen aller Art und das Singen von Spottliedern hatten ebenfalls abends meist zu unterbleiben. Gerade abends und nachts aber boten sich den Spielleuten die besten Einnahmemöglichkeiten, und deshalb trafen derartige Verbote sie sicher sehr hart. Ebenso wurde gelegentlich sogar das übliche Aufspielen zum Tanz »uff offener gassen mit pfiffen, lutenslahen und andern seitenspilen« untersagt, wie beispielsweise 1492 durch den Rat der Stadt Basel. Besonders die Bettelmusikanten, die leichtfertige und liederliche Gesänge von sich gaben, wurden oftmals strafrechtlich verfolgt oder zumindest aufgrund ihres »unsittlichen« Lebenswandels zurecht gewiesen. Die unflätigen Texte und Spottlieder würden zu Raufereien anreizen, befürchtete man vielleicht nicht ganz zu Unrecht.

Stadtpfeifer in Lohn und Brot

Für die Städte war es ein nicht unerhebliches Anliegen, Kontrolle zumindest über jene Spielleute zu erlangen, die bei privaten Festen der Bevölkerung wie auch bei offiziellen Anlässen für die Stadt tätig waren, zum Beispiel bei Zeremonien oder Fürstenbesuchen. Außerdem reichte die zeitweise Anstellung von Musikern bei zunehmenden Aufgaben und Funktionen innerhalb der Städte nicht mehr aus. So richtete man Stadtpfeifereien ein, die meist aus drei bis fünf Spielleuten bestanden, die regelmäßig durch die Gemeinde entlohnt wurden und stets zur Verfügung standen. Allerdings wurde die Bezahlungen erst ab dem 16. Jahrhundert wirklich beständig.

Seit der Mitte des 14. Jahrhunderts waren die Stadtpfeifer durch eigene Berufsabzeichen kenntlich gemacht und konnten damit rechnen, daß sie gegenüber den fahrenden Kollegen stets im Vorteil waren. Wie allerdings aus der geringen Anzahl von Stadtpfeifern ersichtlich, blieb die große Masse der Musiker weiterhin auf das unstete Leben auf den Landstraßen angewiesen.

Wie sehr das bürgerliche Denken und Verhalten dennoch durch Vorurteile gegenüber den Spielleuten geprägt war, geht aus manchem Dokument vergangener Jahrhunderte hervor. »Weil er ein Müßiggänger wäre, und seinen täglichen Pfennig nicht redlich erworben ...« habe, wurde bezeichnenderweise im Jahre 1497 der Sänger Hans Grabe durch die Ratsherren aus der Stadt Breslau verjagt.

Meistersinger ohne Fehl und Tadel

Die in zahlreichen Städten als »Meistersinger« organisierten singenden Handwerker schürten mit besonderer Vorliebe die Bedenken gegenüber den fahrenden Musikern. Stolz auf ihre Ausbildung und »Meisterschaft« griffen sie die sozial Schwächeren mit ihren angeblich mangelhaften Fähigkeiten wortgewandt an. Die Instrumentalmusik war ihnen vorzugsweise ein Dorn im Auge, nicht mehr als ein unehrbares Lärmen für »tumme torn«, hatten sie selbst sich doch ganz dem Gesang verschrieben, der »den menschen gute lehr gibt«.

Noch viele Jahrhunderte lang weisen viele Zunftordnungen diese von Mißtrauen und Argwohn geprägte Grundhaltung auf. Im 15. Jahrhundert noch, zu einer Zeit aufblühender Stadtpfeifereien, mußten in Lübeck alle Handwerker, die in eine Zunft aufgenommen werden wollten, unter anderem nachweisen, daß sie keines »pipers sone« waren.

Auf einem Hildesheimer Antragsformular zur Mitgliedschaft in einer Zunft war noch 1681 zu lesen und zu unterschreiben, daß der Antragsteller ehelich geboren sein mußte und »... Er und seine Eltern Niemandes loht noch Eigen, noch wendischer Geburt, auch keines Zöllners, Müllers, Baders, Bartscherers, Pfeifers, Leinewebers, Schäffers oder sonst eines andern verdägtigten argwöhnischen geschlechts ...« seien

Die Stadtmusiker und ihre Aufgaben

Trotz aller Einschränkungen durch die Obrigkeiten standen den Spielleuten, Gauklern und Possenreißern die Häuser der wohlhabenden Bürger offen. Ihre Musikdarbietungen, Taschenspielerkünste, Akrobatikvorführungen und Dressurakte stießen auf Marktplätzen, in Wirtshäusern und Gassen auf offene Augen und Ohren. Spielleute lockten das Volk zum Tanz und waren unentbehrliche Vorsänger bei Fastnachtsbräuchen, Mummenschanz und Umzügen. Das altüberlieferte heidnische Brauchtum, die Totenklage, der Maientanz, hielt sich gerade im dörflichen Umfeld ziemlich lange. 1395 etwa boten Spielleute in Kamenz ihre Dienste als Wettermacher an. Mit Fideln und Sackpfeifen seien sie ohne weiters in der Lage, die Wolken zu »zertreiben«. Die Mitwirkung von »tromenschlaher und pfeiffer« bei Kirmes und Bauernhochzeit war ohnedies unverzichtbar.

Obwohl nur etwa 10 Prozent der mittelalterlichen Bevölkerung in Städten lebte, während die übrige Bevölkerung im Dienst der landbesitzenden Feudalherren stand, sind relativ wenige Quellen erhalten, die vom bäuerlichen Alltag berichten. Manch schriftlicher Nachweis erlaubt dennoch Einblicke in die wichtige Funktion der Musik im Alltagsleben der Landbevölkerung. So überliefert das Manchinger Vogtsrecht aus Schwaben mit dem Jahr 1441 unter anderem die aufschlußreiche Bestimmung, daß Fronherren verpflichtet seien, mehrere Spielleute zu beschäftigen, deren Aufgabe es zu sein habe, die Landarbeiter musizierend auf die Felder zu begleiten und abends ebenso stimmungsvoll wieder nach Hause zu bringen.

Auf'm Dorf nichts Neues

Bei Kirchweihfesten und auf Jahrmärkten wurde zwar nur mit kleinen Summen bezahlt oder in Naturalien getauscht, dafür aber war das Publikum zahlreich. Hier tummelten sich Musikanten und Schausteller aller Art. Meist waren ganze Familien an den Vorführungen beteiligt. Üblicherweise gingen Frau und Kinder mit Hüten oder Beuteln sammelnd durch die Reihen der staunenden Zuschauer, während die übrigen Familienmitglieder ihre Künste darboten. Besonders beliebt war es, die Vorführungen vor aufregenden Höhepunkten abzubrechen und erst fortzufahren, nachdem das Auditorium erneut Geld gegeben hatte.

Das Publikum war sicherlich auf Sensationen aus, suchte das Besondere und Außergewöhnliche, um dem wohl häufig tristen Alltag kurzzeitig zu entfliehen. So saß der Stadt- wie der Landbevölkerung der Beutel mitunter locker, worauf schon die zahlreichen Verordnungen gegen Spielleute hinweisen. Nicht zu unterschätzen war auch die Funktion der fahrenden Spielleute als Boten und Informanten. Besonders die ländliche Bevölkerung, nicht allein die Bauern, sondern auch die Aristokratie auf ab-

Nikolaus von Riedt, Fastnachtsumzug, getuschte Federzeichnung, 1589; Kupferstichkabinett der Öffentlichen Kunstsammlung, Basel

gelegenen Gütern, bezog Neuigkeiten und Nachrichten von den durchreisenden Spielleuten, Moritaten- und Preisliedsängern.

Der städtische Lebensraum

Genauere Aussagen lassen sich hingegen über die zahlreichen Tätigkeiten und Beschäftigungen der Spielleute innerhalb des städtischen Lebensraumes machen. Zu nennen sind hier vor allem die Aufgaben im öffentlichen Bereich, die in zunehmendem Maße von »Stadtpfeifern« übernommen wurden. Es handelte sich dabei um in städtischen Diensten stehende Musiker, die vornehmlich Hörner, Schalmeien, Trompeteninstrumente und Trommeln spielten. Aufgrund ihrer vielseitigen Betätigungsfelder kamen meist noch Fähigkeiten auf anderen Instrumenten hinzu.

Bereits vor Errichtung der Stadtpfeifereien gab es fest angestellte Nachtwächter und »Türmer«, deren Aufgabe darin bestand, durch akustische Signale die Stunden anzuzeigen oder vor Gefahr zu warnen. So stiegen die Wächter beim Abendläuten auf die Türme, um mit ihren Hörnern die Nacht »einzublasen«. Im Paris des 15. Jahrhunderts waren für die Rundgänge des Wächters zusätzlich drei bis vier Spielleute angestellt, die mit ihren Blasinstrumenten ein lautstar-

Auch in der Stadt lockten Spielleute, Gaukler und Possenreißer das Volk zum Tanz und waren unentbehrliche Vorsänger bei Fastnachtsbräuchen, Mummenschanz und Umzügen

Christoph Weiditz, Spanische Moriskentänzer, kolorierte Kreidezeichnung, 1529; Germanisches Nationmuseum, Nürnberg, Hs. 22474, S. 107–108

Auf 140 Türmen versahen die »Türmer« der Stadt Frankfurt am Main im 14. Jahrhundert ihren Dienst

Stadtmusiker mit Trompeten und Fideln, Miniatur aus Diebold Schillings Luzerner Bilderchronik; Österreichische Nationalbibliothek, Wien, Ms. 2761, fol. 109v

kes Geleit boten. Meist konnten nur ortsansässige Musiker Türmer werden, die fahrenden Spielleute schienen zu wenig vertrauenswürdig. Von den Wächtern der Stadt Frankfurt am Main mit ihren damals 140 Türmen wurde im Jahr 1362 die Erfüllung folgender Pflichten verlangt: »für die Wacht spielen, Unterhaltung und Signale bieten können«.

Der Aufgabenbereich umfaßte schon bald nicht mehr ausschließlich die Wächterfunktion. Die fünf Turmmusikanten, die 1414 in Freiburg im Breisgau Trompete, Schalmei und Trommel spielten, wurden zudem bei Festlichkeiten und Aufmärschen herangezogen.

Im Dienst der Bürger

Noch vielseitiger gestaltete sich der Dienst der aus den Türmern und Wächtern hervorgegangenen Stadtpfeifer. Sie dienten den Repräsentationspflichten der bürgerlichen Oberschicht, etwa bei Empfängen, Festessen und Umzügen, genauso wie der Erfüllung öffentlicher Aufgaben, beispielsweise Botengänge, Bekanntgabe von Neuigkeiten oder Herstellung von Öffentlichkeit im Strafvollzug.

Darüber hinaus wurden die Stadtpfeifer herangezogen zu den Veranstaltungen der Zünfte, den Messen, Märkten, Volksfesten und auch den privaten Feiern. Zeitweise mußten weitere, meist fahrende Spielleute zusätzlich verpflichtet werden, um allen Aufgaben gerecht werden zu können. Generell scheint man alle Musiker gerne nur für eine befristete Zeit fest in Dienst genommen zu haben. Im Jahr 1415 stellte die Stadt Regensburg beispielsweise zwei Musiker als Stadtpfeifer ein, jedoch nur für die Dauer von drei Jahren. Nach Ablauf der Vertragszeit erhielten die Spielleute meist einen Empfehlungsbrief und zogen damit wohl zur nächsten Stadt. Aufrichtigkeit und Ehrlichkeit wurde den Musikern meist ausdrücklich bescheinigt, so auch den drei Musikern, »welche uns eine tydlangh mit erem gespele der gigen gedenet«, wie der Hamburger Magistrat bestätigte.

Die Zahl der fest besoldeten Stadtmusiker schwankte erheblich, waren es mitunter nur zwei bis drei Musiker,

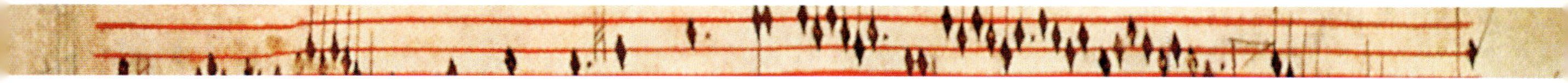

so verfügte Florenz etwa im 14. Jahrhundert über elf bis zwölf städtische Spielleute. In Bologna hatten die siebzehn Stadtmusiker jeden Abend vor dem Eingang der Stadthalle eine ganze Stunde lang zu spielen, acht Pfeifer und ein Trommler sowie acht Posaunisten und Zinkenisten abwechselnd.

Hausbesitzer in der Pfeifergasse

Durch die Übernahme von Musikanten in städtische Dienste kam es zur »Verbürgerlichung« der Lebensweise dieser Spielleute. Nicht selten übten sie ein zusätzliches Handwerk nebenbei aus, wurden seßhaft und erwarben dann Hausbesitz. Bereits seit dem 13. Jahrhundert lassen sich vereinzelt Musiker als städtische Hausbesitzer im deutschsprachigen Raum nachweisen. Im 14. und 15. Jahrhundert verstärkte sich dieser Trend, und seßhafte Musiker wohnten dann häufig in der gleichen Gasse, wie heute noch die Pfeifer-, Trompeter- oder Fidlergassen in historischen Städten belegen. Bezeichnenderweise wurde der Stadtpfeifer in Thüringen sogar als »Hausmann« bezeichnet, als ein hausbesitzender Musiker also.

Eine herausgehobene Sonderstellung nahmen die Trompeter ein. Im Gegensatz zu den Pfeifern unterstanden sie auch in den Städten der direkten Gerichtsbarkeit ihrer adeligen

Mancherorts übernahmen Musiker zugleich die Tätigkeit des Ausrufers. Königliche Anordnungen und Proklamationen wurden so in den Städten kundgetan

Trompeter kündigt von einer Loggia herab die Verlesung einer Proklamation an, Miniatur aus der »Histoire de Charles Martel«; Bibliothèque Royale, Brüssel, Ms. 7, fol. 18v

Um die Rechtmäßigkeit des Strafvollzugs durch eine möglichst große Öffentlichkeit abzusichern, waren Musiker nötig, die den bevorstehenden Rechtsakt »austrommelten« beziehungsweise »ausposaunten«. Auch die Vollstreckung der Strafe selbst wurde vom Klang der Instrumente begleitet. Ebenso geleitete man Gefangene mit Trompeten und Pfeifen durch die Stadt zum Pranger, und selbst das Stehen am Pranger wurde musikalisch angezeigt. Auch andere Strafen, wie hier das Peitschen mit Ruten, erhielten ihren offiziellen Charakter durch das begleitende Spiel der Stadtmusikanten

Öffentliche Bestrafung unter Trompetenklang, Miniatur aus der Werkstatt von Philippe de Mazerolles, in: Jean Froissart, Chroniques, Hs. aus Brügge, 1468/69; Staatsbibliothek Preußischer Kulturbesitz, Berlin, Depot Breslau 1, Ms. Rehd 3, fol. 44

Dienstherren, erhöhten mit ihren schmetternden Klängen Pracht und Ansehen der Höfe.

Privilegierte Trompeter

Nachdem bereits während des Mittelalters Einschränkungen bezüglich des Trompetengebrauchs bestanden, wurde ihr Privileg von den Trompetern des 15. Jahrhunderts mit Argusaugen behütet. Meist sahen sie verächtlich auf die anderen städtischen Musiker herab. Beschwerden, Stadtmusiker hätten ihre Posaunen »nach Trompetenart« geblasen und dergleichen, finden sich nicht selten.

So verwundert es nicht, daß die Städter, die lange Zeit nur Hornbläser, Pfeifer und Posaunisten anstellen durften, mit zunehmendem Selbstbewußtsein und Bürgerstolz versuchten, das arsitokratische Vorrecht auf Trompeter und Pauker zu umgehen und sich den Fürstentümern gleichzustellen. Obwohl die Magistrate zahlreicher Städte dann Trompeter anstellten, ließ man sich dennoch zumeist eine offizielle Erlaubnis erteilen. Kaiser Sigismund stellte einigen Reichsstädten, 1426 beispielsweise Augsburg und 1434 Nürnberg, gegen entsprechende Bezahlung sogar gerne das Recht aus, eigene Trompeter zu beschäftigen. Während des Konstanzer Konzils verlieh er 1417 auch der gastgebenden Stadt auf besonderes Bitten hin das entsprechende Recht. Auch die Stadt Ulm durfte ab 1434 Trompeter einstellen. Die Räte der Stadt hatten dies zwar schon vorher getan, dennoch nahmen sie die freundschaftliche Geste des Kaisers natürlich dankend an.

Aber nicht nur vertraglich gebundene Musiker siedelten sich in den Städten an, sondern in weit größerer Zahl Spielleute, die sich in Bruderschaften zusammenschlossen. Nach dem Vorbild der Handwerkerzünfte versuchten sie gemeinsam, ihre beruflichen Interessen zu wahren. Man konnte diese Musiker für bestimmte Feierlichkeiten, Festessen und Tanzveranstaltungen engagieren.

Die umherziehenden Musiker waren natürlich bestrebt, Mitglied einer solchen Musikergenossenschaft zu werden. Sicherheit, Achtung sowie Wahrung ihrer Rechte stellten einen verheißungsvollen Weg aus der Armut, Isolation und Verachtung dar. Dennoch gab es auch im 15. Jahrhundert weiterhin eine übergroße Zahl fahrender Spielleute und Bettelmusikanten. Die Besseren unter ihnen wurden nicht selten wenigstens zusätzlich zu den Stadtpfeifern und den ortsansässigen Musikern engagiert.

Städtisches Selbstbewußtsein

Das Repräsentationsbedürfnis der aufstrebenden Städte des Mittelalters brachte einen enormen Bedarf an Spielleuten hervor. So wurden etwa anläßlich von Feierlichkeiten im Jahr 1400 in Danzig 26 nicht ortsansässige Musiker aus der Stadtkasse bezahlt, 1405 in Thermonde sogar 60 Spielleute. 68 Musiker benötigten die Ratsherren von Mecheln im Jahr 1407, im Jahr 1428 waren es bereits 215 Spielleute, die man auszuzahlen hatte.

Auch die großen Kirchenfeste mit ihren Prozessionen waren nicht ausschließlich Sache der Kirche, sondern ebenso eine Prestigeangelegenheit für die Städte. Fahrende Musiker wurden bei Prozessionen zumeist aus der Stadtkasse entlohnt. 56 Spielleute leistete sich die Stadt Thermonde bei einem Umzug im Jahr 1470, die Stadt

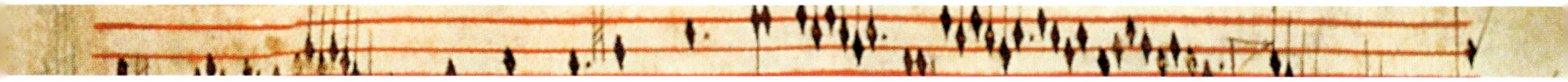

Es sollte ganz offen gestraft und Gewalt ausgeübt werden, wodurch sich die Schande für den Rechtsbrecher erhöhte und die Bevölkerung abgeschreckt werden sollte. Bereits das Überführen von Verbrechern erfolgte unter Lärm. Jeder, der Geschrei und den Klang lauter Instrumente vernahm, wenn ein Verbrecher gejagt wurde, war zur Hilfe verpflichtet

Mecheln überbot dies im Jahr 1477 mit 71 Musikern. Insbesondere Spielleute mit eigenem Instrument und einem adeligen Empfehlungsschreiben, wurden bei derartigen Gelegenheiten verpflichtet und oftmals reichlich entlohnt. Augsburg etwa bezahlte laut den Rechnungsbüchern der Stadt im Jahr 1327 zwei Spielleuten »de nuptiis ducis Karinthiae« und 1329 einen *joculator* »domini imperatoris de nuptiis Rudolphi« jeweils fünf Pfund-Heller.

Repräsentative Aufgaben

Zu den öffentlichen Aufgaben der Stadtmusiker gehörte es auch, als Ausrufer tätig zu sein oder diese zu begleiten. Wurden politische Geschehnisse verkündet oder königliche Anordnungen veröffentlicht, so geschah es akustisch. Stadtmusiker machten durch Signale auf die Proklamation aufmerksam, die dann würdevoll verlesen wurde. In Basel war es sogar üblich, daß sich alle Bürger auf dem Marktplatz versammelten, nachdem die Stadtmusiker bestimmte Signale geblasen hatten.

Auch die Landarbeiter wurden für gewöhnlich von Spielleuten mit »Drummeln, Pfeifen und Seitenspiln« durch das Stadttor hinaus aufs Feld begleitet. Ebenso vollzog sich das offizielle Beschenken bei Geburtstagen, Hochzeiten und Geburten in reichen Bürgerfamilien unter Begleitung der Spielleute durch die Räte der Stadt. Erst recht wurde natürlich bei öffentlichen Feiern alles an Musikern aufgeboten, was verfügbar war. Mit Posaunen, Trompeten, Krummhörnern und zahlreichen weiteren Instrumenten hieß die Stadt Bremen im Jahr 1504 den Kardinal Reymund willkommen. Sämtliche Musiker wurden bereits 1488 mit ihren Alta-Instrumenten auf die Türme der Stadt Metz befohlen, während die Bevölkerung

Gefangenengeleit, Miniatur aus dem »Livre Juratoire d'Agen«, 13. Jh.; Bibliothèque d'Agen, Nr. 41, fol. 44v

in den Straßen und Gassen anläßlich der Befreiung ihres Königs aus der Gefangenschaft tanzte.

Die Herstellung von Öffentlichkeit

Zahlreiche Rituale des städtischen Lebens bedurften der musikalischen Ausgestaltung durch Spielleute. In vielen Städten geschah die korrekte Art der öffentlichen Ladung zur Bürgerversammlung mittels Glocken, Hörnern und Trompeten. Für den Vollzug gerichtlicher Formalitäten, etwa beim Pfeifergericht in Frankfurt am Main oder beim wetterauischen Wassergericht, galt, wie in den Weistümern nachzulesen, »daß bei diesen Handlungen Spielleute gebraucht würden«. Einen besonderen Rechtszustand signalisierte in vielen Gemeinden das »Ausblasen der gemeinen Freiheit«.

Während solcher Zeiten, zum Beispiel während Fronleichnamsprozessionen, durften keine ortsfremden Personen in Schuldhaft genommen werden. Im Kriegsfall bliesen die Stadtmusiker und Trompeter die Reiterei zusammen, Sackpfeifer und Trommler das Fußvolk. Bei allgemeiner Gefahr war das Warnen mittels Glocken, Trompeten und anderer Blasinstrumente üblich. Von Rechts wegen mußten auch Spielleute zugegen sein, wenn die Leibeigenen ihren Jahreszins abzuliefern hatten. Noch 1530 vollzog sich das »Vorbitten-Lassen« von Bittstellern vor dem Lübecker Stadtrat »mit 2 trummen«.

Es sollte nichts im Verborgenen und Stillen, sondern alles öffentlich geschehen. In Situationen, die mißdeutet werden konnten, hatte man sich akustisch bemerkbar zu machen, um nicht als Verbrecher verfolgt zu werden. Auch Reisende mußten sich durch ihre Stimme oder das Blasen des Horns zu erkennen geben, wenn sie vom üblichen Weg abwichen, ansonsten konnten sie jederzeit als Diebe oder Eindringlinge behandelt werden. Besonders verdächtig war es, nach Ertönen der Abendglocke ohne Gesang oder Licht durch die Stadt zu schleichen.

Hinauspauken der Verbannten

Personen, die man aus der Stadt verbannte, wurden durch Glocken »ausgeläutet« und zudem häufig »hinaus-

Die Rechtmäßigkeit des Strafvollzugs sollte stets durch eine möglichst große Zuschauermenge bestätigt werden

Businebläser gibt das Signal zur Hinrichtung, Miniatur aus: Flavius Josephus, »De bello Judaico«; Bibliothèque Nationale, Paris, Ms. lat. 6067, fol. 58

Ein Kupferstich, der die Hinrichtung von 18 Adeligen am 1. Juni 1568 in Brüssel dokumentiert, zeigt das Geleit der Gefangenen zum Schafott und die Enthauptung durch den Henker, während mehrere Pfeifer und Trommler den Vollzug der Strafe akustisch begleiten

gepaukt«. Die Ächtung sollte sich vor den Augen und Ohren aller Mitbürger abspielen, denn erst dadurch war sie rechtmäßig.

Öffentliche Hinrichtungen

Besondere Öffentlichkeit und rege Beteiligung der Bürger erforderten natürlich auch die Hinrichtungen. Die Stadtpfeifer Nürnbergs wurden beispielsweise bereits zum Bau eines neuen Galgens beordert. Offenbar sollten sie mittels Klangschwall drohendes Unheil für die am Vollzug der Strafe Beteiligten bereits im Vorfeld bannen.

Stets war der Richtplatz ein Ort der Schande, der die eigene Angst des Bürgers vor Strafe schürte. Vielerorts mußte die Richtstätte vor dem Betreten erst durch den Klang von Instrumenten »gereinigt« werden. Zugleich sollten die als Zeugen benötigten Schaulustigen durch den Klang der Instrumente aufmerksam gemacht und herbeigelockt werden. Gerade während der Exekution war eine möglichst große Öffentlichkeit besonders wichtig.

Bis in die Zeit der Französischen Revolution war es allgemein üblich, die Verurteilten dann unter Trommelwirbeln, Läuten der Sturmglocken, mittels Pfeifen und dem Geschrei der städtischen Ausrufer bis zum Richtplatz zu geleiten. Die Magistrate der Städte verpflichteten Spielleute und Stadtpfeifer sogar zum Richtstättendienst während der Vollstreckung. Trommel, Trompete oder Busine gaben dann dem Henker das Signal zur Vollstreckung. Manchen abergläubischen Ortes sollte durch den Trommelschlag beim Vollzug der Todesstrafe aber auch möglicherweise entstehendes Unheil sofort wieder vertrieben werden.

Öffentliche Hinrichtung, Kupferstich von Franz Hogeberg, 1568; Bibliothèque Royale, Brüssel, Cabinet des Estampes, Sign. M 413/112

Spielleute im städtischen Alltag und am bürgerlichen Festtag

Neben der Verpflichtung von Spielleuten zu offiziellen Anlässen konnte man sich in jeder städtischen Gemeinde Musikanten für bestimmte private Zwecke engagieren. Wollte man einen Mitbürger unter Druck setzen, sich beispielsweise an einem Schuldner rächen, der sein Wort nicht gehalten hatte, so gab man bei einem Spielmann ein Rügelied in Auftrag, das dieser dann lautstark im Ort verbreitete. Das Verspotten, das »scheltaere« war eine der wichtigsten Künste, die der mittelalterliche Spielmann zu beherrschen hatte. Reiche Bürgerinnen hingegen ließen Spielleute kommen, um ihren Ehemann nach mitunter weiten Kauf-

Festmahl in einem Patrizierhaus, Augsburger Monatsbild (Jan.–März), 16. Jh.; Deutsches Historisches Museum, Berlin

Vielerorts gerieten die Badhäuser in schlechten Ruf, weil die Unsitten immer mehr einrissen und tatsächlich nicht selten sogar Freudenhäuser in direkter Nähe errichtet wurden. Die Geistlichkeit warf den Besuchern der Badstuben regelmäßig Unzucht und Müßiggang vor. Die lasterhaften Spielleute erhielten hier angeblich auch verstärkt Gelegenheit, sich als Verführer und Kuppler zu betätigen

Lautenspieler in der öffentlichen Badstube, Miniatur von Valerius Maximus, De dictis et factis Romanorum, um 1470; Staatsbibliothek Preußischer Kulturbesitz, Berlin, Depot Breslau 2, Ms. Rehd. 2, fol. 244

mannsreisen festlich willkommen zu heißen.

Vom Minnelied zum Gassenhauer

Weit häufiger dürften die Musiker jedoch für das Singen und Spielen von Ständchen in Dienst genommen worden sein. In den Städten übernahmen die Bürger die Gepflogenheiten der höfischen Minnesänger und übten sich im »Hoffieren« der Damenwelt. Je nachdem, wie teuer dem Auftraggeber seine Geliebte war, engagierte er zu diesem Zweck einen Spielmann oder gleich ein ganzes Ensemble. »Nachts vff der gassen vor der thür« wurden der Angebeteten dann Gesänge mit Instrumentalbegleitung dargebracht. Die Musiker, die sich auf das Ständchenrepertoire spezialisiert hatten, bezeichnete man deshalb auch gerne als »gassenhawer«. Ensembles aus einem Harfenspieler, einem Trommler mit Einhandflöte und einem singenden Lautenspieler dürfen als typische Besetzung für das mittelalterliche Hofieren in bürgerlichen Kreisen gelten.

Auf dem Marktplatz

Natürlich gaben die Spielleute ihre jeweils neuesten Lieder auch ohne speziellen Auftrag, aber selbstverständlich nur gegen Entlohnung durch die Passanten in den Gassen und auf den Marktplätzen zum besten. Neben den Legenden und Abenteuergeschichten aus vergangenen Zeiten konnten die fahrenden Spielleute zumeist auch die neuesten Tanzweisen darbieten und über aktuelle Ereignisse informieren, kamen sie doch auf ihren Reisen mitunter in weit entfernte Städte und Länder. Wie die Quellen belegen wurden etwa in Augsburg zwischen 1485 und 1520 fahrende Musiker aus Sachsen, Wien, Ungarn, Neapel, Holland, Dänemark und Burgund gastlich aufgenommen.

Zu Gast beim städtischen Patriziat

Ebenso fanden Spielleute Einlaß in die wohlhabenden Patrizierhäuser. Diese in den meisten Städten sehr kleine Gruppe von Familien, die als Großkaufleute und Unternehmer manchmal sogar unermeßlichen Reichtum erworben hatten, verfügte über Macht und politischen Einfluß. Dem höfischen Leben des Adels nacheifernd, ließen Patrizierfamilien ihre Mahlzeiten, festliche wie alltägliche, von Musik begleiten.

Die Szene auf der vorangegangenen Seite zeigt Bürger, die in einem Patrizierhaus tafeln, während der Spielmann im Vordergrund offenbar Moritaten oder alte Epen vorträgt, die er rhythmisch begleitet. Wie zu erkennen, drückt er einen Holzdeckel auf einen Topf und reibt mit einem Kochlöffel auf dem Deckel herum, so daß ein schnarrender Ton entstanden sein muß. Diese äußerst primitive Form eines Reibinstruments scheint doch so verbreitet gewesen zu sein, daß sogar Sebastian Virdung in seiner Instrumentenkunde »musica getutscht« aus dem Jahr 1511 dieses Musizieren »uff dem hafen« genau beschreibt.

Im Badhaus traf man sich …

Weite Kreise der Bevölkerung trafen sich regelmäßig im Badhaus, nicht nur zum Baden, sondern zur Unterhaltung, zum Karten- und Würfel- und – zum Liebesspiel. Hier eröffnete sich den Musikanten natürlich ein weiteres Betätigungsfeld.

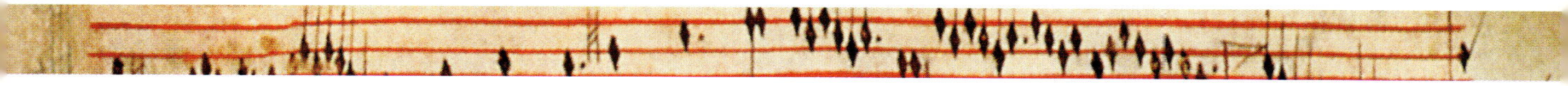

Bereits aus dem 12. und 13. Jahrhundert datieren Schilderungen öffentlicher Badstuben. Während die städtische Oberschicht über eigene private Badzimmer verfügte, meist neben dem Schlafzimmer gelegen, saßen Männer und Frauen im öffentlichen Badhaus gemeinsam in großen Wannen, scherzten, aßen und tranken. In Paris gab es Ende des 13. Jahrhunderts 26 Badhäuser, im 15. Jahrhundert waren es in Ulm 11, in Frankfurt am Main 15 und in Wien 29. Diese recht ansehnliche Zahl öffentlicher Bäder trug allerdings kaum zur Verbesserung der allgemeinen hygienischen Verhältnisse bei, die in Ermangelung städtischer Kanalisationssysteme so miserabel waren.

... nicht nur zum Baden

Wie in schriftlichen und bildlichen Quellen überliefert, durfte die Musik zur Steigerung des Badevergnügens nicht fehlen. Normalerweise musiziert auf den zahlreichen erhaltenen Abbildungen mindestens ein Spielmann auf den unterschiedlichsten Instrumenten. Bevorzugt wurden aber anscheinend Pfeifen und Lauten. Nicht selten saßen die Spielleute offensichtlich auf dem Fenstersims oder sie schritten vor den Gästen in ihren Wannen und Zubern auf und ab.

Vielerorts gerieten die Badhäuser in schlechten Ruf, weil die Unsitten immer mehr einrissen und tatsächlich nicht selten sogar Freudenhäuser in direkter Nähe errichtet wurden. Von seiten der Geistlichkeit wurde den Besuchern der Badstuben regelmäßig Unzucht und Müßiggang vorgeworfen. Die lasterhaften Spielleute erhielten hier angeblich verstärkt Gelegenheit, sich als Verführer und Kuppler zu betätigen.

Mittelalterliche Tanzeuphorie

Alltag und Feste des hohen und späten Mittelalters waren gekennzeichnet von einer weit verbreiteten Tanzleidenschaft. Einschränkende Maßnahmen und Tanzverbote, die vor allem in Süd- und Westdeutschland ausgesprochen wurden, zeigten kaum Wirkung. Die kirchlichen Obrigkeiten wetterten insbesondere gegen die mit den Tanzbewegungen angeblich notwendig verbundene Unmoral und Sittenlosigkeit, sowie gegen das offensichtlich beliebte Tanzen in Kirchenräumen.

Zahlreiche Legenden des 13. und 14. Jahrhunderts schildern deshalb Unglücksfälle, die sich während Tanzveranstaltungen ereignet haben sollen und als Strafe Gottes anzusehen seien. Mitunter soll sich der Boden unter den Tanzenden geöffnet haben, und die Erde soll die Sündigen auf direktem Weg in die Hölle verschluckt haben. Auch etliche Kirchen sind den Berichten zufolge während solch wilden Treibens der Gemeinde eingestürzt. Ein junger Mann aus dem Roussillon sei sogar von Flammen erfaßt worden, als er zum wiederholten Mal in der Kirche tanzte. Tatsächlich könnten derartige Unfälle durch ein übermäßiges Aufschaukeln der Decken und Böden verursacht worden sein, dem dann auch die Statik der Mauern wohl nicht mehr gewachsen war.

Tanztennen und Ballhäuser

Im allgemeinen standen dem Volk bestimmte Räumlichkeiten, sogenannte Tanztennen, und Tanzplätze im Freien zur Verfügung, beispielsweise »unter der lynde«. Die vornehmeren Bürger und Patrizier tanzten dagegen lie-

Selbstverständlich machten sich die Patrizierfamilien auch beim Badevergnügen nicht mit dem Volk gemein. Die Gartenanlage hinter dem Stadtpalais mit kunstvoll gestalteten Badebrunnen gewährt hier ungestörte Freuden – vom »süezen spill« der Blas- und Saiteninstrumente begleitet

Johannes de Sacrobosco, Musik in einem Garten (Das italienische Bad), De Sphaera, um 1470; Biblioteca Estense, Modena, MS lat. 209 (X.2.14), fol. 10

Zum »Geschlechterdäntz« traf sich die vornehme Gesellschaft Augsburgs bereits im ausgehenden 14. Jahrhundert in eigens errichteten Tanzhäusern

Augsburger Geschlechtertanz, Gemälde, Mitte 16. Jh.; Städtische Kunstsammlungen, Augsburg

ber in eigenen Räumlichkeiten, den Tanzhäusern. Ein derartiges Tanzhaus wurde in Augsburg bereits 1396 errichtet. Die Art der Tänze und des Musizierens unterschieden sich ebenfalls nach gesellschaftlicher Stellung. Hatten die Adeligen ihre »Hofdäntz«, so liebten die reichen Bürgersfamilien ihre »Geschlechterdäntz«, während das gewöhnliche Volk den »Reien« bevorzugte.

Streng separiert vom einfachen Volk

Die Patrizierfamilien legten in ähnlicher Weise wie die höfischen Kreise besonderen Wert auf eine strenge Etikette und stilisierte, gemessene Tanzbewegungen. Meist wurden die Geschlechtertänze durch Boten oder Ausrufer angekündigt. Nur die reichsten bürgerlichen Familien durften an diesen exklusiven Veranstaltungen teilnehmen. Man bevorzugte, dem Adel nacheifernd, Tanzkapellen, bestehend aus zumeist drei lauten Instrumenten, wobei Schalmei und Pommer fast immer vertreten waren. Im 14. und 15. Jahrhundert wurden dann die Stadtpfeifer zu diesen Tänzen wie auch zu den feierlichen Banketten der gehobenen Bürgerschaft herangezogen. Viele Städte, darunter Bern, Leipzig und Halle, hatten zu dieser Zeit tatsächlich feste Besetzungen nur zu diesem Zweck in Diensten. Dortmund verfügte 1363 ebenso wie Braunschweig 1403 über jeweils »2 piper unde enen bassuner«. Man kann also davon ausgehen, daß ausgesprochene Alta-Ensembles in bürgerlichen Kreisen besonders beliebt waren, nicht zuletzt, weil sie lange Zeit den Herrschern, Königen und Fürsten vorbehalten waren. Diese Form der Instrumentalbegleitung eignete sich zudem bestens für Tanzveranstaltungen im Freien und für die

Bürgerliches Picknick mit Tanzvergnügen und Waffenspielen

Wilhelm Ziegeler, Rothenburger Patrizierfest, 1538; Oberösterreichisches Landesmuseum, Linz

Das wilde Springen und die weit ausholenden Tanzbewegungen bei den dörflichen Reihen- und Reigentänzen stießen auf entschiedene Mißbilligung des städtischen Bürgertums, das die züchtigen Schreittänze bevorzugte

zunehmend beliebten Picknicks. Verbreitet war natürlich weiterhin auch die Kombination aus Einhandflöte und Trommel, und ebenso mochte man auf das Spiel der leisen Saiteninstrumente bei bürgerlichen Festlichkeiten nicht verzichten.

Standesdünkel

Die Patrizierfamilien und das wohlhabende Bürgertum, das zumeist in Schenken und Zunfthäusern tanzte, versuchten sich entschieden von der gemeinen städtischen und erst recht von der dörflichen Bevölkerung abzugrenzen. Die »dörperlichen« Tänze der Bauern scheinen einigen Berichten zufolge sehr derb und ausgelassen gewesen zu sein. Bevorzugt tanzte man auf dem Land Ketten- und geschlossene Rundtänze, sogenannte Reigen.

In Anlehnung an das heidnische Brauchtum, um ein Idol herum zu tanzen, bildete oftmals ein besonders mächtiger Baum das Zentrum des Reigens. Weniger züchtig und beherrscht als in den feinen bürgerlichen Kreisen, zeichneten sich die bäuerlichen Tänze durch lautes Aufstampfen auf dem Boden sowie durch begleitendes Händeklatschen und Geschrei aus. Die hohen, wilden Sprünge und weit ausholenden Tanzbewegungen des gemeinen Volkes führten in gehobenen Schichten zu einer gewissen Abneigung gegen Springtänze, die auf Blasinstrumenten musiziert wurden und als besonders grobschlächtig galten. Empört zeigte man sich besonders über das häufig stürmische Herumwirbeln der Bäuerinnen, bis man sogar noch weiter als über die Knie hinauf sehen konnte.

»dörperliche« Volkstänze

Beim Volkstanz musizierte meist ein einzelner Spielmann auf der Fidel oder Sackpfeife. Teilweise fanden sich kleinere Ensembles mit unterschiedlichsten Instrumenten zusammen, je nachdem, was gerade zur Verfügung stand. Bei diesen volksnahen Tanzveranstaltungen übernahm der Spielmann zugleich die Rolle des Vorsängers oder des auf seinem Instrument sich selbst begleitenden Vortänzers.

Die Tanzrhythmik übertrug sich nicht nur übers Instrument auf die Tanzenden, sondern zugleich durch mitreißende Körperbewegungen des Spielmanns, die manchmal noch

Dörflicher Tanz, Miniatur in einem französischen Missale, Poitiers, 15. Jh.; Bibliothèque Nationale, Paris, Ms. lat. 873, fol. 21

Für die fortschreitende bürgerliche Emanzipation der Spielleute am Übergang zur Neuzeit spricht, daß sie schließlich auch im Kirchenraum geduldet waren und – wie hier zu sehen – den priesterlichen Segen für die Brautleute musikalisch begleiten durften

Hochzeitszug, Seite aus einem illuminierten Manuskript, Frankreich, 15. Jh.; Musée du Louvre, Paris, Inv.-Nr. 20696

durch an der Kleidung angebrachte Schellen und Glöckchen unterstützt wurden. Diese ursprüngliche Funktion des Spielmanns, nämlich zum Tanz aufzuspielen und selbst zum Tanzen zu animieren, ging in den langsam größer werdenden Städten des Mittelalters zunehmend verloren.

Bürgerliche Hochzeitsfeste

Bei einem der wichtigsten Feste im Leben der mittelalterlichen Menschen, der Hochzeit, gaben Spielleute zumeist den Ton an. Die Eheschließung war, wie alle anderen Rechtsakte auch, in der Öffentlichkeit zu vollziehen. Nicht nur in Adels-, sondern selbst in Handwerkerkreisen geschah die feierliche Bettbeschreitung bis ins 17. Jahrhundert im Beisein der geladenen Gäste. Spielleute begleiteten das junge Paar nach dem Fest bis in die Brautkammer.

Bevor es aber so weit war, hatte der Spielmann noch einige andere Aufgaben zu übernehmen. Bereits am Verlobungstag wurde er nicht selten gerufen, um der Braut zu hofieren. Bisweilen galt es als Voraussetzung für die Rechtmäßigkeit der Verlobung, daß Spielleute dem Brautpaar öffentliches Geleit gaben. Die Verlobung durfte jedenfalls nicht geheim

Bei einer typischen Hochzeit des bürgerlichen Mittelstandes war nur die »stille« Musik erlaubt, die hier aus drei Spielleuten mit Lauten und je einem Musiker mit Fidel und Gambe besteht. Die Gäste sitzen nach Geschlechtern streng getrennt in einem größeren öffentlichen Raum bei der Mahlzeit, während die Spielleute auf der »Musikantenbank« Platz genommen haben

geschehen. In Greifswald beispielsweise mußte der Bräutigam auf dem Weg zum Haus der Braut ausdrücklich bis zum »Steingang« von den Pfeifern begleitet werden. Am Hochzeitstag zogen dann Braut und Bräutigam häufig getrennt, aber jeweils in Begleitung von Spielleuten zur Kirche. Verlöbnis und Eheschließung wurden noch bis zu den Reformen des Tridentinums (1545-63) an der sogenannten Brauttür vor der Kirche vollzogen. Erst danach verlagerte sich die Zeremonie allmählich in den Kirchenraum. Offensichtlich war es durchaus üblich, daß die Musiker

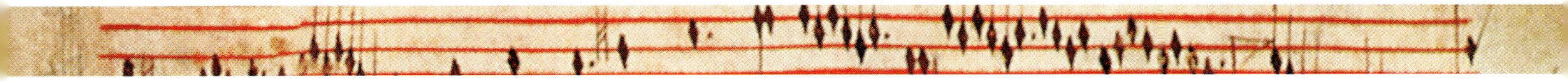

während der Trauung, auch dann, wenn sie im Kirchenraum stattfand, zugegen waren und den feierlichen Akt auf ihren Instrumenten begleiteten. Gelegentlich allerdings war die Mitwirkung von Spielleuten beim Brautzug untersagt, wie für das Jahr 1352 in Frankfurt am Main belegt.

Der wichtigste Brauch bestand in der anschließenden »Heimholung« der Braut in das Domizil des Bräutigams. Vielerorts mußte gerade die Heimführung, um rechtmäßig zu sein, öffentlich und unter Teilnahme von Musikern vonstatten gehen. Im Hause des Bräutigams angelangt, dauer-

Bürgerliches Hochzeitsmahl, anonyme farbige Zeichnung, beschädigt, Ende 16. Jh.; Germanisches Nationalmuseum, Nürnberg, Sign. HB 19756

ten die Hochzeitsfeierlichkeiten dann meist sogar einige Tage. Am Abend des Hochzeitstages indessen geleiteten Gäste und Musiker das Paar in die Brautkammer, wo man sie am nächsten Morgen, nach vollbrachter Tat, auch wieder in Empfang nahm.

Zulassungsbeschränkungen

Zahlreiche Hochzeitsordnungen versuchten, den zunehmenden Luxus der Feierlichkeiten einzuschränken und zugleich die Konkurrenz zwischen ortsansässigen Musikern und fahrenden Spielleuten zugunsten der ersteren zu regeln. Gerade Patrizierhochzeiten wurden gerne mit entsprechendem Pomp gefeiert und zogen das fahrende Volk zahlreich an. Rang und Ansehen der Familien von Braut und Bräutigam kamen einerseits durch die Anzahl der beteiligten Musiker zum Ausdruck und andererseits durch die Art der verwendeten Musikinstrumente.

Fester bürgerlicher Brauch nach der Trauung war die »Heimholung« der Braut in das Domizil des Bräutigams. Vielerorts mußte gerade die Heimführung, um rechtmäßig zu sein, unter der Teilnahme von Stadtmusikern erfolgen

Im 13. und 14. Jahrhundert ließen viele Städte lediglich vier Spielleute bei Hochzeiten zu, mitunter waren es sogar nur zwei. Städte wie Nürnberg, Rothenburg, Bamberg, Zürich und Mühlhausen gestatteten dagegen sechs Musikern die Teilnahme. Äußerst großzügig zeigte sich Regensburg mit einer erlaubten Beteiligung von bis zu zwölf Spielleuten im Jahr 1320, wobei allerdings die einheimischen Musiker doppelt so hoch bezahlt wurden wie die fahrenden. In Nürnberg waren auswärtige Musiker nur dann zugelassen, wenn die Brautleute aus einem der umliegenden Dörfer zur Trauung in die Stadt kamen.

Spielleute, die ungebetenerweise bei Hochzeiten aufzuspielen versuchten, mußten mit Gefängnis- und Prangerstrafen rechnen. In Bayern wurde deshalb verordnet: »Da ungefordert Trompeter und Spielleut sich bei den Hochzeiten würden einschleichen, solle man ihnen nicht allein weder Lohn noch Unterhalt geben, sondern dieselbigen gänzlich abschaffen und nicht gestatten, daß sie die Gäste und andere mit ihrem Sammeln beschweren.«

Doppelte Hochzeitsordnung

Nicht selten wurde auch bestimmt, welche Instrumente zugelassen waren. In Zürich beispielsweise waren jeweils »zwen giger, singer« und »toiber« (= Spieler der Tuba) erlaubt. Allgemein geht aus den verschiedenen Hochzeitsordnungen hervor, daß es grundsätzliche Rangunterschiede unter den Spielleuten gab, meist bezeichnet als »zweierlei Spiel«. Hierunter war die Trennung zwischen Bläsern und Streichern gemeint. Zu den Instrumenten des »stillen« oder »geheimen« Spiels zählten Lauten, Harfen, Fideln und Gitarren, aber auch die menschliche Stimme.

Unter dem »lauten« oder »großen« Spiel waren dagegen Zinken, Schnabelflöten, Schalmeien, Pommern und Posaunen sowie mitunter die Sackpfeifen zu verstehen. In einer mittelalterlichen Erklärung dieser Unterscheidung heißt es: »Spill heißst auch die Musik; und in Sonderheit, die bey Hochzeiten zum Tanz bestellet wird. Diese werden daher in hochtiden mit spill und ane spill, sowie die Musik in dat grote spill und geheime spill unterschieden, sowie die Musik mit allen oder nur wenigen Instrumenten erlaubt ist.« Die Trennung der Instrumentengruppen voneinander bedeutete zugleich die unterschiedliche Bezahlung. Bläser erhielten teilweise eine erheblich höhere Entlohnung als etwa Fidler.

Ein Konstanzer Chronist erläutert in diesem Sinne die Begleitumstände einer Hochzeit zweier Liebenden mit unterschiedlichem sozialem Rang. Die Braut, Tochter eines Webers wurde mit zwei Pfeifern und einem Trompeter zur Kirche gebracht, während sich der Bräutigam, aus einfacheren Verhältnissen, nur Spielleute mit Laute, Fidel und Rauschpfeife leisten konnte.

»gantze« oder »halbe« Hochzeit

Zahlreiche Anordnungen stimmten gleichermaßen darin überein, daß reichere Familien die ganze Instrumentenpalette für ihre Hochzeitsfeierlichkeiten beanspruchen konnten, während Ärmeren nur das leise Ensemble zur Verfügung stehen sollte. In Bayern lautete die Bestimmung deshalb: »Denen von der Ritterschaft, auch den alten Geschlechtern in den hauptstetten soll bey Hochzeiten zwaierley Spil, aber dem geringen Stand mehr nicht dann ein Spil zugelassen seyn.« Im gleichen Sinne urteilte Hamburg: »Zu einer großsen oder gantzen Hochzeit soll sein das großse und kleine Spiel, und in allem acht Personen, zu einer halben Hochzeit das halbe Spiel, und nicht mehr als vier Personen ...«.

Entspannung nach der Hochzeit

Gelegentlich scheint man immerhin während der Feierlichkeiten, als Entschädigung für die auferlegte Zurückhaltung bei der Lautstärke vielleicht, das öffentliche Badhaus mit all seinen Vergnügungen aufgesucht zu haben. Deshalb wohl sahen sich die Ratsherren von Görlitz genötigt, in einer Hochzeitsordnung aus dem Jahr 1558 das sogenannte »Hochzeitsbade« zu verbieten, bei dem Spielleute im Badhaus auf ihren Instrumenten wilde Tänze begleitet und die »Mannsbilde barschenklich« getanzt haben sollen.

Im Reigen mittanzender Spielmann, flämische Miniatur, 14. Jh.; Bodleian Library, Oxford, MS Bodley 264, fol. 97'

Ein Spielmann, der muß reisen,
das ist ein alter Brauch,
drum weht aus seinen Weisen
auch stets ein Abschiedshauch.
Ob ich einst wiederkehre?
Allein Lieb, das weiß ich nicht,
des Todes Hand die schwere
viel Rosenknospen bricht.

E. von Monsterberg

Literaturverzeichnis

Anzelewsky, Fedja: Dürer – Werk und Wirkung. Erlangen 1988

Bach, Adolf: Die deutschen Personennamen. Berlin 1943

Bäumker, W.: Waren die Spielleute des Mittelalters von der Kirche exkommuniziert? In: MfM 12 (1880), S. 109 – 112

Baines, Anthony: Lexikon der Musikinstrumente. Stuttgart und Kassel 1996

Baumgartner, Alfred: Alte Musik. Von den Anfängen abendländischer Musik bis zur Vollendung der Renaissance. Kiesel-Verlag 1981

Bechthum, Martin: Beweggründe und Bedeutung des Vagantentums in der lateinischen Kirche des Mittelalters. Jena 1941

Beckmann, J.H. (Hrsg.): Johannes Kerer, Statuta Collegii Sapientiae, Satzungen des Collegium Sapientiae zu Freiburg im Breisgau 1497. Lindau/Konstanz 1957 (S.79)

Beneke, Otto: Von unehrlichen Leuten. Hamburg 1863

Besseler, Heinrich: Die Musik des Mittelalters und der Renaissance. Potsdam 1931

Besseler, Heinrich/ Gülke, Peter: Schriftbild der mehrstimmigen Musik. (= Musikgeschichte in Bildern Bd. III Lfg. 5, Hrsg.: Werner Bachmann) Leipzig 1973

Bologna, Giulia: Handschriften und Miniaturen. Augsburg 1995

Borst, Arno: Alltagsleben im Mittelalter. Frankfurt a.M. 1983

Bowles, Edmund A.: Musikleben im 15. Jahrhundert. (= Musikgeschichte in Bildern Bd. III Lfg. 8, Hrsg.: Werner Bachmann) Leipzig 1977

Bowles, Edmund A.: La pratique musicale au moyen âge. Genève 1983

Buhle, Edward: Die musikalischen Instrumente in den Miniaturen des frühen Mittelalters. Bd. 1. Leipzig 1903 (Nachdruck)

Busch, Gabriele C.: Ikonographische Studien zum Solotanz im Mittelalter. Innsbruck 1982

Danckert, Werner: Unehrliche Leute. Die verfemten Berufe. Bern 1963

Deutsches Historisches Museum Berlin (Hrsg.): „Kurzweil viel ohn' Maß und Ziel“ Alltag und Festtag auf den Augsburger Monatsbildern der Renaissance. München 1994

Dronke, P.: Die Lyrik des Mittelalters. München 1977

Aus dem illustrierten Liederbuch des Zeghere Van Male; Bibliothèque Municipale, Cambrai, Mss. 125-128, Tenor, f. 17r

EGGEBRECHT, HANS HEINRICH: Musik im Abendland. Prozesse und Stationen vom Mittelalter bis zur Gegenwart. München 1991

EMBER, ILDIKO: Musik in der Malerei. Budapest 1984

FARAL, EDMOND: Les jongleurs en France au moyen âge. Paris 1910

GLASENAPP, FRANZGEORG VON: Varia/Rara/Curiosa. Bildnachweise einer Auswahl von Musikdarstellungen aus dem Mittelalter. Hamburg 1971

GOFF, JACQUES LE: Kultur des europäischen Mittelalters. München/Zürich 1970

GRIMM, J.: Deutsche Rechtsaltertümer. 2 Bde. Leipzig 1894

HAAS, ROBERT: Aufführungspraxis der Musik. Potsdam 1931

HAMMERSTEIN, REINHOLD: Diabolus in musica. Bern 1974

HAMMERSTEIN, REINHOLD: Tanz und Musik des Todes. Bern 1980

HAMMERSTEIN, REINHOLD: Von gerissenen Saiten und singenden Zikaden. Tübingen/Basel 1994

HANDSCHIN, JACQUES: Das Weihnachts-Mysterium von Rouen als musikgeschichtliche Quelle. In: Acta Musicologica VII (1935), S. 98 ff.

HARTUNG, WOLFGANG: Die Spielleute. Eine Randgruppe in der Gesellschaft des Mittelalters. Wiesbaden 1982

HERTZ, WILHELM: Spielmannsbuch. Stuttgart/Berlin 1905

HÖHNE, ERICH: Musik in der Kunst. Hanau/Main 1965

HÜSCHEN, HEINRICH: Berufsbewußtsein und Selbstverständnis von Musicus und Cantor im Mittelalter. In: Miscellanea Mediaevalias. Berlin 1964

KELLNER, K. A. H.: Bibliothek der Kirchenväter I. München 1912

KLAPPER, JOSEF: Die soziale Stellung des Spielmanns im 13. und 14. Jahrhundert. In: ZfVk 40 (1931), S. 111 – 119

KOMMA, KARL MICHAEL: Musikgeschichte in Bildern. Stuttgart 1961

KÜHNEL, HARRY (HRSG.): Alltag im Spätmittelalter. Graz/Wien/Köln 1996

KÜMMEL, WERNER FRIEDRICH: Musik und Medizin. Ihre Wechselbeziehungen in Theorie und Praxis von 800 bis 1800. (= Freiburger Beiträge zur Wissenschafts- und Universitätsgeschichte Bd. 2) Freiburg/München 1977

Aus dem illustrierten Liederbuch des Zeghere Van Male; Bibliothèque Municipale, Cambrai, Mss. 125-128, Bassus f. 4r

KÜNSSBERG, EBERHARD FRHR. (HRSG.): Der Sachsenspiegel. Bilder aus der Heidelberger Handschrift. Leipzig 1934

KUOLT, JOACHIM (HRSG.): Manessische Liederhandschrift: Vierzig Miniaturen und Gedichte. Stuttgart/München 1985

LESURE, FRANÇOIS: Musik und Gesellschaft im Bild. Kassel etc. 1966

MARTINDALE, ANDREW: Simone Martini. Oxford 1988

MEER, JOHN HENRY VAN DER: Musikinstrumente von der Antike bis zur Gegenwart. München 1983

MERTENS, VOLKER/MÖLLER, HARTMUT: Einstimmige Musik des Mittelalters. In: Schnaus, Peter (Hrsg.): Europäische Musik in Schlaglichtern. Mannheim 1990

MOECK, HERMANN: Ursprung und Tradition der Kernspaltflöten der europäischen Folklore und die Herkunft der musikgeschichtlichen Kernspaltflötentypen. Diss. Univ. Göttingen 1951

MOECK, HERMANN (HRSG.): Fünf Jahrhunderte deutscher Musikinstrumentenbau. Celle 1987

MÖNCKEBERG, ADOLF: Die Stellung der Spielleute im Mittelalter. Diss. Univ. Freiburg/Br. 1906

MONTAGU, JEREMY: The world of medieval and renaissance musical instruments. Newton Abbot/London 1976

MOSER, HANS JOACHIM: Die Musikergenossenschaften im deutschen Mittelalter. Diss. Univ. Rostock 1910

OTTERBACH, FRIEDEMANN: Die Geschichte der europäischen Tanzmusik. Kapitel: Mittelalter. Wilhelmshaven 1980

PIEPER, J.: Über das Phänomen des Festes. Köln/Opladen 1963

REICHERT, GEORG: Der Tanz. (= Das Musikwerk Bd. 27) Köln 1965

REPGOW, EIKE VON: Der Sachsenspiegel. Landrecht und Lehnrecht. In unsere heutige Muttersprache übertragen von H. C. Hirsch. Berlin 1936 und Halle 1939

ROCKINGER, L. (BEARB.): Briefsteller und formelbücher des eilften bis vierzehnten jahrhunderts. (= Quellen und Erörterungen zur Bayerischen und Deutschen Geschichte. Bd. 9, erste Abtheilung) München 1863

SALMEN, WALTER: Bemerkungen zum mehrstimmigen Musizieren der

Aus dem illustrierten Liederbuch des Zeghere Van Male; Bibliothèque Municipale, Cambrai, Mss. 125-128, Superius f. 8r

Spielleute im Mittelalter. In: Revue Belge de Musicologie 11, S. 17 – 26. Antwerpen 1957

Salmen, Walter: Die Verbreitung der Einhandflöte und Trommel im europäischen Mittelalter. In: Österr. Volksliederwerk, Jb. 6, S. 154 – 161. Wien 1957

Salmen, Walter: Die fahrenden Musiker im europäischen Mittelalter. Kassel 1960

Salmen, Walter: Musikleben im 16. Jahrhundert. (= Musikgeschichte in Bildern Bd. III Lfg. 9, Hrsg.: Werner Bachmann). Leipzig 1976

Salmen, Walter: Katalog der Bilder zur Musikgeschichte in Österreich. Innsbruck 1980

Salmen, Walter: Der Spielmann im Mittelalter. Innsbruck 1983

Schnaus, Peter: Mehrstimmige Musik des Mittelalters und Musik des 15./16. Jahrhunderts. In: Schnaus, Peter (Hrsg.): Europäische Musik in Schlaglichtern. Mannheim 1990

Schreier-Hornung, Antonia: Spielleute, Fahrende, Außenseiter: Künstler der mittelalterlichen Welt. Göppingen 1981

Schuler, Manfred: Die Musik in Konstanz während des Konzils 1414 – 1418. In: Acta Musicologica 38 (1966), S. 150 – 168

Schweinberger, Willy: 2000 Jahre Augsburg. Augsburg 1984

Seebass, Tilman: Musikdarstellung und Psalterillustration im früheren Mittelalter. Bern 1973

Stäblein, Bruno: Schriftbild der einstimmigen Musik. (= Musikgeschichte in Bildern Bd. III Lfg. 4, Hrsg.: Werner Bachmann). Leipzig 1975

Stosch, Johannes: Der Hofdienst der Spielleute im deutschen Mittelalter. Diss. Univ. Berlin 1881

Stratmann, Rolf: Die Scheinbußen im mittelalterlichen Recht. (=Rechtshistorische Reihe Bd. 5) Frankfurt/Bern/Las Vegas 1978

Testori, Giovanni: Grünewald. Milano 1972

Ulsamer, Josef/Stahmer, Klaus: Musikalisches Tafelkonfekt. Würzburg 1973

Wackernagel, K. H. W. (Hrsg.): Der Schwabenspiegel: In der ältesten Gestalt. Zürich 1840. Reprint Aalen 1972

Aus dem illustrierten Liederbuch des Zeghere Van Male; Bibliothèque Municipale, Cambrai, Mss. 125-128, Tenor f. 62v

WALLNER, B. A.: Musikalische Denkmäler der Steinätzkunst des 16. und 17. Jahrhunderts. München 1912, S.264

WALTHER, INGO F. (HRSG.): Codex Manesse. Die Miniaturen der Großen Heidelberger Liederhandschrift. Frankfurt a. M. 1992

WINTERNITZ, EMANUEL: Musical instruments and their symbolism in western art. New Haven/London 1979

WIORA, WALTER/SALMEN, WALTER: Die Tanzmusik im deutschen Mittelalter. In: ZfVk 3 / 4 (1953), S.164 ff.

WOLF, JOHANNES: Die Tänze des Mittelalters. In: AfMw 1 (1918/1919), S. 10 – 42

ŽAK, SABINE: Musik als »Ehr und Zier« im mittelalterlichen Reich. Studien zur Musik im höfischen Leben, Recht und Zeremoniell. Neuss 1979